アメリカ聖公会小史

デイヴィッド・L・ホームズ 著
岩城 聰 訳

かんよう出版

A BRIEF HISTORY OF THE EPISCOPAL CHURCH
by David L. Holmes ©1993
This translation is published
by arrangement with Bloomsbury Publishing, Inc.
through Tuttle-Mori Agency, Inc., Tokyo

推せんのことば

日本聖公会首座主教　北海道教区主教　ナタナエル　植松　誠

神学校で聖公会の歴史を学ぶとき、英国教会史は必須科目として誰もが受講することになっている。聖公会が英国で始まった教会である以上、それは当然であろう。しかし、今、全世界に広がる聖公会は三九管区にまで増え、英国聖公会（英国国教会）の歴史とは全く異なった道を歩んできた聖公会も多い。日本聖公会も二〇〇九年には宣教一五〇周年を祝ったが、言語、風土、習慣、伝統、国民性など、英国とは何もかも違う環境で、日本聖公会は独自の歴史を紡いできたと言える。英国聖公会の歴史を学べば、必ず「三九箇条」（聖公会大綱）が出てくる。これはまさに英国聖公会のアイデンティティとも言える重要な信仰箇条であり、世界の聖公会でも大事な文書として祈祷書などに記載している管区も多い。しかし、日本聖公会はその「三九箇条」でさえも日本聖公会の信仰箇条としては採択していない。聖公会は、ローマ・カトリック教会のように教皇をトップとしたヒエラルキーの形態をとる教会ではなく、それぞれの管区が法憲法規と祈祷書を持ち、自治・自律（自立）した教会として独立している。聖公会を言い表す言葉として「多様性の中の一致」が使われるが、果たして一致が可能かどうかも最近の世界の情勢をみると心配になる。

世界の聖公会の中でも、アメリカ聖公会は長い歴史をもった教会である。宗教改革以降、アメリカは、カトリックや英国国教会に属さない、或いは反発する清教徒のようなキリスト教徒が、新天地を求めて、メイフラワー号に乗って移り住んだところであり、最初から、脱聖公会の気風の強いところであった。しかし、新大陸アメリカへの移住が進む中で、英国からの聖公会信徒の数も増し、アメリカに於ける聖公会も始まった。当初は、英国国教会（聖公会）内部の新大陸での教会であったことは、アメリカ聖公会のその後の歴史の中で他教派とは異なった出発点であったと言える。もともと、改革的で脱体制派であったアメリカ初期のキリスト教諸教派にあって、いかにも「英国的」の典型である聖公会は異質なものであったと思う。そして、新大陸で新たに生き始めることを余儀なくされた聖公会は、英国聖公会とは異なった歩みを始めることになるのである。

英国国教会とは異なった歩みとはいえ、アメリカの聖公会は、体制としては保守的な傾向が強く、「英国的」な伝統を強く持っていたと言える。アフリカからの奴隷、先住民、移民などに関して、その保守的傾向は体制派としての立場にあった。

アメリカ聖公会の歴史は、体制派であり保守的であった教会が、いかに現代に生きる、庶民の教会として生まれ変わろうとしてきたかの自己改革の闘いであったと思う。たとえば、アメリカ聖公会は一九六〇年代に、それまでの伝統的保守的な教会のエトスから、アフリカ系アメリカ人、女性、先住民などの人権を宣教の優先課題に位置付け、一九七〇年代、世界の聖公会で初めての女性司祭容認など、大きな転換を図ったこと、そしてそれは現在のヒスパニック系やアジア系アメリカ人の人権、人間の性（特に同性愛）の問題への取り組みにも繋がっていることを見るとき、世界の聖公会の中で、ある人々からは異端視されるほどまでに教会として真摯に取り組んでいる姿から、アメリカ聖公会が、旧体制から新たな時代の教会に生まれ変わろうとしている息吹と情熱を感じる。

今回、アメリカ聖公会の歴史に関する書が翻訳されて、私たちにとって、学ぶところが大きいと思う。そして、そこから改めて聖公会の豊かさと祝福を感じとれることと思う。

日本語版刊行に寄せて

『アメリカ聖公会小史』（原題 *A Brief History of the Episcopal Church*）は一九九三年に出版された。当時アメリカの主流キリスト教諸教派はある種の無視に苦しんでいた。多くの教会史家はアメリカにおける宗教的「外来者」に焦点を当てて記述していた。歴史的な主流キリスト教教派の歴史を記述することに関心を持っている者はほとんどいないように思われた。

この無視は不幸なことであった。なぜなら主流諸教派、とりわけアメリカ聖公会はアメリカ人の生活と文化に巨大な影響を与えてきたからである。アメリカの歴史を理解するために、研究者はアメリカ人の生活に深くしみこんだキリスト教諸教派の信念と道徳的エトスについて何ごとかを知らなければならないのである。

いかなるキリスト教の伝統も、おそらくアメリカ聖公会 ―あるいはアメリカ独立以前に呼ばれていたところによればイングランド教会― ほど強い影響を与えたものはないであろう。独立宣言の三十人以上の署名人、一一人の大統領、三三人の最高裁判所長官は聖公会員であった。彼らの宗教的信仰を知ることなくその経歴と思想を見ようとしても、不完全な描写になるであろう。

アメリカ聖公会の歴史を語る上で、本書は新しい仕方でアメリカ聖公会にアプローチした。例えば、本書は聖公会の宗教改革の章で始まっている。また、終章では、未だに論争を呼ぶ問題であるイングランドのヘンリー八世のローマ・カトリック信徒の王妃との結婚無効請求を取り上げている。

本書の全体を通じて、読者はアメリカおよび他の諸国で発展したアングリカニズムのいくつかの基本的特徴を垣間見ることになる。日本の聖公会信徒の中でよく知られているかどうかは分からないが、次の五つの特徴がアメリカ聖公会において典型的になっているように思える。

第一に、アメリカ聖公会は小さな教派である。確かに、独立戦争以前はアメリカの六つの植民地において体制的教会（州の公的教会）であった。しかし独立以後は、バプテストやメソジストといった福音主義的な「平易な」教派に多くの信徒を奪われてしまった。

第二に、アメリカ聖公会が小さな教派に留まっているのは、ある種の人々にとってだけ魅力的だったからである。逸話に満ちた例外はあるが、総じて、アメリカ聖公会は経済的に裕福で、教育があり、文化的・美学的な傾向性を持った人々の間で特に人気があった。

アメリカ聖公会の第三の特徴は、極端を避け、過度を退けることにあるように思える。そのため、奴隷制廃止論、ファンダメンタリズム、修道院制度、進化論、世俗的娯楽、禁酒主義、福音主義、カリスマ運動といった信仰と生活の論争点について、どのグループも全ての聖公会員の支持を得ることはできなかった。アメリカ聖公会は、極端論を許容するが、中道を守るという生来の羅針盤を備えているように思える。

最後の特徴は、典礼あるいは礼拝重視の教会として果たしている役割にある。アメリカでは典礼と演劇的感覚が、聖公会員にとって中心的であるように思われる。そして、アメリカ聖公会はそれを立派に果たしている。

これらの特徴の起源はどこにあるのかと問われたら、答えは恐らくそれはイングランドのきらびやかな流儀がアメリカの伝統に入りこんだということになるだろう。結局のところ、誰が一体これほど見事に儀式を執り行うことができるだろうか。誰が一体、女王にこれほど見事に戴冠することができるだろうか。誰が一体、衛兵交代をこれほど見事に行うことができるだろうか。その起源が何であれ、典礼に対するこの志向性は、アメリカ聖公会の重要な特徴の一つになっているのである。

簡潔な歴史書でアメリカ聖公会の本質を伝えることは困難だが、極めてうまくそれをやり遂げている人もいる。聖公会へのある改宗者がかつて次のように記している。

「聖公会の崇敬の雰囲気、秩序だった品位ある礼拝、今日と過ぎ去った時代とを結ぶ歴史的連続性、過去の信仰と未来の希望を体現したシンボル、賢明で幅広い寛容、古式豊かな美しい典礼…サクラメントの組織された神秘性——こうした優美さ全てが、私を深く感動させた。」

デイヴィッド・L・ホームズ

序言

アメリカにおける聖公会の発展は、かなり複雑なものである。今日アメリカ聖公会（The Episcopal Church）として知られている教会は、もともと、植民地におけるイングランド教会であった。そして、イングランド教会がその改革後のアイデンティティを獲得したのは、ヘンリー八世、エドワード六世、およびエリザベス一世の治世においてであった。したがって、エリザベスの宗教解決からついにアメリカにおける主教制が確立される一八世紀末に至る二〇〇年以上にわたるイングランド教会の歴史は、それらの事情によって、本質的にはアメリカ聖公会の歴史の一部をなしている。さらに、アングリカン・コミュニオンの他のすべての管区と同様に、アメリカ聖公会はハイチャーチ運動と福音主義の間の強い緊張を反映している。そしてキリスト教の企て全般について言えることだが、アメリカ聖公会は現代の多くの知的挑戦と科学技術文化の絶えず増大する複雑性に対処しなければならなかった。それらはすべて、複雑で興味深い歴史を形成しており、デイヴィッド・ホームズがどんな重要な側面も見逃さずに比較的簡潔な年代記にまとめ上げたことは驚くべきことである。

もちろん、極めて詳細かつ包括的にアメリカ聖公会の歴史をまとめた本もある。例えばジェイムズ・タイヤー・アディソンの一世代前の古典的著作 *The Episcopal Church in the United States*、最近出版されたロバート・プリチャードの *A History of the Episcopal Church* がそうである。しかし、一般的な読者は、現在手に入る文献の中で、ホームズの著作がこのテーマに関するもっとも魅力的で興味深い解説であることがわかるだろう。どんな点でも、主張していることは党派的偏見から自由であり、賢明な見方を示している。文体は切れ味がよく完璧である。本書が長く役立つと信じる。

ネイザン・A・スコット、Jr.
ヴァージニア大学
宗教学名誉教授
ウィリアム・R・ケナン
英語学名誉教授

謝辞

本書の調査と入力において助力してくれたウィリアム・アンド・メアリー大学の二人の卒業生、デイヴィッド・カールソンとジャネット・シングルタリー・トマス両氏に、筆者は心からの感謝を表する。読者はほとんどすべてのページに、文体と内容における両氏の貢献を見出すであろう。また本書は、両氏なしにはその興味深さをかなり減じたであろう。筆者はまた、*Anglican and Episcopal History* 誌編集者ジョン・F・ウールヴァートン氏による二段階にわたる原稿の貴重な校正、およびデイヴィッド・ヘイン氏による最終校正にも謝意を表する。

また、ウィリアム・アンド・メアリー大学の教授会研究委員会、ヴァージニア人文学財団、サウスウェスト（南西）聖公会神学校に感謝の意を表する。それらの組織との交わりによって、筆者のアメリカ聖公会史という分野における調査研究と執筆が可能になったのである。ウィリアム・アンド・メアリー大学の宗教学部の同僚たちは、筆者の休暇申請を惜しみなく支持してくれた。

多数の図書室のスタッフ、特にアメリカ聖公会文書保管室、ウィリアム・アンド・メアリー大学スウェム・ライブラリー、ヴァージニア大学アルダーマン・ライブラリーのスタッフには変わることなくお世話になった。

チャールズ・H・リッピーおよびピーター・W・ウィリアムズ編の *Encyclopedia of American Religious Experience*（New York: Charles Scribner's Sons, 一九八八）に濃縮された形で掲載されている歴史の一部については、出版社の許可を得て転載した。

最後に、筆者の原稿に対する示唆と支持を与えてくれたネイザン・A・スコットJr.、ローラ・G・バレット、ジョージ・ギャロップJr.、トマス・C・リーヴス、レイ・W・フランツJr.、エリノア・S・ハーン、チャールズ・H・ロングJr.、ハロルド・ラスト、チャールズ・F・レーコップ、デイヴィッド・A・スコット、フランク・E・スゲノ、ジェリー・ヴァン・ブアヒス、ロバート・ヴォーン、およびピーター・W・ウィリアムズにそれぞれ感謝を献げたい。

目次

凡例

一、The Church of England は「イングランド教会」と訳した。The Episcopal Church は、語の由来を説明する記述を除いて、「アメリカ聖公会」と訳した。

二、Anglican という語は基本的に「聖公会」と訳したが、歴史的な成立過程や聖公会全般の特徴を表すと考えられる場合は「アングリカン」と表記した。また、the Anglicans や the Episcopalians は信徒と聖職の両方を含んでいると考えられるので、原則として「聖公会員」と訳した。信徒、聖職が明記されている場合には、「聖公会信徒」などとした。

三、parish はすべて「教会区」と訳した。一つのパリッシュに一教会とは限らないからである。

四、訳者による注は脚注として、ページの左側に記した。また、原著者による原注は、巻末に掲載した。

五、教会名は、英語のカタカナ表記を原則とし、日本にも同名の教会が存在する場合には括弧書きでその後に記した。例：セント・ジェームズ（聖ヤコブ）教会

アメリカ聖公会小史

第一章　アングリカン[1]の宗教改革

大陸の宗教改革

ヘンリー八世のローマ・カトリック教会の離脱から始まったアングリカン宗教改革は、宗教改革の時期に起こったキリスト教の運動の中でもっとも複雑で、長期に渡り、さまざまな意味で保守的であった。

現在アメリカ国民の生得の権利である宗教多元主義は一六世紀のヨーロッパには知られていなかった。事実上どこでも、統治者の宗教的信仰が国民の信仰を決めた。もし、宗教改革の紛争の中で、国王がローマ・カトリックの教えに忠実であればその国はローマ・カトリックにとどまった。国王が主なプロテスタント宗教改革者、マルティン・ルター、ジャン・カルヴァン、フルドリッヒ・ツヴィングリ（彼のスイスでの短期の改革は、カルヴァン主義に取って換わられた）のどれかの教えを認めれば、国民もルター、ツヴィングリ、あるいはカルヴァンの教えに従った。

政治や経済、社会も一定の役割を果たしたが、全体的に宗教改革は明らかに宗教的運動であった。皮肉にも、中世後期のローマ・カトリック教会の世俗性や腐敗に反応して起こったとはいえ、改革しようとしているその同じ教会の精神的豊かさから宗教改革は現れたのである。

ヨーロッパ大陸で宗教改革の荒波が治まった時、フランス、ドイツの一部、ほとんどすべての中部ヨーロッパと南ヨーロッパ（スペインを先頭とする）はローマ・カトリック教会の「イエスは教会を教皇制度に託した」という教えにずっと忠実であった。スカンジナビア諸国と多くのドイツの領邦はルター派になった。カルヴァン派はオランダとスイスの州の一部を勝ち取り、ドイツの一部、フランス、そしてハンガリーに根付いた。ローマ・カトリック国もプロテスタント国も同様に、再洗礼派の一層徹底した改革を受け入れた少数のキリスト教徒を抹殺した（現在のメノナイト派、アーミッシュ、そしてフッター派の前身）。

積極的な用語で「強く主張する、支持する」という意味を持つプロテスタントという言葉は、当初は一五二九年に神聖ローマ帝国議会がルター派とカルヴァン派に宗教的寛容を認めるという先の決定を撤回した時に六人の君主と一四の自由都市が発した抗議に由来した。プロテスタントという用語を使用した大陸の教会は少なかったが（ルター派は福音主義という用語を好み、ツヴィングリ派そしてカルヴァン派は改革派という用語を好んだ）プロテスタントという名前が付けられた。その後にさまざまな教派がプロテスタントと名付けられたが、中心的な主張は一致していた。

何よりもまずプロテスタントが主張したのは、自分たちは新しい教理を教えているのではなく、新約聖書と初代教父の著作に示されているキリスト教を回復（これはプロテスタンティズムでは重要な用語である）しようとしているのだということである。例えば、カルヴァンは、自分の記念碑的著作『キリスト教綱要』（一五三六年初版）を、四世紀から五世紀にかけての教父ヒッポのアウグスティヌスの著作から書くことができたと主張した。プロテスタントの主張は、ローマ・カトリックは改革を必要としている、なぜなら、それは初期キリスト教の信仰から離れているばかりでなく、人間が造り出した大量の宗教的要素を付け加えているからだ、というものである。

ルター派であれ、改革派であれ、再洗礼派であれ、すべてのプロテスタントは、聖書が啓示された真理の唯一の源泉であり、聖書を読むことによってキリスト者は養われ、個人の良心が聖書を解釈することができると信じた。彼らは位階的な仲介者としての祭司職という考え方を否定し、洗礼を受けたすべてのキリスト者が全信徒祭司職を形成し、神に直接近づくことができると信じ、信徒の役割を強調し、聖職はイエス・キリストをフルタイムで証しするために選り分けられた信徒であると見なし、聖書的根拠に基づいて聖職の結婚を支持したのである。

神の主権的超越と人間の罪性を強調しつつ、プロテスタントは、人間はいわゆる善行を通じて自らを救うことはできないと教えた。また、救いは神の慈愛を通じてのみ訪れるので、キリスト者はひたすら信仰に全的に打ち込むことによってのみその慈愛を得られるのであって、（当時のローマ・カトリックが教えていたように）信仰と功績を積む善行、および教会の秩序との組み合わせによって得られるのではないと教えた。宗教改革は、キリスト者の善行—神と隣人への愛を自己の上に置くこと—は、感謝から出るこの新しい関係から流れ出るのであって、功績として得られるのではないと教えた。「信仰を通じた恩恵による義認」と呼ばれるプロテスタンティズムの中心的な教えは、『神はわがやぐら』や『主の痛みはげしきかな』『いさおなきわれを』などの讃美歌にはっきりと表されている。

たいていの初期のプロテスタント信徒は神の主権と人間の罪深さの信念を抱くことによって、予定説という信念を持つに至った。神は少数の人を救いのために選ばれたが、他方残りの人々を自らの道で罪を犯し地獄に落ちるように定められたという教えである。たいていの初期プロテスタント信徒はこの教義に対する聖書的な根拠が絶対であると信じたが、他のプロテスタント信徒（ローマ・カトリック信徒も）はそれに反対して、キリスト者が自分自身で救いを受け入れられるかどうか決めることができるように神が定められたと主張した。有名な聖歌、例えば『アメージング・グレイス』や『千歳の岩よ』にはこの予定説の教えが込められているのに、予定説に対する信念は着実に弱まり、二〇世紀に予定説を主張しているのは極少数のプロテスタントになった。

礼拝に関しては、多くのプロテスタント（ルター派は例外）は初期キリスト教の教理や習慣に戻ることは礼拝の簡素化を伴うと思った。聖書と教父の教えに基づいて、プロテスタントは中世教会の七つのサクラメントをイエスが制定したと信じる二つ—洗礼と主の晩餐もしくはユーカリスト— に減らした。ローマ・カトリックと違って、信徒はユーカリストの時にパンだけではなくてぶどう酒も受けることを主張した。すべてのプロテスタントはみ言葉を説くことが神の福音宣教であると教え、説教がサクラメントに従属することに反対し、礼拝はラテン語ではなくて自国語で行い、さらにローマ・カトリック教会が何百年もわたって処女マリアの人格や業に与えて来た役割に反対であった。

プロテスタントは修道院生活を否定し、聖職の召命の方が高く庶民の生活の方が低いという区別にも反対した。プロテスタントはあらゆる形態の天職が神聖であると主張した。しかしながら、新約聖書に基づいて、プロテスタントはほとんど修道院的ともいうべき個人的倫理基準を信徒に押し付けた。再洗礼派とカルヴァン派の方がルター派よりこの基準を達成しやすかった。

今日プロテスタント原理として知られるようになったものは、最初からプロテスタンティズムに暗示されていた。それは、神の言を捉えようとするキリスト教の試みは、他でもなく有限が無限を表現できないという理由から、失敗するというものである。信条や教理、教皇の勅令、司教会議の宣言、聖書ですら人間的な表現なので、神的な真理をゆがめるか、あるいは到達しえない。それらは人間存在の限界から生じるので誤りうるのである。多くの宗教改革時代のプロテスタントにとっては、人間の限界を乗り越えてキリスト教を無謬であると定めることは、至高の神を喜ばせはしない。このプロテスタント原理は早くも一五二一年に表明されている、ルターはウォルムス帝国議会でローマ教皇や総司教会議は誤りうるし、実際に誤ったと言う持論を展開した。「Ecclesia reformata sed semper reformanda（改革された教会はさらに改革を受け入れ続ける）」の公理は、教会組織を絶対化することをプロテスタントが拒絶していることを表している。

プロテスタントはプロテスタント原理によって、地獄に落ちることを恐れずに元の教派を離れて、聖書の教えをよりよく示すと信じる新教派を形成することができるようになった。プロテスタントは教理上の問題点、特に予定説、教会統治、聖餐でパンとぶどう酒がキリストの体と血に変化するかどうか、何歳で洗礼を受けられるかについても意見が分かれた。カルヴァンはルターを霊的指導者と見なし、二人のキリスト教の解釈は教理においては次々と一致するようになったものの、厳密に仕上げられたカルヴァンの神学は当初からルター主義と和解することは不可能であった。

アングリカンは必ずしもプロテスタントではない。しかし、読者はローマ・カトリックとプロテスタントとの違いを感じ取るために、ローマ・カトリックの刷新とプロテスタントの教えに対する反論を目標としていたトリエント公会議（一五四五年～一五六三年）の教令と、ルター主義ではあるが諸プロテスタントの中心的な信念を具現化したアウグスブルグ信仰告白（一五三〇年）を比較することができる。

イングランド教会における振り子の揺れ

一五二〇年代から、プロテスタント宗教改革の教えの影響を受けたキリスト者の数は増加する。ルター派と改革派（カルヴァン派）の領邦教会は、領邦の税金と権力によって支持され、ヨーロッパ大陸に点在し始めた。問題は、イングランドのキリスト教がローマ・カトリックに留まるのか、大陸のプロテスタントの一つを受け入れるのか、それとも第三の選択肢をとるのかということであった。そして、この問題への答を与える決定的な人物は、イングランド君主であった。

一六八八年までのテューダー朝の君主（ヘンリー八世、エドワード六世、メアリー、およびエリザベス一世）およびステュアート朝の君主（ジェームズ一世、チャールズ一世、チャールズ二世、およびジェームズ二世）は、宗教的忠誠という点でアングリカニズムの振り子が揺れ動くのを体現した。ヘンリー八世のもとで、イングランド教会は、東方正教会のようにローマから独立した一種の自立的カトリック、あるいは一見したところ初期キリスト教時代の土着のブリテン島カトリックになった。英訳聖書はどの教会においても利用可能になり、プロテスタント的傾向をもつ人物が主教に任命され始めた。しかしながら、教理の上で、そしてもっと明確に典礼的には、イングランド教会は変化のないままであった（例えば、ミサはラテン語のままであった）。しかしヘンリーは、二人の後継者、ジェーン・シーモアとの間の息子エドワード六世と、アン・

ブーリンとの間の娘エリザベス一世の教育をプロテスタントの家庭教師に委ねた。ヘンリーは後継者をプロテスタントに養育することが英国の歴史に重大な影響をもたらすであろうということを明らかに知っていたのだから、この決定は、歴史家たちがしばしば想定するほど、ヘンリーが宗教改革に反対していたのではないということを示している。

病弱だが早熟であった少年王エドワード六世（一五四七―一五五三）の治世に、アングリカニズムは神学的に大陸のカルヴィニズムに接近した。ヘンリー八世の下では、カンタベリー大主教トマス・クランマーはプロテスタント的本能を抑制しなければならなかったが、エドワードのカルヴァン派的顧問の下では、イングランド教会を改革派の陣営に確固として組み入れることが許された。彼が作成した四二カ条（一五五三）は、教理的にはプロテスタントであり、聖職と校長、およびオックスフォードとケンブリッジの教授陣および学生には、信仰告白として求められるものであった。メアリー・テューダーが王位を継承したために、四二カ条は施行されなかったが、後の三九箇条の土台となった。

クランマーは教理の改革に関心を持っていただけでなく礼拝の改革にも関心を持っていた。クランマーはイングランド教会の公認の祈祷書になった *The Book of Common Prayer* の二つの版を出版した（一五四九年と一五五二年）。イングランドでの礼拝は土地の言葉、国民の言語に変更されたが、これはプロテスタントの特徴の一つである。祈祷書は耳と目に快く書かれ、英散文体の記念碑となった。祈祷書には、イングランド教会の毎日と主日の礼拝やサクラメントの司式、諸式における手順が含まれている。その典拠は中世ローマ・カトリックのミサや東方正教会の聖ヨハネ・クリュソストモスの典礼と聖バシレイオスの典礼、ルター派の典礼、他教派の典礼にあるが、聖書の教えに従うようにクランマーによって修正された。すべてはクランマーの天才によって混合され整えられた。第一祈祷書（一五四九年）には第二祈祷書（一五五二年）より多く中世の典礼が含まれていた。

短期間であったが、エドワード六世の改革はエリザベス一世の統治下に出現する真のアングリカニズムの礎であった。クランマーが一五五三年にエドワード六世をプロテスタントの式で葬った時に、亡くなった王の異母姉、メアリー一世、つまりヘンリー八世とキャサリン・オブ・アラゴンの娘は、ラテン語の私唱ミサを捧げていたが、それは間もなく起こる振り子の揺り戻しの前兆であった。一五五三年から一五五八年の短い治世にメアリー一世はイングランドを大胆にも教皇への服従とラテン語のミサに復帰させた。八百人以上のイングランド教会の聖職者・信徒はジュネーブや、ヨーロッパの改革派プロテスタントの中心的な町に逃亡した（メアリーの亡命者と言われる）。メアリー一世の後継者の治世に戻った亡命者は、今で言うカルヴァン派やツウィングリ派、改革派のキリスト教についての主張を携えてきた。

メアリーが大多数のイングランド国民をローマ・カトリック教会に取り戻したかもしれないというのは証拠が示しているが、彼女は多く政治的失態をしてしまった。例えばスペイン王（イングランドの主要な競争相手の一つ）と結婚したのでスペインがイングランドを支配するのではないかという不安が高まった。イングランドの国民は異端者を火あぶりの刑に処することを嫌悪しており、メアリーは途方もない数のプロテスタント（クランマー大主教を含む）を殉教させたので「ブラッディ・メアリー（血まみれのメアリー）」というあだ名をつけられた。一五五五年に、オックスフォードの処刑場で異端とされたプロテスタントの一人、元ウスター主教ヒュー・ラティマーが炎に包まれるとき、一緒に火あぶりの刑に処せられる同胞、元ロンドン主教ニコラス・リドリーに、後に有名になった臨終の言葉を叫んだ。

「落胆するな、リドリー。男らしく振る舞おう。我々は今日、イングランドで、神の恵みによって、決して消えることのない火をつけるのだ。」

その言葉は預言者的であった。メアリーの統治下、宗教改革は下からの広がりを見せ、イングランド国民は宗教的な平穏と、何らかの形のイングランドのカトリック教会、或いはイングランドのプロテスタント教会を受け入れる備えをせざるを得なかったのである。

エリザベスの宗教解決

メアリーが一五五八年に逝去したとき、彼女に子どもはなく、声望は大きく損なわれていた。異母妹のエリザベス一世（在位一五五八―一六〇三）が王位を継いだ。エリザベスは冷静な気質と権威ある態度を保ち、巧みな政治手腕を持っていたが、人間的な欠点をも持っていた。エリザベスは幼少時からイングランドで目撃してきた狂信主義と宗教的迫害を嫌っていた。彼女自身の宗教的見解はいくぶん不明瞭である。ヘンリー八世治世下のヘンリー的カトリックのもとで育てられたが、エリザベスはプロテスタントの家庭教師の教育を受けたばかりでなく、異母弟の治世下には国教会におけるカルヴァン派の影響を六年間経験した。しかし彼女は、後のステュアート朝の国王と同様に、カルヴィニズムは主教たちおよび君主としての生活を脅かしかねない共和主義の主張を持っているためにそれに反対した。

異母姉メアリーの治世下では、エリザベスは外見上ローマ・カトリックに服従していた。しかし、エリザベスは宗教上の理由だけでなく、ローマ教皇が彼女の父を破門しただけでなく、彼女自身をも妾腹の庶子であると断定したという理由で、ローマ・カトリックに反対であった。エリザベスの祈りは明確なプロテスタントの傾向を備えていたが、個人的には彼女はハイチャーチ風のアングリカニズムを好んでいたように思える。おそらく「温和なプロテスタント」というのがエリザベスの宗教的立場をもっとも良く表すであろう。

仮にエリザベスが自分の個人的見解を押し通しなお国民的一致を保つことができたとしたら、イングランド教会はおそらく儀式主義的な独身聖職者を持ち続けることになっただろう。また恩恵による信仰義認といったプロテスタントの教えを付け加えることになっただろうし、さらに、両種陪餐（聖餐においてパンとぶどう酒を信徒にも与えることで、宗教改革の旗印の一つであった）を組み入れたであろう。しかしエリザベスは自分の見解を一点に絞った。国民的一致を願い、また三分の一はプロテスタント、三分の一はカトリック、三分の一はだいたいエリザベスのように教理的論争を終わらせたい人々であった（正確な数字はあるはずもなかったが）国民を前にして、彼女はカトリック的要素とプロテスタント的要素を混合し、神学的両極端の間の道を行く国民教会を造り出そうと試みたのである。

エリザベスは彼女の異母弟と異母姉の過ちを避けたかった。一方では、エドワードのカルヴィニズム的モデルは多くのイングランド国民にとってはプロテスタント的過ぎることが分かっていた。しかしエリザベスはイングランドにおいて信仰深い人々（彼らは後に「ピューリタン」と呼ばれることになる。信仰と教会統治、祭服、礼拝における中世的付加物と彼らが見なしたものから、イングランド教会を清めたいと願ったからである）の数が増加しており、彼らがカルヴィニズムを新約聖書本来の信仰であると主張していることを知っていた。彼らの指導者の多くはメアリー時代の亡命者であり、彼らがヨーロッパにおける宗教改革の中心地で経験したプロテスタンティズムにイングランド教会を変えようと望んでいたのである。他方、メアリーのローマ・カトリック的モデルがイングランドにおいて失敗したのは、それはあまりにも血なまぐさく、外国的であり、あまりにも中世的で魔術的であったからである。それでも、農村部に暮らしている人々を含む国民のかなりの部分はなおローマ・カトリックが気に入っていた。

エリザベスの願望は、カトリック的志向を持ってはいるが教皇の権威を認めたくはないすべての人々と、主教を受け入れるすべてのプロテスタント的志向の人々を包含しうる国民的教会を築くことであった。プロテスタント（全体としては、新約聖書に反するものとして主教の支配を拒絶していた）を志向する人々は主教を承認しなければならなかった。エリザベスの教会は主教、司祭、執事の三重の職位を維持しており、従って使徒継承を保ってきたと見なされ得たからである。

この階層構造は、イングランドの国民教会をローマ・カトリックの陣営に属させるように思えた。しかし、宗教改革時代における教理・礼拝を巡る論争の中で、エリザベスはイングランド教会をそれとは異なる針路、ローマとジュネーブの間の「ヴィア・メディア」（「真ん中の道」）を取らせたかった。この教会は最初の四つの公会議[二]を擁護するが、プロテスタント的理解とカトリック的形式・構造を結合した、三位一体と受肉に基づく祈祷書の礼拝の枠内で、広い幅の強調の置き方に余地を残していた。それは、すべての成員が全く同じように考えることに合意しているキリスト教の伝統には属していないのである、

「エリザベスの宗教解決」あるいは「宗教改革の決着」と呼ばれる、対立する要素をまとめ上げる過程には時間がかかったが、イングランド国民に対するイングランド教会の影響力はエリザベス治世下において着実に強まっていった。ここではこの「解決」の五つの側面を検討する。

祈祷書

アングリカンの改革者がイングランドで共通の神学的信念を強制することをごく初期に諦めたとしても、彼らはその代わりに共通の祈りを通してクリスチャンの一致を達成できると主張した。宗教解決の特徴の一つは、エリザベスと顧問たちがまずイングランド教会の礼拝の規範を定め、次に神学的規範に向かったということだ。

エリザベスは宗教解決の主な道具になったクランマーの優れた第二祈祷書（一五五二年）を、中世的な方向で小さな修正を行った後に再出版した（一五五九年）。それは署名を求める神学的な告白ではなく、礼拝に用い、信条やサクラメント、諸式、祈り、詩編詠唱、カンティクル（賛歌）、聖書の使用、司式の定めを含み、アングリカニズムの教理と礼拝の基準を定めた生きた本であった。それは初期キリスト教会の礼拝や教えを再現するものだと主張された。エリザベスの礼拝統一法（一五五九年）は聖職者にすべての公祷で祈祷書の改定版を使うことを求め、信徒が礼拝に出席しない場合、庶民には罰金と譴責を課した。

エドワードの統治下でも、エリザベス一世の統治下でも、祈祷書に反対する人がいた。反対派の一方は、祈祷書が中世カトリック教会から離れすぎたと感じ、他方の反対派は祈祷書が中世カトリック教会から十分離れていないと感じた。一六〇八年になっても、ある聖公会の牧師は次のように苦情を言っている。信徒たちは「古いラテン語の祈りの方が新しい英語の祈りより神にとって重要だと感じて、祈祷書を無視し、うろ覚えのミサの言葉を唱えた。」例えば、正しいラテン語（Credo in Deum Patrem omnipotentem, Creatorem caeli et terrae. Et in Iesum Christum, Filium eius unicum, Dominum nostrum, qui conceptus est de Spiritu Sancto, natus ex Maria Virgine, passus sub Pontio Pilato, crucifixus, mortuus, et sepultus,…. わたしは、天地の造り主、全能の父である神を信じます。また、その独り子、わたしたちの主イエス・キリストを信じます。主は聖霊によって宿り、おとめマリヤから生まれ、ポンテオ・ピラトのもとで苦しみを受け、十字架につけられ、死んで葬られ、…）という使徒信経の文言を、Creezum zuum partum onitentem ejus amicum, Dominum nostrum qui sum sops, Virgini Mariae, crixus fixus, Ponchi Pilati audubiticus, morti by Sunday…、などとでたらめに唱えた。[2]

ピューリタンは、キリスト教会の信仰と慣習、聖職位に対する聖書的保証を要求し、祈祷書は真の改革への中間点であり、聖書に基づいていない慣習を保持しているとして反対した。聖書に明確に基づいていない慣習として当初挙げられたのは、洗礼式における教父母の役割や十字架の形を記すこと、結婚式に指輪を用いること、ひざまずいて陪餐すること、聖職者がサープリス（白いリネンのガウン）を着ることであった。このささいな異論は世紀が進むにつれて多くなり、教会の主教制についても聖書に基づいていないとして批判されるようになった。次世紀にイングランドを揺るがすピューリタン派が形成されつつあり、その影響はイングランド国民に立憲政治をもたらすことになる。

やがて、祈祷書は広く好まれるようになった。一六六二年に祈祷書は若干修正されて再出版され、二〇世紀までほとんど変更されなかった。祈祷書の祈りとリズムと語句はイングランドの国民の心に焼き付いた。例えば、朝夕の祈りの懺悔の言葉を聞いてみよう。「あわれみ深き全能の父よ、我らは迷える羊のごとく父の道を離れ、多くおのれ工夫と欲に従い、主の聖なる律法をおかし、なすべき事をなさず、なすべからざる事をなし、全きところあることなし。しかれども父よ、主イエス＝キリストをもって世の人に約したまえるごとく、罪に悩める者をあわれみたまえ。とがを懺悔するものを赦したまえ。悔やめる者をかえしたまえ。あわれみふかき父よ、願わくは今よりのち神を敬い、正しきを行ない、身を修めて、御名の栄光をあらわすことを、イエス＝キリストのいさおによりて得させたまえ　アーメン」。（日本語訳は日本聖公会祈祷書、一九五九年改定、六一頁より）三

それから、夕の礼拝の最後の特祷（短い祈り）はその時間の雰囲気を表している。

「主よ、御光をもって我らの暗きを照らし、主の大いなるあわれみをもって今夜の危うきを防ぎたまわんことを、御子・われらの救い主イエス＝キリストのいつくしみによりてこいねがい奉る。アーメン」。（日本聖公会祈祷書、一九五九年改定、八五頁）

一般感謝の祈り（一六六二年版に含む）の言葉づかいは多くの信徒の感情を表している。「全能の神・慈悲の父よ、我ら取るに足らぬ僕と人々に豊かなる恵みをくだしたもうことを感謝し奉る」。

聖餐式のサンクトス（聖なるかな）への祈りは義務と喜びの精神を表している。「至聖なる父・とこしえにいます全能の神よ、いついずこにても主に感謝し奉るは、正当にしてなすべき務めなり」。（日本聖公会祈祷書、一九五九年改定、一四五頁）

聖別されたパンとぶどう酒を頂くために会衆を前に招く言葉はふさわしくない受聖餐者に対して「食卓に垣を巡らす」対策でもあった。「なんぢ眞實に己の罪をくやみ、隣人を愛し、今よりのち行爲を改め、神の誡命にしたがい、其の聖なる道を歩まんとする者は、信仰をもつて近づき、此の聖奠に陪りて慰藉を受けよ。汝ら先ず恭しく跪き全能の神に罪を懺悔し奉るべし」。（日本聖公會祈禱書、一九三八年改訂増補、三五二頁）

司祭がパンを受聖餐者に分餐する時の言葉は、ユーカリストの二つの存在理解を混合したものであった。「願くは汝のために與へ給いし主イエス・キリストの體、汝の體と靈魂を限りなき生命に至るまで護り給わんことを。汝これを取りて食し、汝のために死に給いしことを記憶し、信仰をもつて心の中にキリストを食いて感謝せよ」。（日本聖公會祈禱書、一九三八年改訂増補、三六二頁）

祈祷書の他の言葉のように、埋葬の語句は一般的な表現となった。「女より生まれし者はその日少なくして、なやみ多し……我ら、いのちの半ばにも死に臨む…全能の神、大いなるあわれみをもって、我らが愛するこの兄弟を召したまいたれば、今そのかばねを地にゆだね、土を土に、灰を灰に、ちりをちりにかえし、終わりの日のよみがえりと後の世の命とを主イエス＝キリスト

によりて堅く望む」。（日本聖公会祈祷書、一九五九年改定、四九一―二頁）

威厳のある祈りや緩やかな調子、姉妹語句、緊張のうちに高まる節の言葉、懺悔の気分から確信の気分までの劇的な動き、そしてエリザベス時代の祈祷書の中に具現化されていた教理は聖公会信徒の心の中に芽を下ろした。[3] 四〇〇年以上が経過して、祈祷書の言語と構造は大幅に変化したが、二〇世紀にイングランド教会とアメリカ聖公会そして全世界の聖公会で祈祷書の改正が提案されたときに、エリザベス時代の祈祷書を断固として擁護する人々もいた。

三九箇条

アングリカニズムの根本的神学文書になったのは、聖書と祈祷書であった。エリザベスの宗教解決における主要な教義的主張はそれより遅く現れた。それは第三祈祷書の発行から一二年後のことであった。エドワード治世下の四二箇条をモデルとし、一連の短いパラグラフからなる三九箇条（一五七一）は、宗教改革期の紛争におけるキリスト教の教義と実際という問題でのアングリカンのアプローチを概ね定めることになった。

三九の宗教箇条の中には三位一体や受肉、復活、原罪といった伝統的な教えを確認した条項もある。また、煉獄や犠牲のミサ、聖体顕示などのローマ・カトリック的教えを明確に拒絶したものもあり、聖書の権威や恩恵による信仰義認、自国語による礼拝、両種陪餐、公会議の可謬性、聖職者の結婚といったプロテスタント的教えを確認したものもあった。いくつかの条項は、自覚的な信仰を持つ成人のみに対する洗礼や、叙任なき信徒によるミニストリーなどの再洗礼派の教えを拒絶している。

大陸のプロテスタントとアングリカニズムの区別は、主教、司祭、執事の三重の職位、礼拝儀式に対する教会の権威、キリスト者に対する使徒信経とニケヤ信経、アタナシオ信経の権威（まさにそれらが聖書に忠実だという理由で）を取り扱った諸条項において明確になる。「ヴィア・メディア」は第二〇条に明確に示されている。第二〇条は、「教会は（…）信仰上の論争に関する権威を持つ」が、「教会が神の記録されたみ言葉に矛盾する事柄を定めることは許されない」と付け加えることによってその権威を制限している。

三九箇条はイングランド宗教改革に対するカルヴァン派の初期の影響を反映しているものの、含まれるとしたらアングリカニズムを一層ローマ・カトリックから遠ざけ、ルター派あるいはカルヴァン派の陣営に組み入れることになるようないくつかの条項は排除している。また狭い定義を避け、随所に、神の神秘を定義するのに精密すぎると分裂を招くだけだというアングリカン共通の懸念を示している。したがって、第一七条の「予定と選びについて」は、パウロからアウグスティヌス、ボナベントゥーラからトマス・アクィナス、カルヴァン、そしてピューリタンに至るキリスト者たちを悩ませ続けたこの論争の的となる問題を、巧みに曖昧な形で残している。

第二八条の「主の晩餐について」では、実体変化という中世的教えと、記念の祭典というツウィングリ的解釈を明確に直接的に拒否しているが、主の体と血が現存するか否か、またいかにして現存するのかについては不明瞭である。

論争されていた諸問題についてのそのような曖昧さと言葉の節約は意図的なものであった。というのも、三九箇条の目的はイングランドのキリスト者を分断するのではなく一致させることだったからである。三九箇条の起草者は、過度の精密さを求めないという外交の基本ルールの一つに従ったのである。英国海峡の向こうで覇権を争っていたキリスト教の三つの教条主義的解釈―ローマ・カトリックとルター主義、改革派―に直面して、アングリカンの神学者の中には、神の神秘は神学的青写真の中に閉じ込めることはできないのだと信じるに至った者がいたのである。

三九箇条は、アウグスブルグ信仰告白（ルター派）やスイス信条（カルヴァン派）、あるいはトリエント会議の布告（ローマ・カトリック）に並ぶ信仰告白になることを意図したものではない。オックスフォードおよびケンブリッジ大学の成員を除けば、三九箇条はイングランドおよびアメリカ合衆国の信徒に受諾を要求しなかった。多くの福音主義者は三九箇条をアングリカンの信仰の要約として見なし続けたが、一九世紀のオクスフォード運動以降、イングランドとアメリカ両国の聖職者の間での三九箇条の権威は徐々に低下していった。

今日、アメリカ聖公会の祈祷書では、三九箇条は「教会の歴史的文献」と題された部分に収録されている。使徒信経とニケヤ信経（それらは三九箇条によれば「聖書のもっとも確かな保証によって証明される」とされている）は、依然としてアメリカ聖公会の主要な教義的シンボルである。叙任に当たってアメリカ聖公会の聖職は、「新旧両約聖書が神の言葉であり、救いに必要なすべての事柄を含んでいると信じる」と宣言しさえすればよいのである。

説教集

祈祷書と三九箇条に加えて、説教集はヴィア・メディアの教理の三つ目の宝庫を提供した。説教集は「信心深く、健全な教理を含み、現代でも必要なものである」と三十九箇条の第三十五条によって推奨されていて、宗教改革の決着の神学的な基礎を教え込むために、礼拝中に聖職者によって朗読されることを目的としていた。さらに、宗教改革前のイングランド教会では説教はあまり行われず、内容もなかったので、会衆が主日礼拝に必ず説教を聞くためにも説教集が発行された。

エドワード六世の統治下に出版された第一説教集には十二の説教が入っており、恐らくクランマー大主教によって書かれたものである。エリザベスの治世初期に第二説教集が出版された。二十一の説教が入っていて、大多数の説教はソールズベリーの主教ジョン・ジューエルによって書かれた。『説教集』の内容は祈祷書と三十九箇条よりプロテスタント的であり、信仰と良い業、祈り、陪餐、誓約と偽証、死の恐怖、争い好きおよび姦通が主題として取り上げられた。次の世紀まで多くの主教によって強制的に教会の中で読まれた『説教集』は「ヴィア・メディア」の教理を広めるのに効果的な方法となった。一九世紀にアングリカンの福音主義者によって時折主張されたが、古い言語と形式のために近年では使われなくなった。

エリザベスの宗教解決の神学者たち

考察する価値があるのはエリザベス宗教解決の三人の神学者である。一五六二年に、ジョン・ジューエル主教はローマ・カトリックに対する初めての系統的弁明である『イングランド教会の弁明』を書いた。教父文書に精通しているジューエルは、イングランド教会が「教父たちと使徒たちの原始教会」に従って自らを改革する権利を持っていると主張した。

ジューエルは教皇の教理が初期教会の教えに合致するならばローマ・カトリック信徒に戻ると誓った。「すべての生きている学識者がキリストの後六〇〇年の間に全世界に私唱ミサが一つでもあったとか、ローマの主教は全世界の教会の頭と言われたとか、信徒はキリストの体が肉体的にサクラメントの中にあることを信じるように教えられたとかが、古代の教会博士や教父、古代の公会議、あるいは聖書から一つでも十分な文を証明のために取り出すならば［私は］彼に譲歩して、認めよう。[4]」

二人目の神学者はウィリアム・パーキンズである。彼はケンブリッジ大学の学者で、才能のある教師、幅広い能力をもった牧師であった。パーキンズは予定説を唱えるカルヴァン派（注意深く言葉を選んだ三九箇条の第一七条は、まさにそのようなイングランドのクリスチャンを国教会内に留めるためであった）と中世的儀式に反対する者であった。けれどもパーキンズは自分自身を『改革されたカトリック』（パーキンズの著書の題名（一五九七年））であり、イングランド教会の忠実なメンバーであると考えた。パーキンズは主教制度を認め、聖餐におけるキリストの臨在を信じたが、国教会の聖職者の神学と態度がより聖書基準に合致することを望んだ。ケンブリッジ大学で彼が教えた学生たちは最終的にはイングランド教会から離れていったが、パーキンズは、アングリカンのピューリタンとしてエリザベス宗教解決の主な内容を甘んじて受け入れ、ただ教会の霊的生活が改善され、より豊かになるよう望んだ。

エリザベス時代の主要な神学者はリチャード・フッカーであるが、彼の影響は一七世紀まで色濃くはなかった。フッカーの著作『教会政治理法論（*Treatise of the Laws of Ecclesiastical Polity*）』（一五九四―一五九七。死後の補遺を含む）は、アングリカンの立場で書かれた最初の組織神学の著作である。穏やかで慎重で、洞察力に富み、論争的ではなく、古典的なテューダー散文の文体で書かれたフッカーの著作は、一方のピューリタンと他方のローマ・カトリックと対決しつつ、イングランド教会の教えを系統的に示している。『教会政治理法論』はローマ・カトリックが伝統的なカトリシズムに追加しすぎたのに対し、ピューリタンは削除すぎたと論じ、アングリカニズムと教父時代のカトリック教会の連続性を確認した。イングランド教会は聖書と理性と伝統という、「簡単には切れない三芯のひも」―聖書は最高の権威であり、究極の根拠である―に基づいていると主張して、フッカーはアングリカニズムに神学的な方法を与えた。フッカーは自分自身の思想の根拠を自然法に置き、教会および政府の広範な理論を構築した。

教皇クレメンス八世が『教会政治理法論』の中に「永遠の種」が入っていると言うほど、この著作は他のクリスチャンにとても寛大であったので、フッカーはローマ・カトリックが誤っているという限りにおいてアングリカニズムとは異なっていると宣言した。フッカーはピューリタンの「聖書が全ての質問に答えることができる」という主張を否定し、聖書に背かない限りないは教会制度と慣習における発展を擁護した。ピューリタンとは対照的に、主教制度は聖書によって支持されていると主張したが、ローマ・カトリックとは異なって主教制度は教会の本質ではなく、教会の利益のために存在していると述べた。フッカーは、彼自身が牧師であり、彼にとってヨーロッパのプロテスタント聖職位は有効であった。「思慮深いフッカー」は四七歳で亡くなり、その頃にはすでにエリザベス時代の「ヴィア・メディア」の神学に多大な貢献を成し遂げていた。

アングリカニズムの出現

エリザベスの宗教解決、あるいは宗教改革の決着は、イングランド教会の実際の出発点となった。大陸のたいていのプロテスタントと異なり、アングリカニズムは一人の創始者に遡ることはできない。しかし一般的な歴史が必要とするならば、その創始者の名前はエリザベス自身の名前なのであって、明らかに彼女の父親の名前ではない。

エリザベスは一六〇三年に独身のまま逝去し、跡継ぎを残さなかった。彼女の政策は、宗教改革期のヨーロッパを吹き荒れた戦争からイングランドを救ったが、それに続くスチュワート朝の治世は、内紛と教会の動乱の時期であった。ジェームズ一世（在位一六〇三―一六二五）、チャールズ一世（在位一六二五―一六四九）、およびウィリアム・ロード（カンタベリー大主教、一六三三―一六四五）の政策によって、多数のピューリタンが追放された。それに続く二人の君主―チャールズ二世（在位一六六〇―一六八五）およびジェームズ二世（在位一六八五―一六八八）―はローマ・カトリックに改宗し、一六四九年から一六六〇年の共和制時代にはピューリタンが支配した。しかしこの混乱期においても、アングリカニズムは「キング・ジェームズ版」あるいは「欽定訳」として知られる国定の聖書（一六一一）を生み出した。また、雄弁で聖人のようなランスロット・アンドリューズ主教、高名な説教者であり祈りの著者ジェレミー・テイラー、そして快活な詩人ジョージ・ハーバート司祭といった「ヴィア・メディア」の提唱者を生みだした。

このようにイングランド宗教改革は静的な出来事ではなく、少なくとも一六四九年の共和制時代の始まりまで発展し続けたのである。王政復古に伴うイングランド教会の一六六二年の政治的国教会化、および同年の改定祈祷書の発行は、アングリカニズムの二度目の基礎と見なすことができる。それにも関わらず、エリザベスの四五年間の治世は、国教会の生と礼拝に消えることのない刻印を押したのである。ヘンリー八世のもとで独立したカトリック的教会、エドワード六世のもとでカルヴィニズム的教会、メアリーの下でローマ・カトリック教会であったイングランド教会は、エリザベス一世の下で初めてアングリカンになった。改革の決着以来、イングランド教会はローマ・カトリックにも、ルター派にも、改革派にもならなかった。その中心的方向は、今では「アングリカン」と呼ばれるキリスト教福音の独自で明確な解釈に向かっていた。一六八八年にローマ・カトリック教徒ジェームズ二世が王位を追われて後、ウィリアムとメアリーの治世（一六八九―一七〇二）は教会の振り子の激しい揺れを止めた。アン女王（在位一七〇二―一七一四）の時代から、イングランドのすべての君主はアングリカンであり、イングランド教会は次第に幅広い信仰と慣行に対して開かれた教会になるのである。

教会の諸党派

エリザベス一世の時代以来、アングリカニズムの神学的包括性を狭めようとする願望が、教会党派の出現をもたらした。これらの党派はそれぞれイングランド教会を、真のキリスト教についての自分たちの解釈に向けて動かそうと試みた。中心的な問題は、エリザベスの宗教解決が教父時代末期と中世カトリックから余りにも逸れすぎているのかどうか、大陸のプロテスタントと初期キリスト教に向かって充分に歩み損ねたのかどうか、あるいはちょうど正しい均衡を遂げたのかどうかということであった。

ハイチャーチの党派は、職制とサクラメント、礼拝の外的な形式に「高い」価値を置いた。アングリカニズムはカトリック的キリスト教の真の代表であると主張し、ハイチャーチの支持者たちは、使徒継承とサクラメントの体系、古代および中世初期キリスト教の信経を保持した。一九世紀半ばに至るまで「プロテスタント」という用語を受け入れつつ、ハイチャーチの党派は伝統的に、メソジストやイングランドのピューリタニズムから発生したプロテスタンティズム――バプテスト、会衆派、長老派、およびクエーカー――にほとんど共感しなかった。

福音主義派あるいはローチャーチは、自分たちは初期教会教父の教えを引き継いでいると固く信じ、アングリカニズムの中のプロテスタント的要素を強調した。彼らは教会に対する聖書の優位性だけでなく、中世教会に対する原始教会の優位性を強調し、主教職や司祭職、サクラメントに比較的「低い」価値しか置かず、礼拝においても象徴的な所作を余り用いなかった。福音主義者にとっては聖書に基づく説教が重要であった。教会史についての彼らの解釈は、キリスト教の成長の最も偉大な時期は説教が最も力強い時に現れたというものである。例えばピューリタンは、当初はイングランド教会のメンバーであったが、アングリカニズムは中世の「付着物」を充分に取り除かなかったというローチャーチの観点を持っていた。

中間の党派（セントラルチャーチ。アメリカよりもイングランドにおいてよく用いられた用語）は、エリザベスの宗教解決の伝統を引き継いでいた。この党派は、アングリカニズムは両方の党派の最善のものを組み入れていると主張しながら、典型的には「神の真理についてはカトリック、人間の過ちについてはプロテスタント」という立場に立った（この党派は、フッカーに遡る語の定義をしばしば用いた）。アングリカニズムは見かけよりも均質であるため、アングリカンの大多数は間違いなくこの分類に入る（アングリカニズムの中のその他の党派については、それぞれの当該箇所で論じることにする）。

そのような党派の存在はアングリカニズムの最も感心できないところであり、そのためにイングランド教会はしばしば喧嘩の絶えない家庭のような外見を呈したが、教会の生命力は他でもなく彼らが互いに他を豊かなものにしたところから生まれて来たように思える。緊張は絶えることなく続いたが、それらは通常、より広い忠誠の中に包括されてきた。アングリカニズムは真にカトリックであると同時に十全にプロテスタントであり、双方ともが信経と教会制度において過去に忠実であり、それでもなお聖書と現代思想に照らして改革と変化に開かれている教会組織であると主張している。

「プロテスタントであり、なおかつカトリックであり。改革されているが注意深く過去との連続性を保持しており、誤りを取り除いたが、古代における良きものを熱心に愛し、個々人の判断の義務を認めつつ、権威を尊重する教会。最善で最も純粋な時代の古代教会の生を再生し、現代の諸条件に適用する教会。[5]」

そのような描写は、必然的に理想を示すのであって、現実を示すのではない。批判者たちは、アングリカニズムはより多くではなく、より少なく表そうとする希釈された伝統であると時には考える。しかしもし、アングリカニズムが一つの才を持っているとするならば、それは聖書と伝統と理性を総合しようとする試みにある。過去一〇〇年の間、アングリカニズムは、カトリック的伝統だけでは狭隘さと頑迷、新たな知識に対する恐れを生み出すのであり、福音主義の伝統だけでもキリスト教会を静的な組織に引き下げ、福音を生みだした生きた伝統の損失をもたらすのであり、人文主義の伝統だけでもキリスト教をただの倫理体系と見なす世俗的信仰へと至るだけだと主張してきた。このように、アングリカニズムはプロテスタンティズムの一形態かカトリシズムの一形態かというかつてのハイチャーチとローチャーチの論争の代わりに、アングリカニズムの最近の自己理解は、教会の独自性と包括性を強調する傾向にある。エキュメニカルな論議においては、他教派はアングリカンの伝統がプロテスタンティズムとも、ローマ・カトリシズムとも、東方正教会とも明確に区別される一群のキリスト者であると認めるようになっている。

アングリカニズムは政治的妥協とも、創造的総合ともみなすことができる。また、一つの「自治的カトリック的伝統」(パーキンズらの言葉では「改革されたカトリック」)、あるいは一つのプロテスタント的伝統とも分類できるし、そのように分類されてきた。また、プロテスタントでもカトリックでもなく一種の tertium quid（第三のもの）として、あるいはプロテスタントでもカトリックでもあり、聖書と教父と中世とルネッサンスの傾向のユニークな結合としての教会ともみなすことができる。一六世紀においても今日においても、これらの解釈のいずれかを信奉する聖公会員を見出すことができるだろう。疑いもなく、大多数はアングリカニズムがカトリックとプロテスタントの双方の最善の要素を融合したものだと考えている。彼らの言によれば、紫色のように赤と青の双方が必要だが、それらを混合して第三の色を作り出しているのである。

その長所と欠点が何であれ、キリスト教についてのアングリカンの解釈は、単に国家の行為と見なすことは難しい。宗教改革の時と同様、今日のキリスト者の中には、アングリカニズムはもしキリスト教(あらゆる党派を含めて)が一つになろうとするならば存在しなければならない包括的教会のモデルであると信じている者もいる。しかしもし、イングランド教会が統一したキリスト教の包括性のモデルを提供するならば、そのモデルは有益さと無益さの双方を受け入れなければならないだろう。というのも、本書に記す歴史が明確にするように、アングリカンであることの代償の一つは、いくらかの混乱を引き受けなければならないということだからである。実際、聖公会員の中にはイングランドの宗教改革の強みはまさにそれが決して完了していないことにあると信じている者もいる。ある高名なアメリカ聖公会の学者はこう言明したと言われている。「宗教改革の決着? 私は偉大なる未解決として宗教改革を大切にするのだ。」

第二章　植民地時代と独立後初期アメリカでの聖公会

ヴァージニア植民地の国教会の興亡

一八一一年二月二四日（日）、ヴァージニア州ウィリアムズバーグのウィリアム・アンド・メアリー大学の校長の家で、ウィリアム・ミードという名の若いヴァージニア人が聖公会の司祭試験を受けた。ミードの父親はジョージ・ワシントンの副官であった。ミードの母親はウィリアム・アンド・メアリー大学が、合理主義的な宗教、いわゆる理神論の時代にあって、無宗教的だと思ったため、ミードはニュージャージー大学、現在のプリンストン大学を卒業した。ミードの試験委員はアメリカ大統領ジェームズ・マディソンのいとこであり、ヴァージニアの初代主教であり、ウィリアム・アンド・メアリー大学の第八代校長のジェームズ・マディソンであった。試験でマディソン主教の補佐をしたのはブルートン教会の牧師であり、ウィリアム・アンド・メアリー大学の教授であったジョン・ブラッケンであった。

ミードは短い試験を合格した後に朝食を共にした。青年ミードはマディソン主教の隣人の一人が日曜日の朝に貯氷庫を補充するために時間を割いていたことに触れたが、あまり批判的ではないマディソン主教は「主日にそのような仕事を行うことは許容される」と答えた。会話が継続する中で、ミードはある聖公会の大学の読書会で二つの問題を議論したことを耳にした。第一問は、神が実際に存在するかどうか、第二問は、キリスト教は世界に対して好影響を与えたのか、悪影響を与えたのかという問題であった。彼が驚いたのは、学生たちが一つの問を肯定したのはたったの一票差だったということだった。

朝食を食べた後で、男子三人は主教の馬車でブルートン教会へ行った。教会は校長の家の門から一六七五フィート（約五一〇メートル）離れたところにあった。その少しの距離でミードの心は再び落胆した。デューク・オブ・グロスターストリートにはウィリアム・アンド・メアリー大学の学生たちが大勢いた。彼らは肩から銃をつり下げて、犬を引き連れ、狩猟に行くためにその爽やかな日曜日の朝を使っていた。馬車は学生と犬の間を通り抜けて、ブルートン教会に着いた。かつては、英国のヴァージニア総督やアメリカ独立戦争の指導者たちが礼拝に出席した教会である。後日、ミードはその教会の状態は「とてもひどかった」と言った。会衆は一八人ほどで、ウィリアム・アンド・メアリー大学の教授が二人含まれていた。この二人は、その時代の合理主義的な宗教である理神論の信奉者であった。大多数の会衆はミードの親戚あるいは知人であった。

予定された時に、マディソンは厳粛にミードを聖職に按手した。続く聖餐式の中で、新聖職者ミードは手織りの布だけを着て、自分の聖職按手の説教をした。マディソンの奴隷の一人が予定より早く馬車で戻った時にウィリアム・アンド・メアリー大学の学生たちも礼拝から出て、馬車で帰ってしまった。一八一一年の冬の時で、それはアングリカンの伝統の冬でもあった。

イングランド教会は当初の一三植民地に恒久的に確立された最初の教派であった。一六世紀に、イングランド教会の聖職者はイングランドの探検隊に同行してカリフォルニアとノースカロライナの沿岸地域で礼拝を行ったが、一六〇七年にロンドン会社（一六〇九年以降、ヴァージニア会社）によって建設されたジェームズタウンの植民地は、アメリカでイングランド教会の恒久的な存在の始まりとなった。商業目的は主にヴァージニア植民地に向けてであったが、ロンドン会社の設立勅許状はアメリカ先住民への福音宣教についても関心を示していた。植民地の最初の数十年に、ピューリタンの影響は広範囲に渡ったが、ピューリタンの聖職者はイングランド教会の礼拝と儀式の指示に従った。大半の植民地の聖公会信徒はアメリカ先住民とアフリカ系アメリカ人の回心を無視あるいはそれに反対したが、ジェームズタウンは一番有名なアメリカ先住民の回心者、ポカホンタスを生み出した。

植民地では毎日朝と夕の礼拝を行うこと、毎日曜日に二回の説教をすること、及び三ヶ月ごとに聖餐式を行うことが定められていた。ジェームズタウンの困難な初期時代に祈祷書の葬送式文がよく使われた。

アングリカニズムの確立の正確な年代については一六〇一年、一六〇七年、一六一九年、あるいは一六二四年と諸説があるが、いずれにせよ、アングリカニズム、つまりイングランド教会の信仰は、ヴァージニアの植民地で当初から国教会（体制的教会）[四]の地位を与えられていた。「国教会」というのはヴァージニア議会が教会を認める法律を制定し、税金を通して支え、非国教徒から保護したからである。この政府の支援はヴァージニアでのイングランド教会を植民地時代の大半を通じて保護した。イングランド教会はゆっくりと着実に成長し、特に一六八〇年～一七四〇年の間に繁栄した。やがて、教会史によく起こったように、政府の支援はキリスト教会の霊的生活をほとんど壊滅させた。

一六〇七年から、国教会は、初めはジェームズタウンで、次に、当時の主要交通路であったヴァージニアの川沿いに広がるようになった植民地で徐々に成長した。入植者が裁判所や教会から遠方に移動し過ぎた時には、議会は新しい郡と教会区を設立した。植民地時代のヴァージニアでは、教会区の数は一六七一年の四八教会区から、一七二六年の五三教会区、一七八四年の一〇七教会区と徐々に増加した。教会区はほとんど植民地の郡より小さかった。

一般的に、一つの教会区には三、四の教会があった。実質的に全ての教会区には教会の農場（いわゆる教会属地）があった。ヴァージニアの教会区の制度（例えばラッパハノック川の堤沿い）では、植民地の中で各家から六マイル（約九・六キロメートル）以内（簡単に乗馬で行く距離）に教会を建てると定められていた。正式名も持っているが多くの聖公会の教会は川や植民地、地理的なランドマークから取られた、思わず笑いを誘う名で呼ばれた。ポーヒク・チャーチ、ビーバー・ダム・チャーチ、ディフィカルト・チャーチ（困難な教会）、キャットテイル・チャーチ（猫の尻尾教会）、ターキーラン・チャーチ（七面鳥が走る教会）、ラットルスネイク・チャーチ（ガラガラ蛇教会）、チーズケーキ・チャーチ（チーズケーキ教会）（Cheesecake はアメリカ先住民の名称の転訛である）。

ヴァージニア議会は国教会に関する法律を通過させたが、ベストリーという一二人の信徒からなるグループ―いつも白人、いつも男性、通常は富裕層―が個々の教会区を運営した。ベストリーの権力は非常に大きく、課税権や聖職者の任免権及びヴァージニアでは政教分離以前には教会の責任であった福祉制度を取り扱う権力を振るった。ごく初期にベストリーは永続的で非公開の組織になった。他の植民地ではベストリーはイングランド教会の信徒や教会区の自由保有権者によって選出された。しかし、ヴァージニアでは、一七世紀半ばからベストリー委員が死亡したり、辞任したりしたときは、後任は残された委員によって選出された。従って、ヴァージニアの植民地のベストリーでは、数少ない選ばれた人々だけが教会区の権力を握っていた。

ベストリー制度は国教会にとって明らかに多くの利点があった。例えば、主要な地主―ランドルフ、カーター、バード、ページ、ネルソン、ワシントンという家族―の奉仕と忠誠心を確保することができた。ベストリーは一般的に一年契約で聖職者を採用したので、ヴァージニアの説教台には不適格な聖職者の数が減っていた。日常業務では、その制度は能率的であった。

結局、ベストリー制度はヴァージニアでの国教会を目立って貴族的な教会にしてしまった。庶民（ヴァージニアの人口の九〇％以上）の考えでは、ベストリー制度は教会をイングランド政府の「代表なき課税」政策と結びついていた。さらに、聖職者による教会区の道徳の監視が弱まった。通常は一年契約によってしか保護されなかったために、聖職者は有力信徒が犯した罪について非難することを避けた。例えばポトマック教会区の聖職者モーガン・ゴドウィンは、信徒は聖職者が信徒の奴隷に教会問答を教え、洗礼を授けるのを認めるべきだと主張して現状を否定したために、教会区を追われた。最後に、ベストリーは教会区の信徒に法的に強制し得る年税だけを払わせたので、ベストリー制度によって聖公会信徒たちは自主的に教会を支援する術を知らなかった。革命前夜までに、ベストリー制度は静かに確実に国教会崩壊の一因となっていった。

ヴァージニアに教会が存在した最初の百年間には、イギリス出身の聖職者の方が多かった。一八世紀に、ウィリアム・アンド・メアリー大学の卒業生が聖職者になったために、ヴァージニア出身の聖職者の数は着実に増え続けた。ある分析によると一七二三年からアメリカの独立戦争までヴァージニアで働いた聖職者の中で、四五人はウィリアム・アンド・メアリー大学、三九人はオックスフォード大学、二〇人はケンブリッジ大学、一七人はアバディーン大学、一三人はエディンバラ大学、一一人はダブリン大学トリニティ・カレッジ、一〇人はグラスゴー大学、四人は不明のスコットランドの大学、二人はセント・アンドリューズ大学、二人はローマ・カトリックの神学校、一人はエール大学、一人はドイツのハレ大学の卒業生であった。九人の聖職者の学歴は不明である。[6]

後代の著者は植民地時代のヴァージニアの聖職者に軽蔑の言葉を浴びせた。一八五七年に、第三代のヴァージニア主教となったウィリアム・ミードは、植民地時代の聖職者を軽蔑して「大部分は…イングランドとアイルランド及びスコットランド聖公会の取り柄のない屑で、母国で昇進できなかった」[7]と言った。ミードの評価はよく引用されたが、彼は福音主義者として世界を厳しい基準で批判したのである。しかし、ヴァージニア国教会の大量の記録によると、ヴァージニアの植民地時代の聖職者はもっと価値がある者だと描かれていた。不行跡を働いたヴァージニアの聖職者は一〇％にすぎなかったという最近の推定はだいたい正確である。学者によると、植民地時代のヴァージニアでの聖公会の聖職者はその時代のイングランドの聖職者より良くも悪くもなかったのである。

アメリカの独立戦争以前には大部分のヴァージニア民はヴァージニアの国教会に忠実であった。その強く思われた伝統が、どうして一八一一年に行われたウィリアム・ミードの按手までにほとんど崩壊することになったか。学者は五つの理由を挙げる。

第一に、国教会が崩壊したのはベストリー制度（前に述べた）の問題点によってであった。

第二に、アメリカの独立戦争の戦中や戦後にヴァージニアで生じた反英感情がヴァージニアのイングランド教会へはねかえってきた。

第三に、一七四〇年代からヴァージニアの聖職者に対する人々の評価が落ちてしまった。聖職者はより高い給料を要求する有名な訴訟を起こしたが、敗訴になった。その上、植民地の庶民の心の中で聖公会聖職者は貴族的な大農園主と見分けがつかないようになってしまった。多くの貴族的な大農園主はかつらを着け、トランプをし、大酒を飲み、競馬をし、闘鶏に参加した。多くの国教会の聖職者も同じようにした。平均的なヴァージニア住民にとっては、そのような聖職者よりバプテストと長老派とメソジスト教会から現れた禁欲的な福音主義者の方が魅力的に見えた。

第四に、他のプロテスタント諸教派がアメリカの独立戦争の数十年前に、積極的にヴァージニアに進出したことが挙げられる。非国教徒は植民地にとって新しいことではないが、攻撃的で騒々しい非国教徒は新しい現象であった。一七四〇～五〇年代に、バプテストと長老派、少し遅れてメソジスト教会がヴァージニアに来て、新たな魅力的なキリスト教の解釈を示した。バプテストと長老派教会はまた永続的貴族的ベストリーではなく、代議的な運営を提起した。さらに、メソジストとバプテストの聖職者は、一般の人々と距離が近く、情緒的で即興的な福音を宣言していた。一六九九年からヴァージニアでは宗教的寛容が認められたが、寛容の条件は国教会に有利であった。アングリカンによって支配された政治的既成勢力が非国教徒の説教者を些細な理由で監禁した時に、国教会からバプテストと長老派教会へと離反する動きが全ヴァージニアに起こった。地域によって、非国教徒の数はアングリカンの数を超えた。それらはすべて政治的影響となっていった。

最後に、理神論、すなわちトマス・ペインの自然的理性と道徳的教訓の宗教（後に述べる）が挙げられる。理神論はアメリカの独立戦争前後にヴァージニアの貴族的男性に入っていった。理神論の影響は男性より女性の方が弱かった。夫は礼拝に出席しないようになったので、「信仰深い妻」の現象がヴァージニアの教会区に現れてくるようになった。一般に、アメリカの独立戦争の前後数十年にイングランド教会とアメリカ聖公会の礼拝に出席する人数は、女性と子供の方が男性より多かった（他の教派も同じ）。聖公会の女性は礼拝に出席し続けていたが、多くの植民地の男性は出席しなかった。国教会の柱は弱体化し、最初にたわみ、やがて崩れたのである。

さらに、この事態はアメリカの独立戦争を経て最終場面に進んだ。アメリカの独立戦争中に、大部分のヴァージニアのアングリカンは愛国者であった。最新の研究はヴァージニアの国教会の聖職者の七～八割がアメリカ側を支持したことを示している。従って、国王への共感はアメリカの独立戦争後の教会の崩壊には多くの役割を果たしていなかった。非国教化―国家的な支援を取り除くこと―も崩壊を引き起こしたわけではなかった。一七八四年に、ヴァージニア議会は聖公会を非国教化したため、聖公会は連邦内の諸教派と同じ地位となった。しかし、どの南部の植民地でもイングランド教会を非国教化したが、ヴァージニアに起こったような崩壊は起こらなかった。

ヴァージニアでの特徴は、聖公会に不利な法律に対する要求がアメリカの独立戦争後の二〇年間にも続いていたことである。一七八四年～一八〇二年に、長老派教会と特にヴァージニアのバプテスト教会はヴァージニア議会に、植民地時代に遡る聖公会の教会区の財産を没収すべきだという申し立てを提出し、ロビイストが殺到していた。それらの教会は、植民地時代のヴァージニア住民の総合課税によって聖公会の教会と教会属地の費用が支払われ、建てられ、整備されたと主張した。従って、今や大部分のヴァージニア住民は聖公会の信徒ではないので、聖公会の建物と土地は公有に戻らなければならず、聖公会は他教派に対して不当に有利であってはならないと主張した。

一七八六年後の数年の間に、ヴァージニア議会は申し立てとロビイストに次第に譲歩し、一八〇二年に教会属地法を承認した。この法は各郡の中の「貧民の監督」という団体が一七七七年以前に買収した聖公会の教会区農地を、現在の牧師が死んだ時や、退職した時に没収することを定めた。それに関わった農地はほぼすべての聖公会の教会属地であった。この法は監督が教会属地を売り、利益を公益のために使うことを定めた。教会属地法はさらに、一七七七年以前に建てられた聖公会の教会（圧倒的多数のヴァージニアの聖公会の教会）が定期的な礼拝を行っていない場合に、公共財産と見なすことを許した。

なぜ教会属地は重要であったか。植民地時代では、ヴァージニアのほぼすべての教会区は教会属地内に住宅と二〇〇エーカー（約二四万四〇〇〇坪）以上の農地をもっていた。教会区の牧師は教会属地に住んでいて、農地を貸し出したり、自分で耕作したり、教会属地の一部で学校を経営していたりした。このようにして、牧師たちは自分の収入を補っていたのである。従って、ヴァージニア議会が彼らの給料をアメリカの独立戦争の初めに廃止した時にも、聖公会の聖職者は教会属地をまだ持っていて、教会区は聖職者を呼び寄せて援助する手段をまだ持っていた。しかし、一八〇二年に教会属地法が承認された時に、これら全てが終わった。

聖公会は教会属地法と戦おうとした。ヴァージニアの有名な弁護士の中には植民地時代の聖公会の土地を所有し続ける権利を支持した者もいた。一八〇二年、チェスターフィールド郡では訴訟が始まり、マンチェスター教会区のベストリーが、チェスターフィールド郡の「貧民の監督」が彼らの空き教会属地を没収する権利に異議を唱えた。衡平法裁判所（衡平法における司法権を持つ裁判所）では、ジョージ・ウィス（以前にマディソン主教が彼の下でウィリアム・アンド・メアリー大学で法律学を勉強した）がチェスターフィールド郡に有利な判決を下した。

マンチェスター教会区のベストリーはヴァージニア州の最高裁、つまり五人の判事による控訴裁判所に上告した。聖公会信徒であり、チェスターフィールド郡の住民であった裁判官ウイリアム・フレミングは彼自身が欠格者であることを認めたが、聖公会は控訴裁判所が教会属地法を無効とする裁定を下すことをまだ期待していた。控訴裁判所の残りの四人のうち三人の裁判官は保守的な法的観点を持っていた聖公会の信徒であった。裁判長は八一歳のエドモンド・ペンドルトンであり、彼はヴァージニア議会の議員であったときに聖公会の財産権の非妥協的な擁護者であった。

一八〇三年の一〇月に、意外的な事が起こった。四人の判事による控訴裁判所の判定を下す直前に、ペンドルトン裁判長はリッチモンドのスワン・タバーンで泊まった部屋で亡くなってしまった。彼が泊まった旅館の部屋の中で捜索者は裁判所の判決を見つけ、裁判所は教会属地法が違憲という判決を三対一で下した。しかし、ペンドルトンの死によってこの判決は無効となった。

セント・ジョージ・タッカーがペンドルトンの控訴裁判所の後任に任命された。彼は有名なウィリアムズバーグの住民で、マディソン主教の竹馬の友であった。タッカーは弁論を聞いた後に、教会属地法の合憲性に賛成した。控訴裁判所―フレミング自身は彼自身をまだ欠格者であるとしていた―は二対二に分かれた。ヴァージニア法に従って、同点の時には一審判決が支持された。

落胆し、混乱していたヴァージニアでの聖公会は訴訟をし続けることができなかった。従って、チェサピーク湾からアレゲーニー山脈まで聖公会の教会属地はヴァージニア州によって没収された。しかし、歴史学者たちは教会属地の没収が聖公会に与えた影響を誇張することができないだろう。イングランドに対する敵意、理神論の台頭、一七八四年のメソジストの分離、バプテストと長老派教会への離反、アメリカ独立戦争後の聖公会世帯のケンタッキーとテネシーとオハイオへの集団移住のせいで、旧ヴァージニア国教会はアメリカ独立戦争の当初から次第に衰退していった。教会属地法が承認された後に、旧ヴァージニア国教会は完全に崩壊したのである。

それには時間がかからなかった。教会属地法が承認された直後に、各郡での貧民の監督は独立戦争で生き残らなかった教会区と、牧師がいなかった教会区の教会属地を没収し始めた。約六七教会区はその範疇に属した。一八〇二年の後に、他の教会区は次々と牧師が死んだり、退職したりしたため監督はさらに多くの教会属地を没収した。従って、多くのベストリーは牧師にとって唯一の確かな収入源が消え、また自発的な献金を通して教会を支援するという経験を持っていなかったので、闘いをやめて、解散した。その時から、教会区の教会は公的財産と見なされたので、教会は放置され、隣の地主に略奪されたり、牧師と信徒がいる他教派に委ねられたりした。ヴァージニア中の教会区で次々と、聖公会は消えていった。

その荒廃はひどいものだった。ワイト島郡とサウサンプトン郡にある植民地時代の七つの教会の内六つが消えた。ポーツマス教会区の三つの植民地時代の教会の内二つが廃墟になった。東岸部のハンガーズ教会では、教会属地法が承認された後に聖公会の信徒が礼拝をし続けられなかった時に、漁師がイプオルガンを没収して、パイプを溶かし、重りを作った。エセックス郡では、暴徒がラッパハノック川沿いにある教会を破壊し、墓石でさえ回転砥石に変えられてしまった。海岸地帯の町であるスミスフィールドの近くのバールウェール湾にある教会の煉瓦と教会席は、台所と馬小屋を作るために使われた。プリンスエドワード郡では、バプテストとメソジストが何年も続けて教会の所有権について論じていた。ミドルセックス郡のクライストチャーチでは、会衆席が崩れて、屋根が内側に落ち、壁の間に大きな篠懸の木が現れた。

教会属地法の影響は、アメリカの独立戦争の初めに約二五〇あったヴァージニア国教会の中で、現在も聖公会の教会として使っているのが三五教会以下（約一三パーセント）であるという事実に十分に示されている。新興の独立連邦全域で、白鑞製（スズに鉛を少し混ぜた合金）の聖餐用具から作ったスプーンや弾丸があり、廃墟となった教会から杯を略奪して家の食卓で使っていたり、洗礼盤を植木鉢や餌入れとして使っていたりして、植民地時代の教会は崩壊していったのである。この時代からそのような物語がヴァージニアの伝説となったが、大部分は真偽の怪しい話ではなく、実話であった。マディソン主教がある教区会に言ったように「聖パウロがヴァージニアを訪問したら、彼はヴァージニアの聖公会の教会は崩壊という悪魔に献げられた[8]」と考えただろう。旧ヴァージニア国教会は現在のアメリカでは理解しがたい独立戦争の反聖公会と反体制の雰囲気に呑み込まれたのである。

ヴァージニアの聖公会が没落するのと並行して、主教としてのジェームズ・マディソンの働きも消滅していった。全国的なアメリカ聖公会の総会は三年ごとに開かれていたが、マディソン主教は一七九五年以降どの総会にも出席していない。一八〇一年以降は、ヴァージニア教区の現役聖職の名簿を総会に提出することもできなかった。『ヴァージニア・ガゼット』の中で毎年のように呼びかけをしていたが、一八〇〇年から一八一一年の間にヴァージニア聖公会はわずか二回の教区会を開くことができただけであった。一八〇一年から一八一〇年の一〇年間に、彼はただ一人の執事を按手しただけであった。一八一一年には、総会の小委員会はヴァージニアにおける聖公会の貴重な伝統は死滅したようだと報告している。マディソンは懐疑主義になり、理神論者になってしまったという噂が連邦中に広まったが、彼がこの時期も依然として正統なキリスト者であったが、ただ自分が洗礼を受け叙任された教会の将来について懐疑的になっていたのは明かである。

大学の学長、教師、カウンセラー、管理者、学者、牧師、親、そして主教として、マディソンは何十年もの間数人分の働きをこなしてきた。さらに、彼は一八〇七年以降、浮腫で瀕死の状態であったことが分かっている。そのことを考えると、一八〇七年一〇月七日に彼が書いた手紙がより痛切に思われる。それまでは他者のために働いてきたが、今は自分自身と家族のことを考えなければならないと言明しつつ、ジェームズ・マディソン―ヴァージニア主教、ウィリアム・アンド・メアリー大学学長・教授、ジェームズ・シティ教会区の牧師―は、友人である理神論者のトーマス・ジェファーソン大統領に懇願して、ノーフォークの港湾徴税官の職に志願しているのである。

独立戦争以前のアメリカにおける聖公会

〈植民地ニューイングランドにおける聖公会〉

最初の一三の植民地[五]に定着した最初の教派は、イングランド教会であった。一七〇〇年には植民地における教会数では、会衆派（イングランドのピューリタンの子孫）に次ぐ規模であった。

同年までには一〇〇以上の聖公会の教会がマサチューセッツからサウスカロライナにいたる地域に点在していたが、その八〇パーセントはチェサピーク湾周辺に集中していた。

ニューイングランドでは、寛容なロードアイランド（当初はバプテストが、後にはクエーカーが多数派を占めた）を除くすべての植民地が会衆派を体制的教会に定めており、イングランド教会は余所者と見られていた。ピューリタンのニューイングランドにおける契約共同体がアメリカにやってきたのは、絶対王制と無陪審裁判から逃れるためであった。彼らが望んだのは、使徒の記録に忠実だと彼らが信じるキリスト教を確立することであった。ピューリタンの末裔にとっては、聖公会は忌まわしく非聖書的な礼拝・教会政体・霊的生活を表していた。ピューリタンにとって聖公会の改革は不完全であって、過去一〇〇年の歴史は改革を完成しようとするいかなる運動も、イングランド教会は常に抑圧するということを明確に示してきたのである。

したがって、マサチューセッツやメーン、あるいはニューハンプシャー、コネチカットの入植者でイングランド教会を好む人々（それには数人の聖職者が含まれる）でさえ、会衆派の教会に出席することを義務づけられた。公然と聖公会の礼拝式文に従ったり、それを取り入れようとしたりする者はイングランドに追い返されたり、もっと気性の合う植民地に自発的に移動したりした。ピルグリムファーザーズの上陸後五〇年を経ても、ニューイングランドには聖公会の教会区はひとつも存在しなかった。マサチューセッツの聖公会信徒に対する宗教的寛容がはじめて認められたのは、ウィリアムとメアリーの治世になり、イングランドにおいて一六八九年に寛容法が成立してからのことであった。その時でさえも、聖公会信徒は反体制的キリスト者という不慣れな役割を与えられ、確立した多数派であったピューリタンは、聖公会の拡大のあらゆる動きに反対したのである。例えば、一七二七年まで、マサチューセッツのイングランド教会信徒は、会衆派の規則の下にある教会と教役者を支えるための税を払わなければならなかった。

一六八九年からニューイングランドでも聖公会の教会区が組織され、聖公会の教会が建設されるようになった。最初の礼拝は、キングスチャペルで四〇〇人の信徒によって献げられた。キングスチャペルは当時のボストンでもっとも立派な教会で、ニューイングランドでパイプオルガンを備えた最初の教会であり、ピューリタンとは非常に異なった聖公会的な名称を持つニューイングランドの一連の有名教会の嚆矢であった。ピューリタンは聖書の言葉を用いて、彼らの教会に「第一キリスト教会」あるいは「第二キリスト教会」といった名称を付けていたのである。

聖公会の教会の名称の由来は、もっと伝統的であり、王制的であった。やがてニューイングランドには、キングスチャーチ（ロードアイランド・プロビデンス、一七二二）、クイーンズチャペル（ニューハンプシャー・ポーツマス、一七三二）、セント・ポール（聖パウロ）教会（マサチューセッツ・ニューベリーポート、一七一一）、セント・マイケル（聖ミカエル）教会（マサチューセッツ・マーブルヘッド、一七一四）、クライスト・チャーチ（キリスト教会）（ボストン、一七二三、後に「ポール・リビアの騎行」において「古い北の教会（オールド・ノース・チャーチ）」として有名になった）、セント・ジェームズ（聖ヤコブ）教会（コネチカット・ニューロンドン、一七二五）などの名称をもつ聖公会の教会が生まれた。ニューイングランドの初期のこれらの教会で奉仕した教役者の大多数は、イングランド生まれであった。例えば、一七二〇年代末および一七三〇年代初頭にロードアイランド・ニューポートのトリニティ（三一）教会でしばしば説教したジョージ・ベイカリーはイギリスの哲学者であり、後にバーミューダで聖公会の大学を創設しようとしてアメリカに渡った人物である。

教会建設の時代が示しているように、ニューイングランドにおける聖公会の歴史は、ほとんど専ら一八世紀に属する。同世紀にベンジャミン・フランクリンの兄弟によって発行された新聞『ニューイングランド・クーラント』は、やがて聖公会の思想のセンターへと発展した。ニューイングランドでは（他のどこでも同じであるが）、聖公会の教役者数や教会数は正確な規模を表すものではない。教役者不足のため、時には会衆が信徒奉事者（レイ・リーダー）を使うことが必要となった。さらに、聖公会信徒の数が少ないところでは、信徒は教会よりも、しばしば家庭や、校舎、裁判所に集まった。

一七五〇年までに、ニューイングランドには四四の聖公会の教会があった。コネチカットに一九、マサチューセッツ（メインを含む）に一七、ロードアイランド（ここではセクト的論争に対する魅力的な代替案として聖公会が働いた）に七、そしてニューハンプシャーに一であった。一七五〇年と独立戦争の間の時期に、聖公会の教会は特にコネチカットで成長が加速した。聖公会信徒がイングランドにおける聖公会信徒の人口比率よりもはるかに多くの公職に就き始めたということが、彼らの影響力の増大を示している。

〈中部植民地における聖公会〉

かつてオランダ植民地であったニューヨークでは、民族と言語の多様性がペンシルベニアに匹敵したが、聖公会が一六九三年に体制的教会となった。聖公会が体制的教会―その用語の意味するところはいくぶん不明確である―となったのは、ニューヨーク市、およびクイーンズ、リッチモンド、ウェスチェスターの諸郡に限られていた。

体制的教会となってからの最初の数十年間に、ニューヨーク市、スタテン島、ウェストチェスター、イーストチェスター、ニューロチェル、およびクイーンズに、イングランド教会が建設された。当初法によってニューヨーク市の「唯一の教会区」と定められたトリニティ（三一）教会区は、ニューヨーク市植民地の代表的な教会区となり、やがて合衆国のいかなる教派の教会区と比べてももっとも裕福な教会区となった。政府からはロウワー・マンハッタンの農地を与えられたトリニティは、その土地の大半を保持し、そこからの収入を諸経費と慈善、寄付に充てた。そうした寄付の一例が、キングス・カレッジ（現在のコロンビア大学）である。一七五四年にロウワー・マンハッタンに勅許状を与えられ、学長とチャペル礼拝は聖公会でなければならないという条件であった。教会区最初の教会であるトリニティ（三一）教会（一六九七年。一七三五年に拡張。後に移転）は、長年にわたって植民地ニューヨークのスカイラインを圧する建築であった。今では摩天楼に囲まれているが、マンハッタンで今日まで存続している植民地時代の教会の一つがロウワー・ブロードウェイにあるセント・ポール（聖パウロ）チャペル（一七六六）で、トリニティ教会区が建設もしくは資金の一部を提供した一連の教会群の一つである。

地位と影響力のある諸家族が、ニューヨーク植民地のイングランド教会を支えた。さらに、一七世紀末から独立戦争期を通じてのすべての総督が聖公会員であった。しかし、時には他の教派の信徒数が一七対一〇の割合で聖公会を凌いだこともあった。にもかかわらず、ニューヨークの体制的教会であったイングランド教会は、コネチカットやニュージャージー、そしてハドソン川上流の開発地域に聖公会が拡大する足場となったのである。

ニューヨーク以南の中部植民地では、多様な信仰が存在する自由市場の中で、聖公会は活動した。信仰的に多様なニュージャージーでは、イングランド教会の歴史は、ほとんど専ら一八世紀に限られ、一七世紀に遡るとパースアンボイの教会区だけが存在した。元来は土地所有主が支配していたが、一七〇二年以降はイングランド王室の支配になったものの、クエーカー教徒と非国教徒によって占められていた立法府は、聖公会を体制的教会にしようとするあらゆる試みにうまく抵抗した。

ニュージャージーではイングランド政府と結びついた「王立教会」であるイングランド教会は、独立戦争まではゆっくりとではあるが着実に成長した。一七二〇年代の報告によれば、一五、〇〇〇人から二〇、〇〇〇人の植民者の内およそ六〇〇人が聖公会の礼拝に出席していた。

定期的な集会を開いていたのは、わずかに三つの教会―パースアンボイ、バーリントン、エリザベスタウン―だけであった。どの教会区も典型的なものではなかったが、エリザベスタウンでは聖公会の弱点が現れていた。そこでは一七三〇年代に聖公会のセント・ジョン（聖ヨハネ）教会に出席していた住民は二五〇人にとどまり、一四〇〇人は他の教派の礼拝に出席していたのである。

一七七六年までに、ニュージャージーの聖公会には一一人の聖職と二〇以上の教会が存在するようになった。デラウェアリバーにあるセント・メアリー（聖マリア）教会（一七〇三）と、裁判所のあるバーリントンとが、聖公会の影響力の中心であった。セント・メアリー（聖マリア）教会はSPG（イングランド教会海外福音伝播協会、一七〇一年設立）の支援でニュージャージーに建てられた最初の教会であった。

ペンシルベニア（デラウェアは一七〇四年まではその一部であった）では、イングランド教会は小さな勢力にとどまっていたが、次第に影響力を増していった。ウィリアム・ペンというイングランドで信仰的迫害を受けたクエーカー教徒が、「聖なる実験」として自分自身の入植地を設け、そこでは迫害を受けたさまざまな信仰集団が平和的に共同生活し、自由に礼拝できるようにした。聖公会員の中にも、安価な土地と、フィラデルフィア市当局が提供する様々な機会に惹かれてこの入植地に魅力を感じた者もいた。しかし、この入植地を文字通り祈りに応えて神が与えられた答えであるとみなしたクエーカーやモラビア兄弟団、メノナイト、改革派、ブレザレン、シュヴェンクフェルト派、ローマ・カトリック、長老派などの信徒に比べれば、聖公会員がそこに参加する理由は遥かに薄弱であった。

寛容な植民地では、数多くあるキリスト教の一つの解釈としてイングランド教会は存在したが、ペンシルベニアの人口と比べれば少数派以上にはならなかった。しかし、一八世紀も半ばになり、フィラデルフィア地区に移住する裕福なクエーカーで聖公会への転会者―ウィリアム・ペン（フィラデルフィアの建設者）の子孫や入植地の土地所有者を含む―が増えると、聖公会の影響力は増大した。しかし、ペンシルベニアとデラウェアの聖公会員の大多数は、中流階級であったように思われる。SPG宣教師の一七四九年の報告によれば、フィラデルフィアの聖公会員よりも、「多数いるクエーカーとハイダッチ」の方が裕福で、社会階層が上であった。[9]

ペンシルベニアで最古の有名な聖公会の教会は、フィラデルフィアがまだ生まれて間もない一六九五年に建てられたフィラデルフィア・クライストチャーチ（キリスト教会）である。二〇年もしないうちに、フィラデルフィアに比較的近い農村―オックスフォード（一六九八）、パーキオメン（一七〇〇）、グレートヴァリー（一七〇〇）、ラドノアのウェールズ・コミュニティ（一七〇〇）、コンコード（一七〇二）、マーカス・フック（一七〇二）、チェスター（一七〇二）、ホワイトマーシュ（一七〇二）、ブリストル（一七一二）、ケルトン（一七一五）―に教会が建てられた。一七五〇年までに、ペンシルベニアにはおよそ一五の聖公会の教会が存在するようになった。デラウェアでは聖公会の活動は一六七〇年代に始まり、聖公会の入植者は南部の二つの郡に住んでいたが、さらにおよそ一二の教会があった。これらの植民地では、イングランド教会は、デラウェア川沿いに一七世紀に存在したニュースウェーデン植民地からの生存者であるスウェーデンのルター派住民と親密な関係を持ち、教役者も提供していた。この関係によって、ペンシルベニアとデラウェア、ニュージャージーの七つの「古スウェーデン」教会がやがて聖公会になる道が開かれた。またフィラデルフィア大学（一七四九年設立。現在のペンシルベニア大学）の創設に当たって大きな影響をもたらしたのは聖公会員であった。一七七五年の独立戦争前夜には、ペンシルベニアにはおよそ二二の聖公会の教会があり、一九人の教役者が奉仕していた。

〈ヴァージニア以外の南部の聖公会〉

植民地を旅した人々が記しているのは、チェサピーク湾に近づくにつれて聖公会の教会が増えてくるということであった。イングランド君主からローマ・カトリックの土地所有者に与えられたイングランドの植民地であったメリーランドは、当初から法的にイングランド教会には寛容でなければならなかった。ときには記述されていないことがあるのだが、メリーランド植民地には、ごく初期からプロテスタントの多数派（聖公会）が含まれていた。しかしやがて非国教徒と無宗教者が聖公会およびローマ・カトリック信徒を凌駕するようになった。一六四九年には、土地所有者のセシリアス・カルバート（二代目ボルチモア卿）およびプロテスタントが多数派を占める議会が、三位一体論を唱えるすべてのキリスト教徒に公式に宗教的寛容を認めたが、それはこの植民地（ビジネス特区でありヘイブンであった）が当初から実質的に行ってきたことであった。

一七世紀の半ばになってはじめて聖公会の司祭がメリーランドに到着した。一六七〇年頃には、二万人以上の入植者の間でわずか三人の聖公会の教役者が活動していたのみであった。一六九一年にメリーランドが暫定的に王室の植民地になった時、フランシス・ニコルソン総督は聖公会の教会と教役者の数をかなり増加させた。一七〇〇年に、教会区を持つ一五人の聖職がアナポリスに来て、ロンドン主教によって派遣された最初の代理人、すなわちコミッサリーと面会した（この主教代理人の権限については後に述べる）。

一七〇二年にイングランド教会がメリーランドの体制的教会になってからは、聖公会員の数は着実に増加した。ペンシルベニアにおいてペン一族の一部に起こったことが、カルヴァート一族にも起こった。彼らはイングランド教会に従うようになったのである。そのことによってボルチモア卿一族は再び植民地に対する彼らの勅許状を受け取ったのである。一七六七年にはメリーランド植民地には四四の教会区が存在した。これらの教会区は教役者に対する給与を充分に支払った（例えば最高で、ノースカロライナの聖公会教会区の一〇倍にもなった）ので、メリーランドの教会区を志願する司祭は、待機リストに登録しなければならなかったほどである。

ヴァージニア以南、ノースカロライナのロアノーク島に一五八七年から一五九〇年にかけて建設が試みられた「失われた植民地」[六]では、アメリカ植民地における記録上最初の聖公会の洗礼が行われた。受洗者はマンテオという名のアメリカ先住民であった。また、新世界における最初のイングランド人の子ども（ヴァージニア・デアという名の女児）の誕生と洗礼が行われた。一七世紀にノースカロライナ植民地が再建されたとき、クエーカーと長老派、無宗教の人々が多数を占め、サーレムの周囲にはモラビアの村が繁栄した。教役者はしばしば組織的宗教に関心を持たない住民を軽蔑したが、イングランド教会からノースカロライナに派遣された宣教師も例外ではなかった。一七一〇年にあるSPG宣教師はノースカロライナ東部の住民について「全般的に無法で野蛮な人々」と記している。[10]

一八世紀の最初の二〇年間に一連の条例が出され、イングランド教会がノースカロライナの体制的教会となったが、その発展過程は混乱と無秩序を特徴としていた。教会区が存在したのは書類上のことであり、教会税は集められないか抗議に合うかが一般的であった。また、イングランド教会は州政府による補償なきサポートの不利益を被っていた。一七六五年までに法的に設立された三二の聖公会の教会区のうち、司祭と教会堂が存在したのはわずかに五つに過ぎなかった。イングランド教会による司牧が非常に限定されていたので、一七六五年に総督がブランスウィックで死亡したとき、葬儀の際に治安判事が祈祷書の葬送式文を読まなければならなかった。というのも一〇〇マイル四方には聖公会の聖職は住んでいなかったからである。

なぜノースカロライナではそれほど聖公会は弱かったのか。他の要素もあったが、主要な原因は信徒の不参加であったように思われる。ノースカロライナには、イングランド教会を財政的に支援する能力があり、信仰深い有力な信徒の集団がまったく存在していなかったのである。北方と南方、つまりヴァージニアとサウスカロライナでは聖公会は熱心な信徒の支持という必要な土台があったが、ノースカロライナではそれがなかった。

聖公会の熱心な推進者であったウィリアム・トライオン総督の指揮の下で、独立戦争に先立つ一〇年間に教会と教役者の数はかなり増加した。一七七〇年頃には、一八人の教役者が働いていた。しかし、聖公会が永続的な根を下ろすには、成長の速度は遅すぎた。また、他の非国教諸教派の成長とも競合した。その結果、独立戦争後のノースカロライナにおける聖公会の伝統は事実上消滅した。一八一七年まではアメリカ聖公会は組織されなかったのである。しかしながら、聖公会の聖職が教育を管理するという植民地の法律は独立後も充分に有効であったため、ノースカロライナ大学におけるチャペルの礼拝は、一七九五年の開学以来一九世の半ばに至るまで、聖公会の祈祷書に基づいて行われていた。

米と藍（インディゴ）の生産によって南部でもっとも裕福な植民地であったサウスカロライナでは、聖公会と他の諸教派が植民地時代の大半を通じてほぼ同数で存在した。一六七〇年にイングランドの土地所有植民地として設立されたサウスカロライナでは、一七〇四年と一七〇六年に可決された条例によってイングランド教会が体制的教会とされた。非国教徒の数の方が結局は勝ることになったものの、政府の支持によってだけでなく、強力で効果的な信徒の支持、そして非国教徒に対する穏健な非武装化政策によって、体制的教会は依然として支配的であった。サウスカロライナの聖公会は、隣接する南北の体制的教会を悩ませた諸問題の大半を逃れることができた。

　国際的都市チャールストンを中心とするサウスカロライナの低地（潮の満ち干の影響を受ける海岸低地）の教会では、イングランド教会がプランテーション所有者、医者や弁護士などの専門職、都市の商人、熟練労働者を惹きつけた。一六八五年にナントの勅令[七]が廃止された後フランスからサウスカロライナに移住し、ビジネスと政治の両方において有力になったユグノー[八]の大半は聖公会員になった。ベストリー制度[九]が地方統治の基礎となった。教会のウォーデンが立法府の選挙の監督まで行った。セント・フィリップ（聖フィリポ、一七二二）あるいはセント・マイケル（聖ミカエル、一七六一年完成）といった見事な教会に、日曜日になるとチャールストンのエリートたちは出かけたのである。

　体制的教会は低地の「貧困層」からも信徒を集めたが、一般的には僻地—しばしば文字の読めない、最低賃金で生活している人々からなる、瀑布線[一〇]を超えた、広大な規制の行き届かない粗野な地域—を長老派とバプテストに委ねた。文明の外れにあるこの地域を司牧した主要な聖公会の宣教師は、彼に託される会衆に対して無礼な態度を取り、彼らを「全体的に非常にだらしなく、自堕落で、怠け者。信仰も善も持たない」と呼んだ。[11]

　サウスカロライナの穏健で、信徒が中心の体制的教会は、ヴァージニアの教会とほぼ同じように運営された。ベストリーは毎年選挙で選ばれたが、ヴァージニアと同様に、教会区の牧師任命を管理し、やがては聖職に一年ごとの契約を超える契約を与えることを拒否するようになった。狩猟やダンス、飲酒が許されていたことは、ヴァージニアと同様に、プランテーション所有者にとって魅力となった。しかし、ある調査によれば、ユグノー移民の影響で、オールド・ドミニオンにおけるよりも遥かに多くの聖公会聖職――一六パーセント――が、厳格なカルヴィニズムの背景を持っていた。

かなり状況が違ったのが、最後に設立された植民地で、もっとも繁栄度の低かったジョージアであった。一七三二年に博愛主義のジェームズ・オグルソープとその仲間たちによってイングランドの債務者の避難地として勅許を受けたジョージアは、一七五四年には国王の管轄に置かれた。一七五八年にはイングランド教会が公式に体制的教会と定められたが。その力は現実的なものではなく紙上のものであった。非国教徒が聖公会員よりも圧倒的に多く、無宗教が跋扈しており、聖公会の聖職も少数であった。ノースカロライナと同様に、若い植民地であるサウスカロライナには南部で聖公会の基盤となる安定した土地所有者層が欠けていた。立法府によってサウスカロライナは八つの教会区に分けられていたが、一七七三年までにジョージアではサヴァンナとオーガスタにしか聖公会の聖職はいなかった。せいぜいのところ、ジョージアには五つの聖公会の教会があっただけであった。

〈概括〉

一七世紀に聖公会はヴァージニアに設立されていたものの、植民地アメリカにおけるイングランド教会の歴史は一八世紀に始まる。イングランド政府と商人階級が、海外植民地こそが帝国の始まりであることを認識したおよそ一七〇〇年以降、聖公会の目標はイングランドのアメリカ植民地におけるキリスト教を独占し、ピューリタニズムやクエーカーといった植民地初期のキリスト教に取って代わることであった。聖公会が望んだことは、多様な民族的背景にも関わらず、すべての植民地のアメリカ人が平和の内に共生し、祈祷書に基づいて礼拝することであった。国王と祈祷書のもとでのアングリカン・アメリカというキャンペーンはマサチューセッツからジョージアまで広まり、SPGから巨額の補助を受けたが成功しなかった。アメリカは依然として宗教的には多元的なままであった。

ニューイングランドでは、聖公会はピューリタニズムに対するリタージカルで王室的な代案となったが、政治的な体制とはしばしば不和となった。中部植民地では、聖公会は多くの競合する教会の一つとして存在したが、その状況はアメリカ独立後の合衆国のいたるところで米国聖公会が遭遇した状況と似通っていた。南部の大半では、聖公会は信徒によって運営される特権的な穏健な教会になった。南部の体制的教会になったことにより聖公会は社会に影響を与える大きな機会を与えられたが、同時にその社会の習俗や政治に同化せざるをえなかったのである。南部での聖公会の体質は決定的にローチャーチであったが、一方、ニューイングランドと中部植民地の一部ではハイチャーチの立場を取った。

植民地全体を通じて、ＳＰＧが聖職の権威の擁護者であったものの、聖公会の特徴は信徒による管理であった。植民地の聖公会信徒は、同時代のイングランドにおけるよりも、はるかに大きな権威を持ち、相当大きな役割を教会で果たしていたのである。ローマ・カトリックを除くその他のすべてのメインラインのキリスト教におけるのと同様に、聖公会においても信徒の支配が窮極的には聖職の支配に取って代わったのである。

独立戦争の開始までには、イングランド教会は（会衆派に次ぐ）二番目に大きい教派となっており、定期的に礼拝をもつ四〇〇以上の教会と、おそらくは三〇〇人の教役者を擁していた。植民地におけるすべての主要な教会―会衆派、長老派、クエーカー、バプテスト、オランダ改革派、ローマ・カトリック、ルター派、モラビア派―の中で、聖公会がもっとも広範囲に広まっていた。他の教派は少数の植民地で有力であったが、その他の場所では存在しないか、存在が希薄であった。

植民地における聖公会の成員は圧倒的に富裕層、もしくは比較的生活水準の高い人々からなっていたが、その会衆には多数の貧困層、文字の読めない層、ささやかな生計を営んでいる人々も含まれていた。しかしながら、中流以下の層に対する聖公会の影響力は弱かった。というのは、貧困層で教育の低い人々の宗教的要求をなかなか理解できず、それに応えることもできなかったからである。こうした二重の困難性が、独立後の歴史においても聖公会の足かせとなるのであった。

神学的状況

ニューイングランドからジョージアに至るまで、植民地における聖公会の教会と大学には神学者と呼びうる著作家はほとんど生まれなかった。トマス・ブレイの『教理問答講義（*Catechetical Lectures*）― 恩恵の契約に関する解説』および『我々の洗礼の契約の教理についての講義』が、ブレイがメリーランドのコミッサリーであったときに出版され、聖公会の教会区の蔵書として幅広く用いられたが、それらはイングランドで書かれたものであった。マサチューセッツでは、ジョン・チェックリーという出版社兼書店主でボストンのキングスチャペルの信徒が、イングランド教会の教理と教会政体を擁護するパンフレットとトラクトを書いて影響を与えた。救済と断罪の問題に関して神のみが自由を有するというピューリタンの信条に反対して、チェックリーは人間が自由意志によって神の恩恵を受け入れることも拒絶することもできると強調した。

自由意志はアングリカニズムの中心的な教えだと主張するチェックリーには、一八世紀のイングランドと植民地の聖公会の著作家が賛同した。それ以前の二世紀間なら、アングリカンの多数は異なる主張をしたであろう。しかし一八世紀になると、穏健なアルミニウス主義（神の恩恵を受容あるいは拒絶する人間の自由の強調）が、予定説を強調するヴァージニアの初期アングリカンのカルヴィニズムに取って代わった。このように植民地の聖公会が生みだした指導的な神学者であるサミュエル・ジョンソン（コネチカットの牧師で、キングス・カレッジの学長）は、彼の先祖の会衆主義を愛していたが、全知全能の正義の神が、人間の信仰や行為と無関係に、すべての人間を天国に選ぶか地獄へと棄却するという会衆派の教えとははっきりと一線を引くようになった。

また典型的なのは、ペンシルベニアのあるSPG宣教師による次のようなカルヴィニズムの教役者批判である。「『喜びを持って主に仕え』、『聖霊の喜び』を持つように人々に教える代わりに、これらの哀れな教師たちは（彼らの会衆の中に）、教会よりは病院に備えさせる陰鬱で恐ろしい宗教を押しつけた」[12]と彼は断言した。このように強硬で狭隘な予定論者である会衆派、長老派、バプテスト、改革派の神学とは対照的に、植民地のアングリカンは自由意志を擁護する立場に立った。「自由意志、理性、実践的な聖性と霊性、善い行いの特別な価値…道徳的行為の強調…歴史的ミニストリー…サクラメント」これらは、植民地におけるアングリカン神学の構成要素であった。

一八世紀も半ばになると、ほとんどのキリスト教会は、英語で「Enlightenment（啓蒙）」あるいは「理性の時代」と呼ばれるヨーロッパを横断する多面的な運動の影響を受けるようになった。人間の理性と科学が、教義と迷信が曇らせてきたものを明らかにできるという本質的に楽観主義的な時期は、およそ一六五〇年から一八〇〇年頃まで続いた。植民地アメリカでは、ハイチャーチの立場を取るアングリカンと、初期の福音主義運動は、この影響に抵抗した。しかしながら、中部から南部の植民地では、多くのアングリカンが、ある研究者が「穏健な啓蒙主義」[13]と名付けた潮流の影響を受けるようになった。

イングランド教会の内部では、この穏健な啓蒙主義はアングリカニズムに合理性への願望、単純さへの関心、情緒主義への反対、道徳性の強調を吹き込んだ。穏健な啓蒙主義は、聖書の教え、キリスト教の歴史的信条、祈祷書および三九箇条を、合理性と秩序、均衡、そして節度というプリズムを通して眺めた。それは非合理性と過度に精密な教義の定式化、宗教的な事柄における見苦しい熱心さを軽蔑した。人によって、また植民地によって様々であるが、この穏健な啓蒙主義は一八世紀を通じて聖公会の聖職信徒の宗教観に影響を与えた。ある筆者が記しているように、一八世紀アメリカにおける聖公会員は「自分自身を現代的で理性的な、啓蒙された人間―一言で言えば『イングリッシュ』であると見なしていた」[14]のである。

これらの穏健派は理性が宗教的真理を発見する手段だと信じていたが、同時に、理性は聖書に記された神の啓示によって補われなければならないと信じていた。しかし植民地時代末期になると、一部の聖公会員にとってはこの定式は単純化されていった。啓蒙主義左翼（ベンジャミン・フランクリンがアメリカの例を代表する）の後に従って、多数の聖公会の有力者が理性と科学が神を信じ道徳的に行動するために十全な導きを与えてくれると信じるようになった。聖書に起こったいかなる特殊啓示も、表面的なものであるか、根本的な剪定が必要であると、彼らは結論づけたのである。彼らは、人類を神の存在への信仰と素朴な道徳性からなる原始的な自然宗教へと回帰させることに熱心であった。かれらは「理神論者」と呼ばれ、超自然主義的キリスト教から、合理主義的反キリスト教まで幅広かったが、聖公会の教会に対する影響は以上のようなものであった。

二〇世紀末のアメリカに彼らの見解をそのまま持ち込んだとしたら、一八世紀の理神論者の大半は、楽観的な信仰深い人々であると見なされることだろう。名目上聖公会にとどまっていた当時のほとんどすべての人々は、今日教会の会衆席に座っている多くの正統派クリスチャンよりも、神の存在を確信していたのである。セオドア・ルーズベルトはキリスト教に反対した理神論者トマス・ペインを「汚らしい、くだらない無神論者」と表現したが、これほど真理とはほど遠いものはない。しかし、一八世紀において、啓蒙主義運動は組織的宗教を掘り崩してしまった。というのも、特別な啓示と超自然的な奇跡に対する疑念によって、聖書と典礼、サクラメント、聖職、そして教会は不必要になったからである。ジョン・バトラーが述べているように、理神論は「宗教の装いをとっているが、実際は全く非宗教的」[15]であった。信徒の中に理神論者が多かったことは、南部における聖公会の伝統がアメリカ独立という愛国的大義を支持していたにも関わらず、独立戦争後まで生き延びることが出来なかったことの一つの原因であった。

信徒の役割

イングランド教会の歴史の焦点はしばしば君主と聖職に当てられるが、植民地における聖公会の権限は当初から聖職にではなく、信徒に属していた。特に南部の植民地ではそうであった。しかし歴史家は、残っている手紙や日記についての今後の研究によって何らかの知識が加わるであろうが、植民地の教会における信徒の役割についてほとんど何も分かっていない。聖公会の教会における信徒の働きの精査を今のところ可能にする当時の資料 ―例えば、教会委員会の記録― は僅かであり、それすらも断片的で簡潔なものである。直接の証拠がないため、植民地時代の聖公会信徒の働きの大半、そして聖公会女性信徒の働きはすべて、歴史家たちには知られていない。

しかし、彼ら／彼女らの貢献を一覧表にするとすれば長いものになることは疑いがない。そこにはメーンからジョージアにいたる教会書記と教会委員が含まれるであろう。また、滅多に日曜礼拝を欠席したことのない一般の信徒も含まれるであろう。その一例が、チャールストンのセント・フィリップ（聖フィリポ）教会において一七三〇年代の陪餐者の社会層別のリストの最後に、しかしほとんど常に記名されていた「ヒチコック夫妻」であった。[16] また、家族の集まりで聖書を読み、子どもたちを必ず教会に出席させ、子どもたちの教理学習の監督をした「信仰深い母親」「信仰深い妻」も含まれることだろう。

公的な記録からは、ある信徒グループ ―植民地総督たち― の働きがはっきりと認められる。主教不在のもとで、イングランド総督は伝統的には主教によって執行されていた行政上の義務の多くを引き受けていた。総督は按手を行うことはできないが、イングランド教会が植民地において機能しうるのに必要な中心的な展望とリーダーシップを与えたのである。一七〇三年にアン女王からニューヨークの総督に与えられた指示が示しているように、教会に対する総督の責任は大きなものであった。

「貴殿は、全能の神に対する礼拝が貴殿の管轄地域全体において、法の定めるように祈祷書によって熱心に献げられるように細心の注意を払いなさい。毎主日と聖日には聖書を朗読し、イングランド教会の式文に従ってサクラメントがされるようにしなさい。貴地に既に建てられている諸教会が良好に維持管理され、植民地が神の恵みにより発展するに従ってさらに多くの教会が建設され、また教役者が適正に配置され…便利な住宅が建てられ…適切な土地が教会属地として割り当てられるように注意しなさい。

貴殿は、ロンドン主教からの認可がなければ、いかなる教役者にも聖職禄を与えるべきではない。誰かすでに聖職禄を有しているものが現れて、不正を働いた場合には…あらゆる手段を講じて彼を取り除き、その空席を埋めなさい。…

泥酔と放蕩の上の暴言、冒涜が認められないように注意しなさい。[17]」

植民地総督の大半は、教会に関する義務を淡々と日常的に果たしたが、教会を無視した者も、教会に関する義務に熱心な余り教会の成長に逆効果をもたらした者もいた。しかし、少数の総督は植民地において聖公会のために目覚ましい働きをした。

聖公会の問題においてそのような政治的指導性を発揮した総督の例が、ジェームズタウン植民地のカルヴィン主義者の副総督トマス・デイル卿であった。彼の書いた『神の律法―道徳と武力』において、トマス・デイルはヴァージニアにキリスト教的社会を計画的に造り出そうと試みた。また、総督ウィリアム・トライオンの下で、ノースカロライナの体制的教会は教会を建設し、聖職を集め、聖公会の健全な存在のしるしをはじめて示した。ヴァージニアとメリーランド、サウスカロライナでは、気まぐれだが有能なフランシス・ニコルソン卿が給与を引き上げ、聖職を集め、植民地で最初の大学であるウィリアム・アンド・メアリー大学の設立に力を貸し、アメリカ先住民およびアフリカ系アメリカ人に対する宣教を奨励した。他にも良い働きをした総督がいるであろう。

植民地のその他の役職に就いていた信徒もまた、教会を助けた。特記すべきなのは、ニューヨークの公務員であり、「スカースデイルの舘」の主であったカレブ・ヒースコートであった。彼はイングランド教会を設立するために、五回に渡りコネチカットに宣教旅行を行った。ヒースコートは教会に献身的であり、文章もうまく、その関心を追求するためには必要とあれば狡猾でもあったが、ウェストチェスター郡の新しい聖公会教会区への礼拝出席を奨励し、主日が軽視されるようなことがあれば民兵を差し向けると脅しさえしたのである。

他に教会の代表として特に影響力があった信徒としては、関税徴収人エドワード・ランドルフと信徒の著作家トマス・レックフォードとジョン・チェックリーが挙げられるが、皆マサチューセッツの人であった。会衆派の牙城で一種の刺のような存在であったチェックリーは晩年イングランドに行き、叙任された。ロードアイランドでは、関税徴収人ナタニエル・ケイが三つの教会区に土地を寄贈した。非国教徒と無宗教に対する砦として静かな一貫した支持を与え続けた植民地の聖公会女性信徒の典型としては、サウスカロライナの二人の母親を挙げることができる。エリザ・ルカス・ピンクニーは、子どもたちが教会に出席するだけでなく、開式の祈りを暗唱し、毎主日の説教テキストを自分の聖書に挟んで読むようにしつけた。トマス・ブロートン夫人は、総督の諮問会議のメンバーの配偶者であったが、息子に「来たるべき永遠の命」を思い起こさせ、教理問答を何度も読ませ、洗礼の誓約を思い出させ、主の晩餐に与るようにさせた。[18] 日記や手紙から分かるように、植民者や商人の妻たちはしばしば神学を幅広く学んでいたのである。ヴァージニアのノミニ・ホールという大きな住宅街のフランシス・タスカー・カーターは、神学に関する「非常に幅広い知識」でプリンストン卒の家庭教師を感動させた。[19]

聖職の役割

植民地アメリカの聖公会教会区で奉仕した聖職の中には、イングランド生まれの者も、アイルランド、スコットランド、ウェールズ、あるいはドイツやフランス、スペインのような大陸諸国出身の者もいた。大学教育を受けていない者もおり、単に式文を読むだけの者もいた。多くの者はオックスフォードやケンブリッジ、アバディーン、セント・アンドリューズ、ハーバード、イェール、ウィリアム・アンド・メアリー、その他の大学に通ったことがあるか、学位を取得していた。これらの聖職はイングランドの大地主の三男あるいは四男、大主教の兄弟、あるいはケンブリッジかオックスフォード在学中に「貧乏な子ども」のカテゴリーに分類されていた人々、アメリカ生まれのアメリカ人、イングランド教会のもと副牧師、フランス改革派あるいはドイツのルター派教会の元牧師、ローマ・カトリック修道会の元修道士、元クエーカー教徒、元長老派、元会衆派などさまざまであり、後に聖公会を去った人々もいた。イングランド教会のメンバーだけが真のキリスト者であると信じていた者もいたが、たいていは程度の差こそあれもっとエキュメニカルな志向を持っていた。

牧師の大半は教会属地（Glebe）か牧師領地（Rectory）を持っていた。また、家庭教師をしたり、学校を開いてキリスト教教理の聖公会的解釈だけでなく読み書きを教えたりした者も大勢いた。南部の植民地では、プランテーション所有者のような生活をしていた聖職も多かった。しかし、その聖職位によって権力の待合室や富の食堂に入ることができたものの、南部の牧師の大多数は二流の名士に過ぎなかった。北部では、聖公会の聖職は傾向として幅広い中流階級の構成員であった。[20] 一部の宣教師の給与は非常に低かったため、SPGに対する貧しさの苦情が多数寄せられ、身なりを取り繕うための手当を支給されたときでさえ、彼らはせいぜいのところみすぼらしい紳士に過ぎなかった。一つの教会区での奉仕の長さは、数回の主日の場合もあれば、五二年間の場合もあった。

これらの聖職の人格についてはどんなことが言えるだろうか。以前の研究ではひどい不品行の例に焦点が与えられていたが、最近の調査ではいくぶん訂正されている。ヴァージニアで起こったことは、他の植民地でも実情であったように思われる。聖公会の聖職の大半は職務を遂行する能力があり、生活様式は真面目であった。

確かに一八世紀はこの世の時代であって、多かれ少なかれ、聖公会の聖職もその時代の世俗性を反映していた。さらに、二〇世紀の読者なら恐らくすぐに精神的な病だと警戒させるであろう行動 ―説教壇から自分は無神論者であると宣言したり、女性をセックスに誘ったり、居酒屋で豪遊してその支払いを拒んだり、自分の町の目抜き通りを全裸で走ったり(これらはすべてヴァージニアの海岸地帯のある聖職が実際にしたことである)― をある牧師が行ったときに、同時代人たちはその牧師を不道徳であると判断したのである。サウスカロライナの聖職がおこなった最近の調査は、ヴァージニアの聖職についての最近の調査を確証した。それによれば、九〇パーセントの聖職は立派に行動し、一〇パーセントはそうではなかったというのである。歴史に記録されているよりも多くの聖公会聖職が、ノースカロライナのある教会区のベストリーによって一七一〇年にＳＰＧに提出された感動的な推薦文に価するであろう。

「あらゆる点で、彼は…柔和なイエスの使者であり、生活において模範的であり、会話に責めるべきところがない…われわれは彼をわれわれの間に使わされた摂理を祝福するとともに、もしもわれわれが敬虔な牧師、優しい気性、召命に対する献身、彼のミッションの偉大な目的を進めるために用いられた健全な教理を持つこの人物を証ししないとすれば、それは非常に不当なことであろう。というのは、彼の到着以前には主の晩餐のサクラメントはこの教会では決して行われたことがなかったのに、今や長年にわたって聖職を擁していたヴァージニアの隣接教会区よりも多くの受聖餐者を持つに至ったのだから。[21]」

特筆すべき植民地の聖職の中には、ヴァージニアのジェームズ・ブレアがいる。彼は二九歳の時にヴァージニアに来たスコットランド人で、植民地の主要職務をほとんどすべて歴任した後、八七歳で逝去した。ウィリアム・アンド・メアリー大学の創設者・終身学長、ジェームズタウンとブルートンの両教会区の牧師、ヴァージニア派遣の初代コミッサリー、総督諮問会議のメンバー、一年間のヴァージニア総督代理であった彼は、教会についても自分自身についても大望を抱き義務感を抱いており、植民地ヴァージニアの宗教的な方面において支配的であった。

他の植民地における何人かのコミッサリーも、通常以上の貢献を果たした。ほぼ二〇年間サウスカロライナのコミッサリーであり、三〇年以上にわたりチャールストンのセント・フィリップ（聖フィリポ）教会の司祭・牧師であったアレクサンダー・ガーデンは他の誰よりもサウスカロライナの聖公会を形成した功労者であった。聖公会の聖職として突出した地位に上った最初の植民地生まれのアメリカ人の一人が、ニューヨークのウィリアム・ヴェシーであった。彼はハーバードの卒業生で、ニューヨークの体制的教会を困難な初期の時代に指導した。ヴェシーは三〇年間以上ニューヨークのコミッサリーとして、またほぼ五年間トリニティ（三一）教会区の牧師として働いた。

皮肉なことに、教会に最大の影響を与えたコミッサリーであったトマス・ブレイは、メリーランドのコミッサリーとしてわずかに数ヶ月を植民地で過ごしたに過ぎなかった。ビジョンと管理能力の非凡な組み合わせを与えられた彼は、教会につながっていない人々だけでなく、社会の周辺部に追いやられた人々にも関心を寄せた。短期の植民地滞在であったが、その間にブレイは、アメリカの聖公会が母教会からの援助と指導を必要とすることを見て取った。イングランドに帰国するとすぐに、ブレイは二つの「自主的な」団体を設立した。最初の団体は「キリスト教知識普及協会（ＳＰＣＫ、一六九八年設立）」で、イングランドとウェールズでも活動したが、植民地の聖公会教会区に聖書やトラクト、パンフレット、さまざまなキリスト教文献を送付した。アメリカ植民地の書籍がわずかであったときに、ＳＰＣＫはニューイングランドからジョージアに至るまで、教会区の図書館を作ったのである。

その兄弟組織として作られたのが、「海外福音伝播協会（ＳＰＧ）」（一七〇一年設立）であった。その目的は、イングランドの植民地における植民者の間でアングリカニズムを植えて育てることであった。ヴァージニアとメリーランド以外の植民地における聖公会の拡大の多くは、その功績をＳＰＧに帰せるべきである。献身性と道徳性における比較的厳格な基準をもつこのハイチャーチの組織は、「生まれたばかりのひ弱な団体」であったが、人材を募り、注意深く選別し、一七〇一年から一七八三年の間に三〇〇人以上の宣教師をアメリカの植民地に派遣した。その費用は今日の換算で、宣教師給与と聖公会の教会建設で数百万ドルに達した。ＳＰＧの聖職は質素に暮らし、書面で定期的にロンドンに報告を送り、イングランドの同労者がやみつきになっている世俗的な娯楽を避けるように指示されていた。ニューイングランドは八〇人以上の宣教師を受け入れ、ニューヨークとサウスカロライナはそれぞれ五〇人以上、ペンシルベニアとニュージャージーはそれぞれ四〇人以上、そしてノースカロライナは三〇人以上の宣教師を受け入れた。ヴァージニアとメリーランドだけが、ＳＰＧからの実質的な援助を必要としなかった。

ＳＰＧの目的は新世界に聖公会を植え付けて育てることだけでなく、非国教徒を「説得し、呼び戻し」、子どもに教理教育を施し、異教徒と不信仰者を回心させることでもあった。ＳＰＧの植民地における活動の大半は英語でなされたが、記録によれば、ウェールズ人やオランダ人、フランス人、ドイツ人、スウェーデン人、およびアメリカ先住民のような人々にも伝道する意欲を持っていたことが明かである。元校長のジョージ・キースは、かつて熱心な長老派であり、その後「原始教会の教理」を求めたためについに六二歳の時にイングランド教会に改宗した人物であったが、彼の指導のもとで、聖公会は中部植民地で改宗者を獲得したのである。キースは切れ者で、横柄な議論好きであり、クエーカー時代にはピューリタンの神学者たちに公開論争を挑んだこともあった。彼はトーマス・ジェファーソンが「聖公会のイエズス会士」[22]と呼んだＳＰＧ聖職者に価する宣教師の一人であった。

ＳＰＧの積極的なリーダーシップのもとで、一八世紀にイングランド教会は会衆派の強いニューイングランド、ことにピューリタンの砦であったマサチューセッツとコネチカットでも、大きな成果を挙げた。一七二二年九月一三日の「ブラックチューズデー」に七人の会衆派牧師―会衆派のイェール大学総長（牧師）のティモシー・カットラー、イェールの唯一の教授（チューター）であるダニエル・ブラウン、イェールの元教授サミュエル・ジョンソン、および近隣の町のイェール卒業の四人の会衆派牧師―が聖公会に改宗したのは象徴的であった。これらの改宗者の内三人は改宗を撤回したが、三人は叙任のためにイングランドに渡った。この改宗によって、コネチカットにおける聖公会への門戸が開かれ、正当化されるようになった。ある歴史家が「コネチカットの背教」と呼ぶこの出来事の直接の影響は、一九二〇年代にイェールのフットボールチームが共産主義に転向したとしたら引き起こされるであろう影響に優るとも劣らないものであった。[23]

ＳＰＧの聖職の中には、目覚ましい経歴を持っている者もいた。二三年間にわたってグレイト・バリントンの牧師であったギデオン・ボストウィックは、マサチューセッツと隣接のニューヨークで二二七四人の子どもに洗礼を授けたと言っている。「ニュージャージーの使徒」と言われたジョン・タルボットは、ジョージ・キースと共に宣教旅行に旅立ち、五九歳から八二歳で没するまでバーリントンのセント・メアリー（聖マリア）教会で奉仕し、イングランド訪問中に密かに主教に聖別されたかもしれないと言われている。

サウスカロライナでは、ダブリンのトリニティ・カレッジで教育を受け、グースクリークのセント・ジェームズ（聖ヤコブ）教会区に派遣された最初のＳＰＧ宣教師となったユグノーである献身的なフランシス・ル・ジョーは、貧しい白人、アフリカ系アメリカ人、アメリカ先住民に伝道し、奴隷に対する待遇に抗議した。聖公会の入植者チャールズ・ウッドメイソンは心理的に複雑であり、人生の半ばに聖職に叙任されたが、その目的はサウスカロライナの僻地から非国教徒を一掃することであった。彼は広大なセント・マーク（聖マルコ）教会区の牧師として六年間働き、その間に二〇〇〇人に洗礼を授け、二〇〇人を結婚させ、五〇〇回の説教を行った。彼が洗礼を授けた幼児の中には、その片親もしくは両親が彼の司式で結婚した者もいた。

アメリカに派遣されたＳＰＧ宣教師の中でもっとも有名なのは、メソジズムの創始者ジョン・ウェスレーであった。当時はルーブリックの細部にこだわる古風で熱心な独身のハイチャーチ・マンであったウェスレーは、一七三五年から一七三七年までジョージアで宣教師として働いた。彼の牧会に対して入植者と先住民は興味を示さず、また彼のハイチャーチ的主張をめぐって地元当局との間に論争が生じ、恋愛に失敗したこともあって、ウェスレーは予定よりも早くジョージアを去ることになった。彼と共にやってきた弟のチャールズは、ジェームズ・オグルソープ総督の秘書として働いたが、同じような事情で、ジョンよりも一年早くイングランドに帰っていた。

大覚醒運動

ジョン・ウェスレーをイングランドに連れ帰った船は、今度は彼の後継者ジョージ・ホワイトフィールドをジョージアに運んできた。イングランドでは、アルダスゲイトの体験後、ウェスレーはメソジストの諸組織を創設し、福音主義リバイバルの火を点けた。アメリカでは情熱的な福音主義者ホワイトフィールド――「偉大な巡回説教者」――が植民地を巡る説教旅行を七回行い、「大覚醒運動」として知られるリバイバルをくり広げた。

植民地の聖公会が「大覚醒運動」から得たものはほとんどなかったが、この運動はリバイバリズムを導入することによってアメリカのプロテスタンティズムの方向性を恒久的に変えたのである。一九世紀および二〇世紀アメリカの非教派的リバイバリストの原型として、ホワイトフィールドはおそらく著名な会衆派牧師ジョナサン・エドワーズよりも、アメリカにおけるリバイバルの伝統を確立したという点で大きな功績を帰せられるべきであろう。しかし植民地のイングランド教会はほぼ一致して、リバイバリズムに対する反対を示し、大覚醒運動を宗教的刷新というよりは、聖公会を破壊する非国教徒の新手の企みとみなした。このようにイングランドにおけるウェスレーと同様に、ホワイトフィールドは大半の聖公会の教会からは閉め出されたのである。ホワイトフィールドは公式に聖公会から離れたわけではなかったが、主として長老派や会衆派、その他のカルヴィニズム的諸教派に影響を与え、長老派の一教会に埋葬されている。デラウェアとペンシルベニアの著名なサミュエル・マゴー、サウスカロライナのウィリアム・パーシー、ヴァージニアの陰気なドヴロー・ジャラット、その他少数の者を例外として、聖公会の聖職は回心を中心とした大覚醒運動の経験的宗教に、しばしば激しく抵抗した。

聖公会の信徒は聖職よりは大覚醒運動のメッセージに心を開いたが、その情緒主義と教えを受け入れた者はメソジストやバプテストなどの教派に去ることが多かった。大覚醒運動の影響を受けた教派は伝道に対する関心を強め、信徒の男女とアフリカ系アメリカ人の役割を拡大した。例えば、メソジストの組織は聖公会内の敬虔な福音主義グループであることを止め、一七八四年に別個の教派を形成したが、それ以降、大規模な成長を遂げた。ニューイングランドにおける反リバイバル的反動によって一部の農村の貧困層が聖公会に改宗したが、その他の地域ではイングランド教会は社会的・経済的な下層を失い、教養ある富裕層の教会になる傾向にあった。

大覚醒運動の遺産は、福音主義派、つまり罪と裁きに関する古典的な改革派の教えを復活させた回心を中心とする敬虔主義的なローチャーチの聖公会の中に存続した。祈祷書には忠実であったが、福音主義者たちは回心を呼びかける説教、宗教的な学びのクラス、信徒の参加を強調した。ダンスやカード遊び、その他の娯楽に関しては、彼らはメソジストやバプテストと同様に禁欲的であった。この福音主義派がアメリカで最大の力を発揮したのは一九世紀初頭の数十年間のことであった。

アメリカの主教の必要性

主教が存在しないということは、植民地の聖公会にとっては大きなハンディキャップであった。とはいえ、聖公会の教会の信徒たちは、その結果もたらされた高位聖職者からの自由を満喫していた。一六八八年以降は、コミッサリーと呼ばれるロンドン主教の代理人を受け入れていた。彼らは通常、植民地の最も重要な教会区の長になった。ロンドンのこれらの司祭は、教会の教理と礼拝形式を徹底させ、数回の教役者会議を主宰し、司祭に対する規律を実行し、主教に常に報告するという役割を担っていた。紙の上では大きなものであったが、彼らの権限はベストリーや司祭、政府の総督からの抵抗に遭って十分には発揮できなかった。

コミッサリーの権限になかったのは、まさにアメリカの教会がもっとも必要としたこと、すなわち聖職叙任であった。したがって、叙任を求めるアメリカ人は、大西洋を横断する三〇〇〇マイルの高価で危険な旅をしなければならず、そこからの安全な帰還は保証の限りではなかった。例えばサムエル・ジョンソンの報告によれば、四〇年間に聖公会の叙任を求めてニューイングランドからイングランドに渡った四一人の候補者の内、一〇人は航海中に命を失うか、海賊によって殺されるか、病に倒れたりしたのである。

一七六〇年代と一七七〇年代にＳＰＧは、聖職叙任と堅信、監督の権限を持つアメリカの主教を求める訴えを起こしたが、それもまたアメリカ独立戦争の一つの原因と見なされうるのである。会衆派や長老派、南部の聖公会聖職および北部と特に南部の聖公会の信徒の間では、聖公会のこの新たな攻勢は非国教徒に対する弾圧的な法律と国家の役人でもあった貴族的な高位聖職に対する古い記憶を呼び起こした。「ロンドン主教とわれわれの間に何の関係があるのか？」というのは、一七一〇年にチャールストンのセント・フィリップ（聖フィリポ）教会の教会員たちが発した問であった。

植民地の新聞には、聖公会の主教がニューイングランドに上陸するのを埠頭で阻止しようとする一群のピューリタンとクエーカーの姿が描かれていた。その船には、主教だけでなく、曲がった牧杖とマイター、および主教座用の椅子が載せられていた。『カルヴァン著作集』などの書物を抱え、「ニューイングランドには、霊的にもこの世的にも主人は要らない」と叫びながら、ニューイングランド人が主教をマストの上に追いやっているのである。絵の前景には、一匹の猿がニヤッと笑いながら岩を侵入者に投げつけようとしているところが描かれている。[24] この新聞はニューイングランドの大半の非国教徒の態度を表しているが、同時に、主教の支配からの自由を大切にしている多くの聖公会信徒、とくに南部植民地の信徒の見方をも反映しているのである。

聖公会と独立戦争

これまではアングリカニズムを王党派に結びつけた記述が長くあったが、最近の研究によれば、ジョージアからマサチューセッツにいたる聖公会の聖職の内およそ四五パーセントが、アメリカ独立戦争において積極的あるいは消極的にアメリカ側を支持したことが明らかになっている。その大半は、国教会の教会員の大半がアメリカ独立派であったサウスカロライナとヴァージニアの聖職であった。この数字は信徒ではもっと大きくなり、その圧倒的多数が独立に賛成であった。ベンジャミン・フランクリン（ボストンとフィラデルフィアの聖公会の教友であったが、受聖餐者ではなかった）、ジョージ・ワシントン、ジョージ・メーソン、ジョン・ジェイ、ジェームズ・マディソン（マディソン主教の二番目の従兄弟であり、おそらく合衆国が生んだもっとも神学的見識のある大統領）、ジェームズ・モンロー、ジョン・マーシャル、ジョン・ランドルフ、パトリック・ヘンリーは聖公会信徒であり、独立宣言の署名人の半数以上、そしてアメリカ側を導いた将軍の多くが聖公会信徒であった。フィラデルフィアのクライストチャーチの礼拝出席者の中には、フランクリン、ベッツィー・ロス、ロバート・モリス、そしてフランシス・ホプキンソンがいた。

とはいえ、これらの愛国者と建国の父たちのアングリカン信仰は、アングリカン様式の理神論であった。しかし、一八世紀においては信徒はその個人的な神学的見解が教派で教えられている公式な教理と一致しているかどうかの審査を受けることはなかった。一八世紀後半の教養ある聖公会信徒の中には、ある程度の理神論は一般的であった。それは、アメリカのプロテスタントの間である程度の禁酒主義が後に一般的になるのと同様であった。ジョージ・ワシントンが大統領であったとき以外は四週間に一度しか教会に通わなかったとしても、また、成人してからは一度も聖餐に与らなかったとしても、それは理神論の時代にあっては聖公会の男性信徒の多数にとっては例外的ではなかった。[25] アメリカ大統領の信仰の一覧表からは、トーマス・ジェファーソン—彼の個人的神学は複雑だが、おそらくはユニタリアンとするのが適切だろう—を聖公会員として挙げることができる。というのも、彼はヴァージニアのセント・アン（聖アン）教会区のベストリーメンバーとして奉仕し、定期的に聖公会の礼拝に出席したばかりでなく、死ぬまで聖公会に貢献したからである。

王党派の聖職（彼らの中には、実際にはアメリカの勝利を支持した者もいた）は、叙任の際に神に誓った誓約に忠実でなければならないと信じていた。これらの誓約によって、彼らは国王に忠実であり、祈祷書（そこには、国王と王室、議会のための祈りが含まれていた）を改変することなく公祷を行うように義務づけられていたのである。彼らはイングランドで叙任され、それに忠実であろうとした。独立戦争期における彼らの苦難と勇気は偉大なものであった。独立支持の愛国的聖職の強さは、誓約と礼拝様式、教会政体は、キリストの委託に従属するものであり、アングリカニズムは（アメリカの歴史が充分に確証しているように）いかなる政府への形式的な関係がなくても存続しうると認識していた点にあった。

独立戦争後のアメリカにおける聖公会

帝国主義の政治の下で、独立戦争中および直後に、イングランド教会はニューヨークおよび南部のすべての植民地で体制的教会の地位を剥奪された。一七八四年にメソジスト教会が分離し、別の教派となったことによって、聖公会に対する打撃は大きくなった。独立戦争以前はお互いに余り連携を持たなかったが、新たに独立することになった聖公会の諸教会は、それぞれの州で組織を確立し、国家的な統一を追求するという巨大な課題に直面した。

最初の問題は名称であった。植民地とイングランドの間で戦争状態が継続しており、アメリカ人がナショナリズムの波に覆われているときに、「イングランド教会」という名称は不適切であった。本書で用いてきた「アングリカン」という名称は、一九世紀まではほとんど用いられたことがなかった。しかし「エピスコパル」（語源はギリシア語のエピスコポス ― 通常「監督」と訳され、古代のギリシア語では「監査人」「神殿監視人」「地方政府の官吏」を示す）という用語は、古くからの名称であった。それは、一七世紀イングランドにおけるピューリタンとの闘争に遡り、使徒的教会への忠実さには主教による統治、および三重の聖職位によるミニストリーが含まれると信じた人物を指し示した（「ビショップ」という言葉自体はギリシア語のエピスコポスから派生したアングロサクソン語である）。植民地時代のニューイングランドでも他の地方でも、イングランド教会は時に「エピスコパル・チャーチ」と呼ばれていたのである。

「プロテスタント・エピスコパル」という語が初めて用いられたのは、一七八〇年にメリーランドの聖職と信徒の会議が開かれたときであった。当時の用語法では、この名称は聖公会の教会が、プロテスタントであるがゆえにローマ・カトリック的な司教制とは異なり、教会政体が主教制であるがゆえに他のプロテスタント諸教会とは異なるということを意味していた。この名称は、聖公会が「カトリック」であることを否定するものではなかった。というのはイングランドにおいても、ニューイングランドにおいても、「カトリック」と言えば、しばしば「イングランド教会」の同義語として用いられたからである。

次第に「プロテスタント・エピスコパル」という新しい名称が他の州にも広がるようになった。フィラデルフィアで開かれた一七八九年の総会は、「アメリカ合衆国プロテスタント監督教会の法憲」を採択したが、一九六七年までアメリカ聖公会はその名称で公に呼ばれることとなった。一九六七年に総会は「プロテスタント」という名前を付すかどうかは選択しうるものとした。当初から、聖公会員もアメリカの他教会の信徒も、アメリカ聖公会の略称として「エピスコパル・チャーチ」と呼んでいた。

アメリカ聖公会が特に一九世紀半ば以降「アングリカン」という名称を用いるようになったのは、イングランド教会の信仰と職制に従う世界的規模のコミュニオンを表すためであった。このように彼らは、本書がしているように、ルター派、カルヴァン派、ローマ・カトリック、アングリカニズム、その他一連のクリスチャンの教会群について語るようになったのである。

分散していた聖公会の教会は、独立戦争終了の前から、全国的な組織を形成するための初期的な段階に踏み出していた。一七八二年に、フィラデルフィアのクライストチャーチ（キリスト教会）牧師であり元大陸会議[二]チャプレンであったウィリアム・ホワイト司祭は、『アメリカ合衆国におけるエピスコパル・チャーチの主張考察』という書物を書いた。ホワイトの『考察』はアメリカ聖公会の基礎を提供することになるいくつかの原則を提唱している。第一に、聖公会は執事・司祭・主教という三重の歴史的職位を願望し、承認すること、第二に、聖公会は民主的に運営されるべきであり、聖職と信徒がすべての教会会議に参加すべきこと、などであった。

一七八三年に、メリーランドとペンシルベニアの教会がこれらの原則を承認した。彼らはホワイトが示唆していたもう一つの原則を付け加えた。それは、聖公会の礼拝はできうる限りイングランド教会の礼拝に従うことであった。一七八四年に、各州を代表する聖公会員の会議が、ニュージャージーとニューヨーク市で開かれた。

主教制（エピスコパシー）―主教による教会の統治― は、一致の最大の障害であることが明らかになった。アメリカの聖公会には主教は存在しなかったし、各州の教会の大半は、選出される主教の聖別よりも、全国的な教会組織の形成の方が優先すると信じていた。さらに、信徒が長年にわたって教会を運営してきた南部諸州の一部では、君臨する可能性のある主教は必要としなかった。ホワイトは主教の権威に対する反対に明確に気付いていた。「入植のごく初期を除いて、主教の導入を求める要請はアメリカの信徒の中で生まれようもなかった[26]」とホワイトは書いている。

〈主教の聖別〉

しかし問題は、それにも関わらず聖職は按手されなければならず、聖公会では按手は主教によってのみ行われるということであった。アメリカ独立後は、イングランドの主教はアメリカの聖職を按手することはできなくなっていた。『考察』のなかでホワイト ―彼は一八世紀型の非福音主義的ローチャーチ・マンというのが適切だろう― は、長老派的按手制度を暫定的に導入することを提案している。彼の提案は、主教が聖別されるまでは、初期のキリスト教でそうであったように、三人の司祭が候補者に手を置くというものであった。この提案に、コネチカットのハイチャーチ・マンはショックを受けた。

主教制のない聖公会は用語の矛盾であると確信して、コネチカットの一〇人の聖職は一七八三年にウッドベリー村で秘密裏に会合を開き、状況を打開しようとした。彼らは主教として、独立戦争中にイングランド側を支持する数冊のパンフレットを出版していたニューヨークの元SPG宣教師、サミュエル・シーベリーを選出した。使徒継承の教理によって、シーベリーは少なくとも三人のイングランド教会の主教による聖別を受けることが必要とされた。しかしシーベリーが聖別を求めてイングランドに渡ったとき、イングランドの主教には法的な問題があった。彼らは、君主に対する必要な忠誠の誓いをすることが出来ない人物を聖別する権限がないと考えた。さらに、生計の手段をはっきりと持たない放浪の主教を生み出すことを恐れた。

シーベリーは落胆して、スコットランドに行った。そしてそこで彼は三人のノンジュラーの主教（一六八九年にウィリアムとメアリーが王位に就いたときに、ジェームズ二世に対する忠誠の誓いを否認することを拒否したトーリー党のハイチャーチ聖職の継承者）によって聖別されたのである。一七八五年の晩春に合衆国に帰国した新主教は、コネチカットの聖公会の組織に着手した。一七八五年の八月から、彼は新しい国の二六人の聖職を按手したが、その大半は他の諸州出身者であった。彼が最初に按手した聖職は、ヴァーモントからノースカロライナにいたる諸教会区で奉仕し、その中にはヴァージニアのフェアファックスの地権者の子孫、ウィリアム・アンド・メアリー大学に隣接するグラマースクールの校長、および高名なジョセフ・ピルモアを含む四人の元メソジストの信徒説教者が含まれていた。一七八五年には、ある聖公会信徒が次のような詩を書いて「神にある師父、コネチカット主教、サミュエル・シーベリー博士」による聖職叙任を讃えた。

「ハーバード・ウォールからプロヴィデンスまで
貴男の懐に集う科学の子らをみよ。
ニューヨークとイェールは、教養ある子孫を送り、
ペンシルベニアは貴男に友として挨拶する。
荒れ果てた神殿が廃墟から立ち上がり、
貴男の福音によって栄光に照らされる、
コロンビアの自由な人々は一致して呼ぶ、
我らが聖公会の父と。」[27]

しかし、アメリカ合衆国の他の聖公会の教会にとっては、事情はこの詩に謳われているよりは遥かに複雑であった。数年の間、コネチカットの教会との一致はあり得ないように思われた。コネチカットは教会会議への信徒参加の原則を拒否したからである。さらに、王党派のシーベリー（彼はまだ独立戦争中に行った奉仕のゆえに給与の半額をイングランドから受け取っていた）は、大半のアメリカ人聖職者から嫌われていたばかりでなく、今やスコットランド聖公会による聖別のゆえにイングランドの主教たちの不興を買っていた。他の諸州の聖公会は国民的統一を欲していたが、同時にイングランドの主教たちをも宥めなければならなかった。というのは、彼らからアメリカの主教の聖別を受けることを願っていたからである。シーベリーの聖別がコネチカット

の教会だけでなく、聖職按手の候補者の問題を解決したとしても、コネチカットにおける彼の存在は、他の諸州の聖公会にとっては解決よりも、より多くの問題を生みだしてしまったのである。

〈アメリカ聖公会の組織化〉

一七八五年にコネチカット以南の九州のうち七州の信徒および聖職の代表が第一回総会のためにフィラデルフィアで集まった（ノースカロライナとジョージアの聖公会は代表を送るにはまだ弱すぎた）。この会議で彼らは、法憲を確定し、アメリカ版の祈祷書の草案を作成し、アメリカの主教をイングランドで聖別する計画を練った。一七八六年にフィラデルフィアおよびウィルミントンで開かれた第二回総会は、ホワイトと、ニューヨーク市のトリニティ（三一）教会区牧師サミュエル・プロヴーストが同年後半に聖別のためイングランドに行くことを認める措置を採択した。その間に、イングランド議会はイングランドの主教がアメリカの主教を国王への忠誠の誓いなしに聖別できるという法令を採択した。

これらの総会は重要であったが、一七八九年にフィラデルフィアで二度にわたって開かれた総会は決定的に重要であった。コネチカット（およびマサチューセッツ）の聖公会は信徒の参加の問題と、シーベリーの主教職の有効性をめぐってまだ南部の聖公会と対立していたため、最初のセッションには代表を送らなかった。七月末から八月八日まで開かれたこのセッションは、シーベリーの聖別を有効と認め、総会にすべての州の教会が信徒代議員を送らなければならないとする条項を削除した。また、聖別順位のもっとも古い主教（総裁主教と呼ばれる）が主宰する主教会を設置した。この上院は、聖職および信徒の代議員による議会に対して拒否権を有することになった。

宥められたコネチカットとマサチューセッツの代表は、九月末に始まり一〇月中旬に終わった二回目のセッションに参加した。このセッションは法憲を完成させ、教会法の体系を確定した。また、アメリカ版の祈祷書の最終バージョンを採択した。この祈祷書は一八九二年、一九二八年、一九七九年に改訂されたが、その時以来アメリカ聖公会の礼拝様式を形成することとなった。一七八九年一〇月一六日に総会が閉会したとき、それまでバラバラであった各州（後に教区と呼ばれるようになった）の教会は遂に一つになったのである。

これらの総会から生まれ、長い年月の内に追加、改訂されたアメリカ聖公会の法憲について、政治学者なら何と言うであろうか。いくつかの解釈が可能だが、教会政体はおそらく単一的というのが適切だろう。単一的な政体では、中央政府が他のすべての政治執行者に対する優先権を持つ。中央政府はその権力の多くを自分自身で執行する。その場合、高度に中央集権化する。あるいは、これらの権力を従属的な地位にある政府に分散する。そうすれば権力は分散される。

それが、総会のためにウィリアム・ホワイトが描いた統治形態のように思える。分析すると、アメリカ聖公会は、諸政府（教区）の連合が一定の権限を中央機関（総会）に委譲することに同意するが、中央機関の諸決議を無効にし、場合によっては脱退さえする権利を留保するような「連合」ではないように見える。また、その統治形態は「連邦」とも違うように思える。連邦政府というのは、中央政府（総会）と、複数の連合する諸政府（教区）との間で権限を分割する。ここでは、権限の分割が決定的に重要である。一七八九年の法憲は、既存の主権教会を連邦制や連合制の新しい一つの組織に統合するものではなかった。連邦制のような外見をもたらした決議によって、シーベリー主教と彼のもとにある聖職たちは一七八九年総会の第二セッションでアメリカ聖公会の法憲を受け入れた。しかし、シーベリーとニューインランドの教会は、実際には権限の分割や教区の権利を擁護する条項を含まない法憲を受け入れることになったのである。

そのように、政治学者によるアメリカ聖公会の政体（統治形態）についての最も徹底的な研究によれば、アメリカ聖公会の政体は単一的であるが、同時に高度に分権化されているのである。「この分権化によって、それは連邦というよりは連合という特徴を示す。しかしながら、それは実際に教会を連合体という構造にするものではない。総会と諸教区の間には本質的な権限の分割はない。事実、古代の教会法に反しないかぎり、またカトリック的信仰への忠実さの必要性でもない限り、総会の統治権限に上限はない。そして古代教会法やカトリック信仰を解釈する権限は最終的には総会のみにある。従って、この教会政体は単一的である。[28]」

最終的な仕上げでは、総会は法的には主権を持っているものの、その権限の多くを教区や教会区に委譲しているので、連合体の様相を呈しているのである。アメリカ聖公会の財務、教会法廷のシステム、総会における二院の代議制と決議方法、叙任の手続き、一九二〇年代あるいは三〇年代までの強力な中央執行部の不在、これらの権限配分等々は、共和党時代[二二]を反映している。ホワイトの『考察』は、最善の統治は最小の政府であると明確に言明している[二三]。

一七八九年の法憲と教会法、祈祷書は今日のアメリカ聖公会の活動の基礎を据えた。三重の職位—主教、司祭、執事—は今日も存在しており、個々の主教が司祭と執事を按手し、時には司祭が共同で按手に加わることもある。主教の聖別には三人の主教が必要である[29]。

カンタベリー大主教とロンドンとロチェスターの主教が一七九〇年にヴァージニア最初の主教としてジェームズ・マディソンを聖別するまで、アメリカ聖公会は英国の使徒継承によって三人の主教を確保できるまでは司祭按手を延期するというイングランドの主教に対する誓約を守ったのである。シーベリーとホワイト、プロヴースト、およびマディソンがメリーランド最初の主教であるトマス・J・クラゲットを按手した一七九二年以降は、アメリカ聖公会は独自に主教聖別を行うようになった。他の聖公会、ポーランド国民カトリック教会[二四]の主教たち、また一九七一年のリオグランデ主教聖別の際にはローマ・カトリック教会の司教が、アメリカ聖公会の主教の聖別における按手に加わった。

同時期に確定されたアメリカ合衆国憲法と同様に、アメリカ聖公会の法憲は合衆国の共和主義的理想を示している。アメリカ聖公会がこの統治形態を採用したのは賢明であった。というのは明らかに、独立以後の五〇年間に合衆国で育った諸教会は、「民主化[30]」を表した教会だったからである。一方、聖公会の聖職は依然として中世に生まれた伝統的で非共和主義的な称号―教会区の聖職にはReverend、ディーン[15]にはVery Reverend、主教にはRight Reverend、総裁主教にはMost Reverend―を用いていた。アメリカのもっと平等主義的な諸教派は、そのような称号を修道士会の上級聖職、あるいはエルクス慈善保護会[16]に用いられる敬称としか捉えなかったばかりか、それらが現実よりは主観的願望や抑圧された願望を反映してはいないかと問うたのである。

しかし、祈祷書や聖職の式服と同様に、これらの称号は聖公会のイングランドにおける過去の歴史を反映したものである。ある教会史家が指摘しているように、アメリカ聖公会は一七八九年に、主教職から大半の中世的・位階的装いを取り除き、教区内においては主教を信徒に従属させることによって、明確にアメリカ的性格を示したのである。フレデリック・V・ミルズ卿はこう書いている。「アメリカの主教はあらゆる点で、イングランドの主教よりも民主主義的である。[31]」

今日の総会は、すべての主教から構成される上院としての主教会と、同数の聖職代議員と信徒代議員とから構成される下院からなり、三年ごとに複数の会期で開かれる。信徒は下院において意見を述べる権利だけでなく決議に参加する権利を有しており、彼らと共に聖職代議員も信徒と平等に決議に参加する。代議員はそれぞれの教区において選出されなければならない。

上院も下院も発議権を有する。法規として有効になるには、提案は上院と下院の双方を通過しなければならない。上院、下院は同時に、しかし別個に行われる。総会は教会法の修正と法憲の改変を行う権限を有するが、それに先だって各教区が修正案を承認しなければならない。各教区は独自の法憲と教会法を持っているが、いかなる教区も総会の法規に抵触する教会法を採択してはならない。各教区は管区にグループ分けされるが、管区はほとんど権限を持たない。

代議員総会もしくは評議会も、（主教と共に）各々の教区を統治し、教区はまた複数の教会区からなっている。代議員総会もしくは評議会は毎年開かれ、その構成は主教、その他の聖職全員、および各々の教会区あるいはミッションから少なくとも一名の代表（通常は選挙）である。各々の主教は、同数の信徒および聖職からなる諮問会議、すなわち「常置委員会」を持つ。それぞれの教区が自教区の主教を選出するが、主教被選者は他教区の常置委員会の多数、および教区主教の多数の承認がなければ聖別されない。いくつかの有名な場合に、そうした承認が留保されたこともある。

教会区レベルにおける統治は牧師（レクター）、および受聖餐者によって選挙される教会委員会（ベストリー）に委ねられる。アメリカ聖公会のすべての教会は、「アメリカ聖公会の法憲、教会法、教理、規律および礼拝を承認し、それらに同意すること、また、適宜現任の主教および諮問会議から与えられる指示に従うことに同意しなければならない。」

一九〇〇年までは、総会は東部の諸都市で開かれるのが一般的であった。最も回数が多かったのはフィラデルフィアとニューヨーク市であった。二〇世紀には、ボストンからホノルルに至る諸都市で開催され、フィラデルフィアとニューヨーク市はわずか一回であった。初期の総会はわずか四日間（一八七四年の総会だけは一か月間続いた）の会期であったが、二〇世紀の総会は二週間継続することが普通であった。総会と総会の間には、協議のため主教会が少なくとも年に一回開かれるのが普通である。代議員の構成は上流階級に偏る傾向があったが、第二次世界大戦後はその傾向は減少した。一九一〇年の総会についての分析では、信徒代議員の八六パーセントは弁護士、銀行家、工場主、あるいは企業の重役であり、農家は一パーセント、熟練・非熟練労働者は誰もいなかった。同時に、聖職代議員の構成は八〇パーセントが牧師（レクター）、一五パーセントが主教座聖堂主任司祭（ディーン）、教育者、大執事（アーチディーコン）であり、宣教師の聖職は五パーセント以下であった。

一七八〇年代の総会が達成した成果は大きなものであった。非常にアメリカ的な教会統治システムが生み出されたのである。イングランドに結びつけられていた聖公会は、イングランドからの独立戦争を生き延びた。分散した各州の教会の代表たちが、イングランド国教会の職制と礼拝をアメリカの共和主義の法憲形態に結びつけた国民的教会を作り上げた。使徒継承を主張する主教たちは、投票によって選出された。一七八九年以降は、「ヨーロッパで最も君主的で、権威主義的なプロテスタント教会」が「新しいアメリカ共和国において地平線の彼方に消滅する」[32]ことはなかったということが明確になったように思われる。

サミュエル・シーベリーとその他の主教・司祭たちは重要ではあるが、アメリカ聖公会の組織化においてウィリアム・ホワイトが果たした役割はいくら強調してもし過ぎることはない。ホワイトは機転が利き、威厳があり、柔軟で、良心的、そして共和主義者であって、一七七九年以降のアメリカ聖公会の活動の中心にいた。彼の書いた『考察』はアメリカ聖公会の形を大体において整えた。第一回総会の議長に全会一致で選ばれた彼は、イングランド教会の大主教と主教たちに、使徒継承を求める呼びかけを書いた。ペンシルベニアのウィリアム・スミスに続いて、ホワイトは祈祷書を新たに独立したアメリカで用いるように適用した。四〇年間にわたってホワイトは総裁主教として奉仕し、主教会の牧会書簡のほとんどを起草した。ホワイトの人生史は、大体において同時期の彼の教会の歴史でもあった。歴史的にだけでなく霊的にも、彼はアメリカ聖公会の父なのであった。

それにも関わらず、一七八九年総会後の最初の数十年間は、多くの聖公会員にとって未来は暗いものに思えた。体制的教会の地位を剥奪されたことによって、そのような地位にあった植民地においては教会の収入が奪われ、福音主義的諸教派によって貧困層の信徒を奪われ、理神論によって男性の地主層は不満を持つようになり、多くの信仰深い信徒は次々と死んでいった。四〇〇万人の人口の国で、聖公会信徒はおそらく一万人程度であった。新しい国は圧倒的に農村中心であったが、残存する聖公会の力は都市部にあった。聖公会の指導部は主教職を中心としていたが、ニュージャージーでは一八一五年まで、ノースカロライナでは一八二三年まで、ジョージアでは一八四一年まで主教は不在であり、マサチューセッツは一七八九年から一八一一年の二二年間の内わずか六年間に一人の主教がいただけであった。総会への出席は少なかったので、一八〇八年の主教会は狭い寝室で開かれた。古い入植者の家族において聖公会の伝統は死滅したと信じて、ニューヨーク最初の主教サミュエル・プロヴーストは失望の余り辞職してしまった。

そこで、話しは二章の書き出しに戻る。ウィリアム・アンド・メアリー大学学長の家、そして一八一一年二月一四日、ヴァージニアのウィリアムズバーグにある荒廃したブルートン教会に。ジェームズ・マディソン主教自身の街であり、日曜日の定時の礼拝であったにも関わらず、叙任の証人となったのはわずか一八人に過ぎなかった。かつてはヴァージニアのイングランド教会のベストリーと聖職の主な供給源であったウィリアム・アンド・メアリー大学の学生たちは、この教会を素通りしたのである。年若いウィリアム・ミードの叙任は、マディソン主教による最後の叙任であり、そのシンプルな礼拝を目撃した誰もがその意義を認識はしなかったであろう。ヴァージニアの聖公会 ―そして全国の聖公会― は、土地を売却され、教会堂は見捨てられて荒れ果て、残ったわずかな信徒と聖職は絶望の内にあり、多くの観察者は死滅したと見なしていたが、まさに言葉の本来の意味でリバイバルを実現する人を必要としていたのである。そして、ウィリアム・ミードとその世代の人々は、そうした人を得ることができた。これらの新しい指導者と、その他の事情とが組み合わさって、かつての体制的教会は復活し始めたのである。

しかし、それは次のストーリーである。

第三章　アメリカ聖公会の成長

主としてイングランドからの独立戦争の負の遺産のせいで、一七八九年以降の二〇年間は、アメリカ合衆国における元のイングランド教会の成長は緩慢であった。一七九二年に総会が聖公会聖職のリストを発表したとき、その数は以下の通りであった。

マサチューセッツ	報告なし
ニューハンプシャー	報告なし
ロードアイランド	二人
コネチカット	二二人
ニューヨーク	一九人
ニュージャージー	九人
ペンシルベニア	一四人

デラウェア　三人
メリーランド　三四人
ヴァージニア　六一人
サウスカロライナ　一五人

これらの数字は膨らまされている可能性がある。というのは、その中には植民地時代に叙任された退職司祭の名前も含まれていたからである。総会は明らかに、聖公会の伝統がほとんど死滅していたジョージアとノースカロライナとは接触できていなかった。ノースカロライナ教区では一八一七年までは教会組織がなく、一八二三年までは主教を確保することができなかった。一七九〇年には活動している聖公会の教会区が一つしかなかったジョージアでは、一八二三年まで教区が組織されず、一八四一年までは主教がいなかった。メーンは一八〇九年から一八一七年まで聖公会の聖職がいなかった。

一九世紀初頭には七つの州で主教が存在した。さらに五つの州で、聖公会の活動が組織化された。しかしながら、アメリカ合衆国のその他のところではどこでも、聖公会は組織化されていなかったか、あるいは消滅の危機に瀕していた。確かに、少数ではあったが聖公会員の社会的・経済的階層と影響力のレベルは一般的に高かった。ある聖公会賛美者は、ニュージャージーのバーリントン・セント・メアリー（聖マリア）教会のとある受聖餐者について、こう語っている。

「豊かな家庭に生まれ、父母の家系の両方とも、ニュージャージーの最善の血が彼女の血管には流れている。常に世間が富と呼ぶものに恵まれ、父親はアメリカ合衆国議会議長であり、彼女自身が認めているように、常にすべての家の中の家、ワシントン将軍の邸宅に自由に出入りし、家庭の一員として大切にされ、もっとも幸せな結婚を成し遂げ、彼女の夫はワシントン将軍の司法長官であった。[33]」

しかし、聖公会の受聖餐者は新たな国の市民の内、四〇〇人に一人にも満たなかった。「高位聖職者」と見られるのではないかという恐れから主教の仕事は滞り、他の諸教派の構成員は、貴族的で、今は孤児となった聖公会の伝統はアメリカ合衆国では死に絶えるだろうと希望したのである。

アメリカ聖公会のリバイバル

アメリカ聖公会が統一した教会として成立した最初の二〇年間が、活気が停滞していた時期なのか、それとも静かなリバイバルの時期なのかについては、様々な評価がある。しかし、一八一一年前後の数年間は、一般的にアメリカ聖公会の歴史における転換点であると考えられている。一八一一年以降、アメリカ聖公会はいわゆる第二次大覚醒運動の影響で、時にはその反動で、よみがえり始めたのである。この運動は、一九世紀に数世代にわたってこの新しい国を行き戻りつつ覆い尽くした一連の宗教的リバイバルであり覚醒運動であった。一八一一年にジョン・ヘンリー・ホバートがニューヨークの補佐主教（アシスタント・ビショップ）に聖別され、アレクサンダー・ヴィエッツ・グリズウォルドが東部教区の主教に聖別された。また同年、ウィリアム・ミードおよびジャクソン・ケンパーという聖公会の二人の将来の指導者が叙任された。翌年、ウィリアム・ホランド・ウィルマーがヴァージニアで著作をはじめ、一八一五年に『聖公会マニュアル』（*The Episcopal Manual*）の初版を出版した。

ジョン・ヘンリー・ホバートは精力的で議論好き、能率的な働き手で、補佐主教に聖別されて以来、彼の四五〇〇〇平方マイルの教区を担当した。というのも、上役のニューヨーク主教ベンジャミン・ムーアは半身不随だったからである。ランスロット・アンドリューズ、ウィリアム・ロード、およびチャールズ一世と二世の治世に力を持ったその他の神学者の伝統を受け継ぐハイチャーチ・マンであったホバートは、主教制と司祭職、サクラメント、および可見的教会こそが神の恩恵の決められたチャンネルであると信じていた。後代のリチュアリスト（第四章で取り上げる）のような儀式偏重主義者ではなかったが、ホバートは使徒継承の重要性を強調し、他の諸教派に対する聖公会―「教会」―の明確な特徴と優位性を強調した。植民地における主教を提唱したSPGのハイチャーチ・マンの娘と結婚し、彼はその伝統を一九世紀初頭に引き継いだのである。

ホバートのモットーは「福音主義的信仰と使徒的職制」であった。一九年に及ぶ彼の積極的な指導のもとで、ニューヨークの聖公会は、一二五人の聖職、四〇教会、二三〇〇人の受聖餐者から、一三三人の聖職、一六五教会、六七〇〇人の受聖餐者に成長した。彼の影響力は彼の教区と人生を遥かに超えて広がった。彼は一八三〇年に早すぎる死を迎えた。彼の遺産は、「ホバート主義者」「古風なハイチャーチ・マン」「福音主義的ハイチャーチ・マン」などと様々に呼ばれている党派の中に、一九世紀を通じて生き続けた。

アレキサンダー・ヴィエッツ・グリズウォルドとウィリアム・ミードは双方とも福音主義者であった。主教職にいた彼の同時代人に比して簡素な服を身につけたグリズウォルドは、東部教区（コネチカット以外のニューイングランド諸教区を集めた臨時教区）における教会区の数を、一八四三年に逝去するまで五倍に増やした。ホバートと同様、グリズウォルドは初期の教区巡回で一〇〇〇人以上に堅信式を授けた。

総会がヴァージニアの聖公会の将来について恐れていた時期に叙任された、禁欲主義的で一途なミードは、たちまち仲間の福音主義者たちをヴァージニアに惹きつけた。一八一四年には当時ニューヨーク市の教会に詰めかけた会衆に説教していたリチャード・チャニング・ムーアが、ヴァージニアの主教に聖別された。馬による巡回説教や回心を迫る説教、厳格な規律などの福音主義的方法を用いて、ムーアとその下にある聖職は、ヴァージニアにおける聖公会の伝統を復活させた。一八三五年までに、ヴァージニア教区は受聖餐者数においてアメリカ聖公会で四番目に大きな教区になっていた。ミードは一八二九年にヴァージニアの補佐主教（アシスタント・ビショップ）に聖別され、一八四一年にはムーアの後継主教となった。

ケンパーと国内宣教

ジャクソン・ケンパーのミニストリーは、「内外伝道協会」(the Domestic and Foreign Missionary Society）と呼ばれる組織と結びついている。そしてこの組織は、アレゲーニー山脈以西およびオハイオ川以北の地域への聖公会の拡張の物語と結びついている。すでに一七九二年に、アメリカ聖公会総会は合衆国のフロンティアに聖公会の宣教師を派遣するという提案を検討していた。一七九六年以降は、個々の教区が宣教団体を結成するようになった。総会は西部への宣教師派遣を要請していたが、宣教団体はごく少数の例外を除いて、自州内での活動に限定していた。

したがって聖公会の聖職が一八三六年以前に西部地域に行く場合、彼らはフリーランサーとしてか、あるいは信徒グループの呼びかけに応える形で出かけたのである。総会が合衆国の発展途上地域のための主教を聖別できるのは、その地域に住んでいる聖公会員が自発的に教区を形成し、主教を選出した場合に限られた。一八二一年に、インディアナ、イリノイ、テネシー、ミシシッピ、ルイジアナ、ミズーリ、ミシガン、およびアーカンソーの各州は合わせて五〇万人以上の住民がいたが、聖公会の聖職はわずかに二人しかいなかった。総会が内外伝道協会を設置したのはこの年のことであった。この団体は任意団体の性格をもっていた —会員は毎年会費を払って資格を更新した— ため、また成果もほとんどなかったため、聖公会はまもなく新たな戦略を立てざるを得なくなった。

一八三五年に、新約聖書をモデルとして、ミッションは傘下の委員会によるよりは教会全体の責任であることを総会は決定した。暗黙の了解の内に海外宣教の責任は福音主義者に、アメリカの新たな地域に対するミッションはハイチャーチの人々に割り当てられた。しかし、福音主義者はこの取り決めにすぐに不満を持ち、その結果自分たち独自の国内宣教団体を組織するに至った。福音主義のある若手指導者はこの取り決めについて聞いたとき、「何という間違いだ！　何というへまだ！」と叫んだと言われる。[34]

伝道事業を教会全体の責任に転じたのは、一八三五年の改革の一つであった。第二の改革は、アメリカの新しい地域に伝道地方区を設け、聖公会の働きが始められる以前でもそこに伝道主教を派遣するという決定であった。この新しい計画のモデルは、新約聖書の使徒言行録であった。

コロンビア大学卒で、四五歳のハイチャーチ・マンであったケンパーは、西部に派遣された最初の伝道主教であった。彼が派遣されるまでに一九世紀も三分の一以上が経過していたという事実は、西部における信徒数において聖公会が後れを取ったことの四つの理由の内の第一の理由である。ケンパーとその他の主教が伝道地方区を巡回したとき、彼らはバプテストやメソジスト、長老派がすでに教会を設立しているのを発見した（ローマ・カトリックはまだ西部では比較的少数派だった）。早い時期に進出したこれらの教派は、聖公会の背景を持つ多くの信徒を含む信徒をすでに呑み込んでしまっていたのである。

教区の広さが手に負えないほど大きかったということが、第二の原因である。総会が西部と新たな南部を複数の伝道地方区に分割したときでさえ、一般的にそれは大きすぎて、一人の主教が効果的に監督することはできなかった。ケンパーが責任を負っていたのは、現在のインディアナ、ウィスコンシン、ミネソタ、アイオワ、ミズーリ、カンザス、ネブラスカを含む地域であった。ジョセフ・C・タルボット（北西部の伝道主教として一八六〇年に聖別）の伝道地方区は、一〇〇万平方マイルの広さであった。タルボットは自分が「常に野外主教」であると語っていた。ダニエル・S・タトル主教（一八六七年聖別）の主教座はソルト・レーク・シティにあったが、彼の称号は「アイダホおよびユタを管轄するモンタナ主教」であった。

こうしたことすべてが、フロンティアにおける聖公会の成長の障碍となった。というのも一九世紀のアメリカ人は徒歩か馬、駅馬車、あるいは鉄道で移動したからである。一八六五年に生まれたばかりの教区を最初に巡回したカンザスの初代主教は、「今回の訪問ほど、伝道主教の価値と重要性を認識したことはなかった。」と書いている。

「フロンティアにあり、人数も少なく、財政も貧弱、聖公会の影響の中心から遥かに離れ、牧師に必要な備品の調達方法も知らず、聖職に会ったこともなく、援助を誰に求めれば良いかも分からない会衆が、古く人数も多い教区から来た人の理解を全く超えて、主教の監督と援助に全く頼っている。[35]」

しかし、アメリカ聖公会の方針は、伝道主教たちに、説教や、散在してしばしば意気込みを失っている聖職と信徒を励ますことよりも、また新しい聖公会の教会を建てるよりも、巡回の移動に時間を費やすことを強いていた。

伝道主教にとっての第三の障壁は、財政的支援の欠如であった。宣教師には給与が必要であり、会衆には教会の建物が必要であった。しかし、アメリカ聖公会が宣教師に資金を提供するのは、その教会区が宣教師の支援に進んで献金する範囲においてである。そして聖公会の教会区は新しい南部や西部の諸教会で起こっていることについて比較的小さな関心しか持っていなかった。一八六二年になっても、内外伝道協会に献金しているのはアメリカ聖公会の教会区の半数以下に過ぎなかった。ミッションに対する受聖餐者一人当たりの献金平均額は、一年に一ドルであった。したがって一八七六年にも、聖公会は約四〇万人が居住するカンザス州での伝道活動に四〇〇〇ドルしか費やすことができなかったのである。それは同年にカンザス州で長老派が費やした金額の七分の一であり、会衆派のそれの八分の一、メソジストの一五分の一に過ぎなかった。主教職に就いた当初から、疲れを知らぬケンパーはまさに資金不足から達成できなかったことがらについて嘆いていた。

最後に、宣教師不足も聖公会の伝道活動を絶えず妨げた。ケンパーは自分の伝道地方区の最初の巡回の後、直ちに一〇〇人の聖職を雇おうと思えばできると報告している。七年後、彼が確保できたのはわずかに三一人であった。一八四〇年までにバプテストは、アレゲーニー山脈以西のすべての州と準州とを合わせた地域の聖公会聖職と同じだけの教役者をミズーリ州だけで働かせていた。

聖職不足の原因は資金不足だけではなかった。たいていの聖公会聖職は比較的安楽な出身背景を持っていた。フロンティアでの宣教フィールドは、比較的乏しい魅力しかなかった。西部に行く宣教師たちは、低い給与と孤独、危険、かなり低い生活様式、そして絶え間ない仕事を覚悟しなければならなかった。ある執筆家は、教養ある人間をノースダコタに送るのは、ツァーが政治犯をシベリアに追放するのと同じようなものだと書いている。[36] そのような雰囲気の下で、ノースダコタでの聖公会ミッションは魅力的なところだとは思えなかった。ノーステキサスのアレクサンダー・ギャレット主教は記憶に残る古風な言い回しで、「カウボーイのように乗馬し、聖人のように祈り、使徒のように説教し、食物や衣服はあるもので満足する」[37] ような聖職が必要とされていると語った。

新しい西部と南部での伝道で最も成功した教派 ―バプテストとメソジスト― には、そのような牧師がいた。聖公会の神学校は確かにギャレット主教の条件に適う人材も生みだしていたが、これらの神学校は、優秀な資質を持っているために卒業前に都市部の体制的教会に引き抜かれるような人材を多く育てる傾向にあった。この最難関の問題は、叙任を求める聖公会員の数が職務の数よりもはるかに多い（遠方の宣教師の職の場合は必ずしもそうではないが）二〇世紀末の観点からは理解しがたい問題であるが、アメリカ聖公会が既存の教会に充分に配置するだけの必要な聖職も確保できなかったということであった。

新しい地域で、聖公会自身が生みでしたのではないその他の障碍にも直面したことも否定できない。聖公会の宣教師は、すべての開拓者を対象として宣教したが、彼らが設立した教会は一般的に成功した教育ある人々を惹きつけた。例えば、深南部（ディープサウス）では、ドヴロー・ジャラットやチャールズ・ウッドメイソンといった初期の聖職の働きが貧しい白人のためになされたにもかかわらず、聖公会はほとんどが富裕なプランテーション所有者の教会になった。新たな準州と州の全体において、低い経済的・教育的レベルにある人々には居場所がなく感じられた。感情的な説教と即興的な礼拝になれたプロテスタントには、聖公会の礼拝はしばしば余りにも形式的、この世的に思われた。新約聖書を根拠として、バプテストの農民説教者やメソジストの巡回説教者、あるいはディサイプル・オブ・クライストの長老たちは、聖公会員の社会的行動と生活様式を批判した。

しかし、ある人々が欠点と考えるところは、他の人々にとっては魅力となる。一九世紀におけるアメリカ人の西部への移動は、カルヴィニズム正統主義への反抗が加速するのと軌を一にしていた。聖公会の知性と感性とアルミニウス主義的（つまり自由意志論的）神学は、会衆派、長老派、改革派の背景を持ち、カルヴィニズムの予定の教理から決別した多くの開拓者にとっては魅力となった。一九世紀におけるアメリカ聖公会の偉大な指導者の多くは、カルヴィニズム的教派の中で育てられた。

聖公会の礼拝の厳粛さと美しさ、聖公会の主教制と古代の伝統を引き継いでいるという主張もまた、多くのアメリカ人には魅力的であった。とくに、サー・ウォルター・スコットのような著述家が中世の神秘主義を呼び起こすときには、ロマン主義の分野で魅力となったのである。フロンティア地域では、社会的信用も利点となり得た。というのは、聖公会は文明感覚と、日常生活の粗雑さから逃れる手段を提供したからである。聖公会の教会が設立されると、多くの西部の街が自分たちは「目標に到達した」と思ったのである。

それほど顕著ではないが、聖公会は西部開拓の時期に、メソジストやその他の教派の情緒主義に対する反動、クエーカーの退潮、ルター派のドイツ語礼拝に対する抵抗感から利益を得た。南部や西部でローマ・カトリック教会が存在しない地域では、カトリック信徒はしばしば聖公会を選んだ。狭隘な伝統から逃れようとするキリスト者も、聖公会の飲酒、ダンス、フリーメイソンへの加盟、そして様々な神学的意見に対する寛容に反応した。クリスマスシーズンの伝統や降誕日礼拝 ―南北戦争まではイングランド起源のプロテスタント諸教派ではめったになかった― を聖公会が守っていることも、一つの魅力となった。

新しい地域に教会を組織するために、聖公会の宣教師は、聖公会員として育てられた人々、あるいは聖公会に好意を持っていると思われる人々を求めて農村地帯を徹底的に探した。しばしば彼らは新規のコミュニティで説教し、好意的な反応を示した人々とともに教会を立ち上げた。新しい開拓地で聖公会員がイニシアティブをとって牧師を招聘することもあった。教会が建設されるまでは、宣教師は自宅や裁判所、学校、店舗、他教派の教会を、聖公会の礼拝所として用いた。

教会区を創設するために、宣教師は聖書や聖公会のトラクト、デボーションのための書籍、祈祷書を配布した。宣教師の中には、教会区の図書館や読書室を設けた者もいた。小学校や中学校、日曜学校は、当初は子どもたちに宗教教育だけでなく読み書きも教えたが、それらは聖公会の教えに基づいて青年を育てる重要な手段となった。また、たいていの主教は病院を設立した。新しい開拓地で主教たちが始めた大学や神学校は結局のところ失敗したが、ケニヨン大学（オハイオ州ガンビアのフィランダー・チェイス主教が設立）とその神学校であるベックスリ・ホールは西部の主教たちの多くが希望とした模範となった。

聖公会の宣教師たちの伝道方法には、一人の宣教師が複数の講義所や教会区を巡回する「巡回伝道」が含まれていた。ノースダコタでは、ウィリアム・D・ウォーカー主教が六〇フィートのプルマン型客車を八〇座席の移動礼拝堂に改装し、遠方の開拓地で礼拝を行えるようにした。小さな村々の鉄道駅にはプラカードが建てられ、ウォーカー主教の到着日時を通知した。そして「大聖堂列車」が到着したときに礼拝に出席した住民の数は、時には実際の村の人口の倍にも膨れあがった。

南部の農村部では、複数の聖職が一つの町に集まり、一日に複数回の礼拝を行い、これを数日間連続で行う「アソシエーション」が教会区を作り上げる基礎となった。一九世紀の後半になると、都市部教会の「教会区ミッション」が有名な聖公会の説教者を特に招いて二週間にもおよぶ集中的な集会を開くこともあった。フロンティア地域で広範囲に広報された主教の訪問は、教会の会衆を励ますだけでなく、教会につながっていない人々に対する伝道の大きな機会となった。しばしばフロンティアの町の住民すべてが「主教」を見、その話しを聞くために集まった。

新しい南部と西部の開拓者の中で、聖公会のバックグラウンドを持っている人々は比較的少なかった。しかし、一九世紀の大半を通じて入植者の大半は英国やドイツの家系の出身者だったので、アメリカ聖公会は西部や南部を見知らぬところと思う必要はなかったのである。歴史的には、聖公会はイギリス系のすべてのプロテスタントの母教会であると主張し得た。礼拝的には、聖公会はルーテル派に似ていた。聖公会が深南部（ディープサウス）と西部のたいていの地域で主要な教派になることができなかったのは、どの伝道主教も嘆いているように、主として機会をつかむのが遅かったからである。

この影響は、長く続いた。第二次世界大戦の前夜、ヴァージニア教区の人口に対する受聖餐者の割合は一対三四であり、独立後のアラバマ州では一対二四三の割合であった。一九九〇年にはマサチューセッツには一二万人の聖公会の受洗者が居住していた。西部で同じ人数を得るには、アイオワ州とミズーリ州、カンザス州、オクラホマ州、アーカンソー州およびミシシッピ州の聖公会の受聖餐者をすべて合わせなければならない。極西部地方では、聖公会信徒の人口比はもっと高い。というのは、それらの州が相当数の開拓者を受け入れるようになるまでに、聖公会の宣教団体が存在していたからである。それにも関わらず、聖公会は、目立たないことが多かった。一九九一年にある司祭が「西部では、五つの町に一つの聖公会の教会が見つかれば幸運だ。」と書いている。[38]

単純明快な神学、情緒的信仰、民衆の言葉を語る教役者、教会スタッフの常駐。これらは西部と新南部で成功するための要素であった。それがあれば、アメリカ聖公会は間違いなく合衆国の新たな地域でより強大な存在感を示すことができたであろう。宣教方針がそれを妨げたという事実は、二〇世紀の半ば頃まで聖公会の宣教師たちを悲しませ、また憤慨させたのである。一八八七年に高名な牧師であり説教者であるフィリップス・ブルックスは、指導的な宣教師に次のように嘆いている。

「アメリカ聖公会は、小さく、風変わりな宗派、外国のやり方を模倣し、この国の偉大な現実との共鳴からますます遠ざかりつつある小教派に急速になりつつある。（…）西部を見て、そこで聖公会がどんなものかを見ると良い。四分の一世紀前に築こうと必死になったあの教区はどこにあるのか。さて、わが教会が拒否しようとも、この仕事はだれかによってなされるのだろう。しかし、何という好機をわれわれは見逃したのか。[39]」

しかし、二〇世紀の読者は、新南部と西部におけるアメリカ聖公会の失策について、過剰に批判的にならない方が賢明だろう。社会的・経済的レベルにおいて聖公会に最も近い二つの教派――会衆派と長老派――もまた、これらの新しい準州と州とはそりが合わなかったからである。聖公会と同様、彼らも礼拝におけるリバイバリズムと情緒主義に反対した。聖公会と同様、彼らも日曜日毎にキリスト教のメッセージを静かに論理的に話す、大学教育を受けた定住の牧師を好んだ。合衆国の新しい地域で長老派の方が聖公会よりも成功したのは確かであるが、会衆派は聖公会よりもずっと立ち後れたのである。アメリカ聖公会がフロンティアにおける大きな機会を逸したということは、一五〇年前にジャクソン・ケンパーにとって明かであったように、今日の歴史家にとっても明かではあるが、聖公会が内部的な困難に直面していたということも同じ程度に明かなのである。

教派別の統計は正確さを欠く科学の範疇に属するものであるが、もっとも広く認められている数字によれば、独立から南北戦争までの時期における会衆の増加において、アメリカ聖公会は主流派教会では最後から二番目（会衆派のみが聖公会を下回った）に位置する。独立戦争を生き延びた教会区の正確な数は不明である。初期の聖公会総会に提出された主教や教区の報告はしばしば不完全か、不明確なものであったが、一七九二年の総会に提出された聖職の一覧表では、アクティブな聖公会の教会区の数はおよそ一八〇であった。一八二〇年には諸教区の報告によれば、およそ四〇〇教会が存在した。一七九二年の報告について言えば、これらの教会の中にはごく少数の礼拝参加者しかなかったり、紙上でのみ存在する教会もあったりしたということに読者は留意されたい。

一九世紀に入ると、統計数字は次第に正確になってゆく。南北戦争[一七]の前夜―そのころおよそ三四パーセントのアメリカ人が教会やシナゴーグに定期的に通っていた―に開かれた一八五九年の総会は、二一二〇の教会区が存在したことを報告している。一八八六年には、七一人の主教、三六八九人のその他の聖職、三四四人の聖職候補生、一二〇三人のレイ・リーダー[一八]、四三三八の教会およびチャペルの建物、二〇七二のミッション・ステーションが存在し、および四二万二〇〇〇人以上の受聖餐者がいた。合衆国における教会員数は着実に増加していたが、人口の半数以上がいまだに教会の外部に留まっていた[40]。

ウィリアム・H・ウィルマーの神学

神学の分野では、アメリカ聖公会はその四〇〇年の歴史において、歴史上の業績について論じるに価する神学者を少なくとも五人生みだしている。ウィリアム・H・ウィルマーは、イングランド教会からの独立後最初の神学者であると言えよう。今日ではまったくマイナーな人物ではあるが、一九世紀の同時代人の多くからは重要な思想家、指導者と見なされていた。

彼はメリーランドで生まれ、ワシントン大学で教育を受け、一八〇八年に叙任されると、一八一二年にメリーランドからヴァージニアに行き、ヴァージニアにおける聖公会の再建を助けた。その結果、ヴァージニアのアレクサンドリアに設立されたアメリカ聖公会神学校の創設者の一人、創立時の教授陣の一人となった。一九世を通じて、彼の『聖公会マニュアル――プロテスタント監督教会の教理・規律・礼拝についての解明と弁明（*The Episcopal Manual: or an Attempt to Explain and Vindicate the Doctrine, Discipline and Worship of the Protestant Episcopal Church*）』（一八一五年発行、その後版を重ねる）は、キリスト教についての聖公会の福音主義的理解の基礎となった。この本は、聖書と「三九箇条」、祈祷書、一六世紀の聖公会の神学者によるカテキズムとイングランド教会の『説教集』を材料に用いて、アメリカ聖公会よりも極端なプロテスタント諸教派と、形式面を熱心に追求するハイチャーチの間の「中道を進む」ことを提唱した。

ウィルマーの穏健な福音主義は、ジャン・カルヴァン（一部の福音主義者の尊敬の的）と主教職（一部の福音主義者にとっては非本質的なもの）の問題について論じるとき明白に示された。『聖公会マニュアル』の中でウィルマーは、このジュネーブの改革者は「真の聖書主義者」であり、「恩恵の教理の有能な肯定者として尊敬に値する」と述べている。しかし同時に彼は、カルヴァンが「神意という主題について行き過ぎており…人間の自由意志と、建徳の基礎を破壊している」[41]と判断している。ウィルマーの仲間の福音主義者は、主教は元来長老と同じであったと信じていた。ウィルマーは「原始教会に三重の職位が存在し、使徒が後に主教、長老、執事と呼ばれるようになった」[42]と書いている。

「原罪」から「主の晩餐」に至る諸章の中で、ウィルマーは「家族と公共の献身」といったテーマについてのセクションを設け、一九世紀の大半を通じてヴァージニア神学校で彼と仲間が教えた教理を明確に展開している。『聖公会マニュアル』は集大成であり、教理問答のハンドブックであり、デボーションのマニュアルであり、アングリカニズムの福音主義的解釈の集中的表現であり、いかに薄くても、アメリカ聖公会最初の神学という名にふさわしい著作である。ウィルマーの死後一五年を経て、一八四一年版の序文の中で編集者は、「全体的な評価において、類似の出版物によってすぐには凌駕されないであろう」と明言している。『マニュアル』は一九世紀後半に生じるキリスト教信仰の困難性については何も知らず、二〇世紀の読者にとっては薄く、平凡なものに思われるかも知れないが、ウィルマーの説教にある評者が与えた評価、「成熟した福音主義的思考」という言葉が、出版の時点ではこの書物にも当てはまったのである。[43]

アメリカ先住民に対する伝道

他の教派の場合と同様、アメリカ先住民に対するアメリカ聖公会の伝道事業の歴史は、献身的・理想主義的な少数の個人の努力の記録である。南部の植民地ではイングランド教会だけが体制的教会であったが、アメリカ先住民に伝道しようと試みた少数の聖職（サウスカロライナのフランシス・ル・ジョーなど）は、さまざまな障害に直面した。言語の障壁、散発する戦争、相互の風俗の異質性、聖公会の教理教育の退屈さ――こうしたことが相まって、聖公会の宣教師の働きの阻害要因となった。何よりもまず、先住民は、入植者たちの生活様式に、彼らをキリスト教に惹きつけるようなものを何も見出さなかったのである。白人住民に主要な責任を負う体制的教会の教会区牧師として、聖職には先住民に働きかける時間と自由がなかった。南部における先住民をキリスト教化する主要な試み――ウィリアム・アンド・メアリー大学に創設されたインディアン学校――はうまく行かず、独立戦争中に閉鎖された。

北部においては、アメリカ先住民がフランスに忠誠を誓うのではないかという不安と、「異教徒を回心させる」動機とが相まって、SPGがイロコイ諸部族、特にモホーク族に対する伝道に着手した。SPGは宣教師を派遣し、チャペルを建て、聖書のいくつかの書と祈祷書のモホーク語版を提供した。独立戦争後、アメリカ聖公会はアメリカ先住民の間でも名前が知られていたホバート主教の下で、オナイダ族ミッションを設立してニューヨークにおいてこの働きを継続した。アメリカ先住民と白人を両親に持つ混血の宣教師エレアザール・ウィリアムスの指導の下に、多くのアメリカ先住民が一八二〇年代にニューヨークからウィスコンシン州のグリーンベイに移住し、そこで教会は新たなミッションを立ち上げた。

グリーンベイ・ミッションが成功を収めると、使徒的なジェームズ・L・ブレックは一八五〇年代にミネソタ州のチペワ族に対するさらに新たなミッションを設立した。南北戦争の前夜にミネソタの初代主教に聖別されたヘンリー・B・ホィップルは直ちに、彼の教区に居住する二万人以上の先住民の生活状況に関心を寄せた。アメリカ先住民に対する合衆国政府の政策の改革と連携し、また影響を与えつつ、ホイップルは政府の委員会の議長となって、ジョージ・A・カスター将軍の軍隊による虐殺のあとにスー族と会談した。彼は、アメリカ先住民に対する不当な政治についての古典的な著作であるヘレン・ハント・ジャクソンの『不名誉な世紀』(一八八一)に序文を書いている。保留地で役立てるために、彼は簡単な医薬品を携帯し、抜歯を学んだ。彼が行った最初の叙任には、スー族への目立たない伝道に生涯を献げ、祈祷書をダコタ語[19]に翻訳したサミュエル・D・ヒンマンが含まれる。

アメリカ先住民に対するアメリカ聖公会の宣教活動の大波は、一八七〇年代に始まった。ホイップルおよびウィリアム・ウェルシュ(会衆派のインディアン伝道委員会を率いたフィリラデルフィア出身の聖公会員)からの要請に応えて、アメリカ聖公会は宣教局の中にインディアン委員会を結成した。この委員会はウィリアム・ホバート・ヘア(ジョン・ヘンリー・ホバートの曾孫)をニオブララ(サウスダコタの西半分と、やがて現在のサウスダコタ全域をカバーする伝道地方区)の主教に選出した。

この地域には白人も居住していたが、ヘアの主たる責任はグレートプレーンズ[20]のアメリカ先住民をキリスト教化することにあった。この「スー族への使徒」はヒンマンの仕事を発展させ、先住民の間での聖公会の働きの指導的人物となった。平原で野営し、幌馬車でサウスダコタを駆け巡ること三〇年を経て、ヘアは七〇〇〇人のアメリカ先住民に堅信式を授けた。彼が逝去した一九〇九年までに、サウスダコタの推定二万人の先住民の内一万人に洗礼を授け、聖公会員とした。今日に至るまで、サウスダコタ教区はかなり多くの先住民信徒を抱えている。[44]

アメリカ先住民で最初に主教となったのはハロルド・S・ジョーンズで、彼は一九七一年から七六年までサウスダコタの補佐主教であった。一九九二年にはさらに三人の先住民が主教に選ばれた。セミノール族のウィリアム・C・ウォントランドは、一九八〇年にオークレールの主教に聖別され、聖公会の最初のナバホ族司祭であったスティーブン・T・プラマーは、一九九〇年に新設のナバホランド教区の主教となった。チョクトー族のスティーブン・チャールストンは、アラスカの主教に聖別された。

アメリカ先住民の間での働きは、多くの聖公会の女性を惹きつけた。女性たちはワイオミングのショショーニ族やアラパホ族、ミネソタのチッペワ族やスー族、オクラホマのシャイアン族、その他の州や準州の諸部族の間で働き、通常看護師として、あるいは先住民の学校の教員や校長として奉仕した。聖公会婦人宣教師協会――一つの教会区と結びついているものもあれば、近隣の複数の教会区から生まれたものもあった――が財政的支援を強化することになった。ある著名な聖公会信徒は、一八六九年にネブラスカのサンティー・インディアン・ミッションを訪問した後に、ニューヨーク市の全員男性の伝道局理事会が「これまで一ドルも寄付をしていない。ここでの伝道事業はもっぱら婦人補助会によってなされた[45]」と批判している。一八七一年に伝道局理事会に婦人補助会が設けられたとき、これらの婦人宣教師協会のほとんどはそれに参加した。

伝道事業の最後の大きな広がりは、二〇世紀初頭に始まった先住民のエスキモーおよびアラスカの白人入植者に対する働きであった。その中心的人物は、アラスカ初代主教ピーター・トリンブル・ローウェであった。広大な地域を船や犬橇、最後には飛行機で巡回して回るほどのスタミナの持ち主であり、アラスカ中に伝道所や学校、病院を建設した。彼は勇敢な大執事ハドソン・スタックに助けられて、聖公会の最北教区の主教として四七年間奉仕した。一九四二年にローウェが没するまでに、彼はアラスカにおける聖公会の伝道事業に対する全国の聖公会員の関心を呼び起こしていた。より後のことになるが、聖公会はニューメキシコ州とアリゾナ州、およびユタ州のナバホ族の間にさらに一つのミッションと主教座を設けることになった。

アメリカ先住民に対する聖公会の伝道が直面した多くの障壁の中には、驚くべき数の言語、宣教師の不足、居留地の分散、合衆国政府による先住民の強制的な移住政策があった。聖公会は先住民青年の教育のために多くの学校を設立しただけでなく、先住民自身の中から聖職者になる人材の育成に努めた。今日、サウスダコタ教区に登録されている聖職の名前には、「二頭の雄牛」とか「折れた足」「二羽の鷹」「熊の心臓」などの名前が含まれているのである。

海外伝道

アメリカ聖公会内外伝道協会によって海外に派遣された最初の宣教師は、一八二八年にギリシアに派遣された。宣教の責任を二つの教会党派の間で分担するという取り決めのために、海外伝道に派遣された初期の宣教師とスタッフの大半は福音主義者であった。南北戦争以前に、アメリカ聖公会はトルコ、リベリア、中国、そして日本にミッションを設立していたが、これらはすべてアメリカ人主教を受け入れていた。アメリカ聖公会によって設立された大学には、上海のセント・ジョン（聖ヨハネ）大学と東京のセント・ポール（立教）大学があった。

二〇世紀の初めまでに、アメリカ聖公会のミッションは、タヒチ、メキシコ、プエルトリコ、フィリピンに存在していた。タヒチ聖公会の初代主教として奉仕したのは、黒人の民族主義指導者であったジェームズ・T・ホーリーであった。マニラに最初に定住した主教は、影響力のあるチャールズ・ヘンリー・ブレントであったが、彼は後に、国際的な教会一致運動の指導者となった。

聖公会の女性は、必要な物資や教育材料を送ることによって財政的に海外伝道事業を支援した。ついには彼女たち自身が宣教師として奉仕した。個人として、また共同体の一員として（第六章の修女会の記述を参照）、女性たちは、より上部の教会全体によってではなくとも伝道主教によってその働きを承認された。「私は、なし得る働きに対するもっとも貴重な支援として、修女会を見なさざるを得ない」[46]と、一八〇〇年代末に中国での伝道活動についてジョセフ・シェレシェフスキー主教は語っている。一八三五年から一九〇七年までの期間に中国で働いた一九〇人の聖公会宣教師の内、九五人（すなわち五〇パーセント）が女性であった。九五人の内三二人が宣教師の妻であり、彼女たちを数に含めるのは、宣教努力に対する貴重な（しばしば無給の）貢献を考えれば当然である。五人の女性は医師であった。

聖公会の海外伝道に対する女性の貢献は、これまで以上に研究に価するものである。現在の研究では、海外で働いている聖公会の女性は、教会として真っ先に現地の女性たちの訓練と教育を推進した人々だったということが分かっている。そのことが強調されていたからでもあるが、宣教師の女性と彼女たちが訓練した現地の女性たちは、自分たちがアメリカ国内の聖公会の女性よりも聖公会の運営に全面的に関わっていたと、一九二四年に言明している。[47]

今日では、アメリカ聖公会は、中南米、およびカリブ海諸島全域に存在している。また、その宣教活動は台湾にまで広がっている。ミッションのいくつかは発展して独立した国民教会になっており、そうした発展はアメリカ聖公会総会によって奨励されている。アメリカ聖公会はメキシコ・シティとフィリピンで神学校を運営しており、リベリアとフィリピンで大学を支援している。一九世紀以来、アメリカ聖公会は、ヨーロッパの主要な都市でアメリカ人の居住者および旅行社のための自給教会区を設立しており、一九七一年からは主教を派遣している。一九九〇年の報告によれば、海外教区における受洗したアメリカ聖公会員は二〇万人を超えている。

婦人補助会

教会における女性の働きはどうすれば最善であるかについての問合せに対する返答の中で、一八七一年にイングランド・ソールズベリーの主教は、女性は「賢明な男性の指揮下に置かれる必要がある」と書いた[48]。この問合せは、「教会の現在の宣教団体の上に、女性の個人的・組織的働きを接ぎ木する」[49]ための計画を作成する任務を持ったアメリカ聖公会の委員会からであった。この委員会が最終的に提案した女性組織は、独自のプロジェクトを実施し、資金を管理し、聖公会の宣教諸委員会に派遣するメンバーを任命する権限を持つことになったが、男性のみの伝道局理事会は、ソールズベリー主教の序言にもっと忠実に従ったのである。

一八七一年の総会によって権限を与えられた伝道局理事会は、メアリー・アボット・エメリーを全国書記に任命し、伝道局理事会の監督の下で婦人補助会を設立するよう付託した。女性は補助会の日常の運営には責任を負っていたが、理事会には代表がおらず、従って自らのグループに対する財政的・行政的管理権を行使することはできなかった。

婦人補助会（アメリカ聖公会の最初の全国的女性組織）は、聖公会の伝道活動に財政その他の支援を与えた。補助会はまた、聖公会の女性を募って宣教のフィールドに送った。メアリー・エメリーとその三人の姉妹は、子どものための組織を創設した。メアリーはその最初の全国書記として奉仕し、国内伝道書記であったA・T・ウィングとの結婚に当たって辞任したが、引き続きボランティアとして積極的に活動した。一八七六年にメアリーの跡を継いで、ジュリア・チェスター・エメリーが全国書記の地位に就き、四〇年間その職にあった。スーザン・ラヴィニア・エメリーは、ミッションの子ども向け出版物の編集者として、全国ミッション・スタッフで奉仕した。第一次世界大戦を通じて、マーガレット・テレサ・エメリーは「ボックス・ワーク」のコーディネーターを務めた。そのように呼ばれたのは、宣教師が要求した衣服や医薬品、書籍その他の品物を箱に詰めて送ったからである。メアリー・エメリーとジュリア・エメリーが務めた全国書記は、当時アメリカ聖公会の女性に開かれていた最高の地位であった。

メアリー・エメリーが直面した主要な課題 ―彼女はそれを二年間でやり遂げた― は、バラバラに存在した聖公会の女性グループを、効果的な全国組織にまとめ上げることであった。一八七二年以前には、様々な教会区に様々な女性グループ（宣教師の会やトラクト配布の会など）が存在していた。エメリー姉妹の指導のもとで、婦人補助会は一八七二年以降その重要性を増しただけでなく、聖公会のミッションが必要とする資金増に応えた。しかし、婦人補助会の財政支援の重要性が増すにつれて、男性のみの伝道局理事会との緊張が高まった。この緊張はとくに、「特別献金」（各地の補助会が献金し、特別な伝道主教に献げられる資金）としてミッションの世界では知られていた資金を巡って高まった。ある聖公会の女性は、献金を添えてローウェ主教に次のような手紙を書いている。「私は『特別献金』がいささか気に入られていないことを知っていますが、七九歳の独身女性として、私は理事会への割り当て献金を済ませた後、自分のしたいように献金する権利があると思います。」[50]

集まった資金に対する運営管理権に次第に関心を高めた婦人補助会は、一八八九年に統一感謝献金を設立した。この献金は三年に一度のアメリカ聖公会総会において献げられる自発的な献金で、伝道局理事会への婦人補助会の財政的支援に代わるものというよりは、それを補うためのものであった。統一感謝献金を婦人補助会の判断で使える自由を理事会から与えられた代わりに、婦人補助会は伝道局理事会の経常予算に年間一〇万ドルを献げるということに同意した。

一九〇一年という決定的な年の後に、聖公会の女性たちはこの新しい献金に劇的に応え始めた。統一感謝献金の総額は一八九二年の二万一〇〇〇ドルから、一九一〇年には二四万三〇〇〇ドル、一九二二年には六六万九〇〇〇ドルへと急増したのである。一九〇四年までに―そして最も好調な年には―婦人補助会は献金の全額を教会の女性の働き手に対する訓練と給与のために用いた。一九三四年までには、統一感謝献金は教会の女性宣教奉仕者の五〇パーセント以上の費用を支えていた。一九八九年の一〇〇周年記念の年には、七五〇〇万ドルが、教会の宣教とその関連活動のために献げられている。

このように婦人補助会は女性を聖公会のフルタイムの有給スタッフの一員として招き入れるための財源手段を提供すると共に、その目的を成し遂げた。確かに、教会はこれらの女性奉仕者を平等には扱わなかった。女性のスタッフはわずかの給与しか受け取らないのが一般的であった。彼女たちは聖職として叙任されることはできなかったし、アメリカ聖公会中央の管理機構に入ることもできなかった。ついに一九三四年に女性に伝道局理事会の席が与えられたときでさえ、三二人の内たったの四人を割り当てられたに過ぎなかった。このような従属的扱いは何十年も続いた。しかし、婦人補助会の財政的支援こそが、聖公会の女性たちに新たな奉仕の可能性を与えたのである。

アフリカ系アメリカ人聖公会員

植民地時代を通じてイングランド教会が体制的教会であった南部に奴隷制が集中していたため、聖公会はアフリカ系アメリカ人への伝道において先頭を切った。アフリカ人奴隷をアメリカのイングランド教会に最初に組み入れたのは一六二三年、ジェームズタウンにおいてであった。その時、イサベルとアンソニーという名の夫婦と、その息子のウィリアムが洗礼を受けた。しかしながら、聖公会の大土地所有者は奴隷に対する宗教的責任を余り感じることなく、一七世紀を通じて、アフリカ系アメリカ人に伝道しようとするヴァージニアのモルガン・ゴッドウィンのような聖職の努力に抵抗した。

この抵抗は、黒い肌の人間は劣等であるという信念だけでなく、洗礼は結局のところ解放に結びつくという恐れに基づいていた。この恐れは非常に強く、南部の四州の立法府は黒人の洗礼を否認する条例を採択したほどであった。多くの奴隷所有者にとっては、奴隷は野蛮で浅はかな被造物なのでクリスチャンになることはできないと信じる方が容易であった。どの世紀におけるキリスト教も、謙虚な人々に個人的な潜在能力の感性を植え付ける―後代の二〇世紀末の用語法では「エンパワー」する―能力を示してきたので、クリスチャンになった奴隷がしばしば「鼻が高くなった」と奴隷所有者が記している（そして苦情を言っている）のは驚くには当たらない。

ＳＰＧは一七〇一年の創立からアメリカ独立まで、そのミニストリーの一部を、奴隷の宗教教育のために割いていた。エリアス・ノーという信徒は、ＳＰＧによって伝道師に雇われ、一七〇四年から一七二〇年代初期までニューヨーク市の自宅で奴隷のための学校を運営した。南部でも、一八世紀も半ばになると、奴隷の受洗を認める入植者の数は増加した。しかし、大半の奴隷は独立戦争当時、まだキリスト教の外部に置かれたままであった。

イングランドと同様、アメリカの植民地においても、聖公会は社会構造を擁護し、権威を尊重することを説いた。それは、イングランドにおいてはアングリカニズムとピューリタンの共和制思想との決定的な相違の一つであった。南部の奴隷所有者にとっての支配的倫理となった奴隷の絶対的服従という教理（それは後に合衆国における人種関係に影響を与えた）が広まったのは、一部には南部の聖公会聖職の責任である。植民地のメリーランドでは、トマス・ベーコンがまさにそのような見解を表明していた。奴隷所有者と奴隷の責任について彼が行った説教は、一世紀後、奴隷に対する南北戦争前の聖公会の伝道で用いるためにリプリントされている。植民地のサウスカロライナでフランシス・ル・ジョーは、洗礼に先だって奴隷に「聖なる洗礼を望むのは、命ある限り主人に対して負っている義務と服従から自分自身を解放しようとする意図からでは決してない。」[51]と奴隷に誓わせることが好都合であると考えた。聖公会が奴隷の権利ではなく、奴隷所有者の権利を擁護したことは驚くに当たらない。モーゼス・フィンリーが述べているように、古代から近代に至るほとんどすべての宗教制度は、奴隷制を支持してきたのである。[52]

アフリカ系アメリカ人に対する伝道活動の高まりは、一八〇〇年以降、歴史家が「第二次大覚醒運動」と呼ぶ期間に起こった。南北戦争以前の南部では、聖公会の福音主義者たちによって奴隷に対する積極的な、家父長主義的ミニストリーが行われた。南部のアフリカ系アメリカ人の間で行われた宣教活動のための諸施設には、日曜学校、教理学校、プランテーション・チャペルがあった。聖公会信徒家族の使用人は、しばしば白人の教会に出席したが、奴隷用の席や後部あるいは両サイドの特別席に座ることが常であった。都市部の教会では、聖公会の教会区が白人聖職に導かれ、白人信徒の監督の下に置かれるアフリカ系アメリカ人の会衆を組織することもあった。都市部の教会であれ農村部の教会であれ、説教はもっぱら「白人に関わる事象であって、黒人は聴くだけであった。[53]」

南北戦争以前の南部におけるアフリカ系アメリカ人の聖公会信徒の総数は、およそ三万五〇〇〇人に過ぎなかった。伝道活動が最も成功したのはサウスカロライナであり、そこでは南北戦争当時およそ一万四〇〇〇人が聖公会信徒であった。北部では、一七九四年にフィラデルフィアのセント・トマス（聖トマス）アフリカ聖公会をはじめとして、少数の聖公会の教会が自由なアフリカ系アメリカ人の間で組織された。セント・トマス（聖トマス）教会の牧師、アブサロム・ジョーンズは、一八六五年までに聖公会の聖職として北部の主教あるいはリベリアの主教によって叙任されたおよそ二五人のアフリカ系アメリカ人聖職の第一号であった。一九世紀に聖公会信徒になったアフリカ系アメリカ人は比較的少なかった。バプテストやメソジストに加わった数の方が遥かに大きかった。他の教派に先駆けて伝道を開始したにも拘わらず聖公会がアフリカ系アメリカ人への伝道に失敗したのには、多くの理由がある。例えば、聖公会はアフリカ系アメリカ人の大多数が居住することになった綿花地帯で存在感を示すのが遅かった。教育ある男性のみを叙任し、形式的な文書による典礼に従って礼拝するというイギリスのモデルは、奴隷の宗教的要求と感情的表現に聖公会が適応することを妨げた。最後に、上流階級と同一視された教会は、下層階級との自然的結びつきを欠いていた。より後の時代になると、アフリカ系アメリカ人は、専門職業階級に進出するにつれて聖公会信徒になる傾向が強まった。例えば、最高裁判所の最初の二人のアフリカ系アメリカ人判事は、両方とも聖公会の教会に出席していた。

〈奴隷制と南北戦争〉

他の教派と異なって、アメリカ聖公会は奴隷制の問題を巡って公式には分裂しなかった。何よりも分裂を憎み、奴隷制についての決議は不可避的に紛争を招くことを知っていたので、聖公会は人間の束縛についての公式な態度表明を避けた。一部の聖公会員の経済的利益の問題もあったが、妥協するというアングリカンの習慣がこの中立性に部分的には責任を負っている。個人的宗教に対する強調に合わせて、多くの福音主義的聖公会員もハイチャーチの聖公会員も、奴隷制は純然たる政治問題であり、したがって教会の聖なる関心の外部にあると考えていた。さらに、南部の入植者を大学時代から、あるいは夏の避暑地での生活から知っている聖公会員は、奴隷制廃止論者の刊行物で言われている奴隷所有者の描写に不快感を持っていたと思われる。

しかしながら、個人としては、多くの聖公会信徒と聖職が奴隷制を巡る論争に関わっていた。南部で奴隷制を擁護する論陣を張っていたものの中には、アーカンソーの主教ジョージ・ワシントン・フリーマン、ウィリアム・アンド・メアリー大学学長のトマス・ロードリック・デューがいた。北部の三人の聖職 ―サミュエル・シーベリー（シーベリー主教の孫）、N・S・ホィートン、ヴァーモントの主教ジョン・ヘンリー・ホプキンスーも、聖書の字義通りの解釈と政治的保守主義に基づいて同じような擁護論を発表していた。

北部では、聖公会信徒のウィリアム・ジェイとジョン・ジェイ（独立戦争時の政治家ジョン・ジェイの息子と孫）は、積極的な奴隷制廃止論者であった。リベリアへの宣教師として働いていたニューヨーク出身のアフリカ系アメリカ人司祭アレキサンダー・クランメルは、奴隷制廃止を支持するトラクトを発行し、さらに三人の聖公会聖職 ―エヴァン・ジョンソン、ジョン・P・ランディ、およびトマス・アトキンスー も同様のトラクトを発行した。高名なボストンの牧師フィリップ・ブルックスは、ホプキンスの奴隷制擁護の出版物に強く反対した。もう一人のボストンの牧師、E・M・P・ウェルズは全米反奴隷制協会の副会長であった。奴隷制の合法性を受け入れたが、それを拡大することには反対した北部の聖公会員には、メリーランドのウィリアム・R・ホイッティンガム主教、ペンシルベニアのアロンゾ・ポッター主教、そして「自由土地党」の指導者ウィリアム・H・スアードとサーモン・P・チェイスがいた。

北部でも南部でも、聖公会員は「アメリカ植民地協会（American Colonization Society）」と、自由な黒人をアフリカに戻すという目標を支持した。協会の創設者の中には多くの聖公会信徒がいた。ヴァージニアのミード主教は、司祭であったとき、協会の初代全国代表として働いた。とはいえ、彼は後にその成果の記録に失望してしまった、一八三五年から、聖公会は協会のリベリア植民地に宣教師を派遣した。一八五〇年にアメリカ聖公会総会は、伝道重視のヴァージニア神学校の白人卒業生ジョン・ペインをアフリカの初代主教に選出した。植民地を設立するという試みは成功しなかったが、聖公会の教会の中には南北戦争勃発の時にも植民地に資金を送り続けていたものもある。

独立した国民教会を設立するという聖公会の伝統を考えれば、一一の南部諸州による「アメリカ連合国プロテスタント監督教会（聖公会）」の結成は避けられなかった。新しい教会の法憲、教会法、祈祷書は親教会のそれらに極めて類似したものであった。ジェファーソン・デイヴィスとロバート・E・リーは指導的な信徒であった。他に二人のウェスト・ポイントの卒業生—

ルイジアナのレオニダス・ポーク（数百人の奴隷を所有していた）とリーの砲兵隊長となったヴァージニアの牧師ウィリアム・N・ペンドルトンーが南軍で将軍として働いた。アメリカ連合国聖公会は、一八六二年にアラバマの主教としてリチャード・フッカー・ウィルマーを聖別したが、この聖別を北部の諸教区はリーの降伏後追認した。アメリカ連合国聖公会主教会の最初の牧会書簡は、南部の奴隷は「聖なる信託」であると述べている。

北部と南部の間の戦争は教会区の生活を混乱させただけでなく、多くの聖公会の教会建築を破壊した。北軍の占領期間には、連合国の聖職の中には教会法の義務として、（アメリカ合衆国大統領のためにではなく）アメリカ連合国大統領のために祈ったために逮捕された者もいた。アラバマ州では、ウィルマー主教が聖職団に対してすべての礼拝式文から合衆国大統領のための祈りを省くように指示した一八六五年に、北軍当局がすべての南部聖公会聖職を停職にし、礼拝を一時停止させた。南軍はその五カ月前に投降していたが、これらの聖職はまだ形式的にはアメリカ連合国聖公会に属していたからである。ウィルマーが軍隊の命令を不服としてアンドリュー・ジョンソン大統領に直接上訴して、南部の聖公会は再開された。

しかしアメリカ聖公会は、南北戦争の分裂状況から予想よりも早く回復した。多くの南部と北部の主教たちが友人同士であったことや、北部の教会が分裂を恒久的なものとして受け入れるのを拒んだこと、一八六二年と一八六五年のアメリカ聖公会総会において点呼の際に依然としてアラバマから始めたこと、さらに北部の聖公会の総裁主教が南部に同情的なジョン・ヘンリー・ホプキンスであったことなどの理由で、和解は著しく円滑に行われた。一八六六年には、すべての南部の教区がアメリカ合衆国聖公会（the Protestant Episcopal Church in the United States of America）に復帰した。この成果は重要である。奴隷制の問題を巡って同様に南北に分裂したメソジストと長老派は二〇世紀になるまで再合同できなかったし、バプテストの北部と南部は今日でも別々の組織として存在し続けている。

〈南北戦争後のアフリカ系アメリカ人聖公会員〉

南北戦争後、南部の多くのアフリカ系アメリカ人は奴隷席を去り、聖公会の礼儀正しい礼拝を辞めて、バプテストやメソジストのもっと自由な礼拝に移った。一八六八年の総会で南部の諸教区はアフリカ系アメリカ人受聖餐者数の大幅な減少について報告した。サウスカロライナに至っては九〇パーセント以上が聖公会を離れたのである。一八七七年の総会への報告は、「アメリカに住む四〇〇万人のアフリカ系アメリカ人のうち、大多数は聖公会とは無縁である[54]」と述べている。

聖公会にとどまった南部のアフリカ系アメリカ人は、アフリカ系アメリカ人によって創設され、運営されている諸教派でなら享受できたであろう地位と自由を持っていないということを発見した。バプテストやアフリカ・メソジスト監督教会、アフリカ・メソジスト監督シオン教会はアフリカ系アメリカ人の聖職や監督を持っていたが、聖公会では白人の牧師がアフリカ系アメリカ人会衆を導くのが一般的であった。信徒の反対によって、大半の南部諸教区はアフリカ系アメリカ人に完全な信徒の地位を与えるのを拒否していた。例えば、一八七五年から一八八九年まで、サウスカロライナ教区は、チャールストンのセント・マーク（聖マルコ）教会（白人牧師を持つアフリカ系アメリカ人の自給会衆）からの教区加盟の要求を巡って意見が分裂していた。

大半の南部諸教区と同様、サウスカロライナ教区の最終的解決は、肌の色によって一線を引くということであった。すべてのアフリカ系アメリカ人会衆はアフリカ系アメリカ人大執事の補佐を受けた主教の指揮と権威の下にある別個の教区組織の中に分離されるということになった。南部の多くの主教と聖職は当初はアフリカ系アメリカ人の完全な権利を支持していた。しかし、総会は人種問題を個々の教区に委ねることを選択し、何の行動もとらなかったのである。聖公会のすべての教区がアフリカ系アメリカ人に対して平等の投票権を与えたのは、やっと一九五〇年代になってのことであった。

残留したアフリカ系アメリカ人会員に対して聖公会が行った活動は、フリードマン委員会やアメリカ教会研究所といった団体を中心に行われた。それらの団体は、教育におけるアフリカ系アメリカ人の地位向上を推進した。南北戦争後に聖公会の支援によって創設されたアフリカ系アメリカ人の学校には、ノースカロライナ州ローリーのセント・オーガスチン（聖オーガスチン）大学（一八六七）、ヴァージニア州ローレンスヴィルのセント・ポール（聖パウロ）大学（一八八九）、サウスカロライナ州デンマークのヴォーヒーズ大学（一九二二）、その他一連の中等教育学校および職業訓練学校がある。重要なことは、解放奴隷の間での働きは、主として教会の女性に委ねられたということである。一般的に女性の教員と校長が配置され、聖公会によって給与の支払いを受ける女性の最初の大グループになった。

ヴァージニアにおけるアフリカ系アメリカ人信徒の叙任の要求によって、一八八四年にヴァージニア州ピーターズバーグにペイン主教神学校が設立された。この神学校はヴァージニア神学校の分校であって、アメリカ聖公会がアフリカに最初に派遣した伝道主教の名にちなんで名付けられた。発足時には、教授陣はすべて白人であった。

一八七四年から一九四〇年の間の期間には、合衆国内にアフリカ系アメリカ人主教に導かれる伝道地方区を設けようとする試みが総会によって何度か繰り返されたが、いずれもうまく行かなかった。提案が阻止されたのは主として北部の諸教区によってであり、その理由はそのことによって隔離が全米の聖公会の教会生活において恒久的な特性になるのではないかということであった。

しかしながら、一九一〇年にアメリカ聖公会は異なったアプローチを取った。総会がサフラガン・ビショップの役職を設けたのである。総会はアシスタント・ビショップに代えてこの新しい肩書きを用いるように諸教区に指示した。アシスタント・ビショップはこの総会で可決された教会法が規定しているように、「あらゆる点で教区主教の補佐として、主教の指示の下に行動する」[55]。しかし、新しい役職の権威は比較的低い[56]。サフラガン・ビショップには一九四〇年代までは総会における投票権がなかった。しかも、後に教区総会が彼らを教区主教に選出しないかぎり、彼らは退職、死亡、あるいは辞職までサフラガン・ビショップのままであった。

部分的にはこの一九一〇年の教会法は、拡大する宣教活動を監督できる主教が必要であるという西部および北東の諸教区の願望に対応するものであった。それは人種や肌の色については何も言っていなかった。しかし、この教会法の規定によって、アフリカ系アメリカ人が主教になる道が開かれた。というのも、教区主教になり得るアフリカ系アメリカ人のアシスタント・ビショップを選ぶ教区はほとんどなかったからである。サフラガン・ビショップには継承権がなく、どんなアフリカ系アメリカ人サフラガン・ビショップも白人会衆に対する主教としての監督権を与えられることはないと明確に理解されていたのである。

合衆国で最初のアフリカ系アメリカ人サフラガン・ビショップになったのは、エドワード・トマス・デンビーであった。彼は一九一八年にアーカンソーのサフラガン・ビショップとして聖別された。同年にセント・オーガスチン大学の卒業生、ヘンリー・B・デラニーがノースカロライナのサフラガン・ビショップとして聖別された。二人とも「有色人種への働きのためのサフラガン・ビショップ」と見なされ、現有のアフリカ系アメリカ人聖公会員を牧会し、さらに多くのアフリカ系アメリカ人を引き寄せる使命を与えられた。白人会衆を管轄下に持つ最初のアフリカ系アメリカ人主教はジョン・M・バージェスであったが、彼は一九六二年にマサチューセッツのサフラガン・ビショップとして聖別された。八年後に彼はマサチューセッツ主教になり、アフリカ系アメリカ人最初の教区主教となった。一九八九年にアメリカ聖公会で最初の女性主教（彼女はまたアフリカ系アメリカ人であった）が選ばれた時には、すでに三〇人のアフリカ系アメリカ人主教が働いていた。一九九一年までには、彼らはワシントンＤＣやロングアイランド、サウスオハイオといった極めて目立った教区の管轄権を担っていた。

北部と西部のアフリカ系アメリカ人聖公会員の状況は、南部諸教区のアフリカ系アメリカ人聖職信徒の状況とはかなり違っていた。南北戦争の以前から、アフリカ系アメリカ人の大きな会衆が、フィラデルフィアやニューヨーク市、ニューヘイブンなどの都市には存在していた。一七九五年にホワイト主教がアブサロム・ジョーンズを叙任してから一八六五年に至るまで、北部の主教たちはおよそ二〇人のアフリカ系アメリカ人聖職を叙任していたし、リベリアのペイン主教は加えて七人を叙任した。アフリカ系アメリカ人司祭の中でもっとも抜きん出ていたのは、学識あるアレキサンダー・クランメルであった。彼はマンハッタンのセント・フィリップ（聖フィリポ）教会区で育ち、ケンブリッジ大学で教育を受けた自由なアフリカ系アメリカ人であった。当時アフリカ系アメリカ人の中では最高の教育を受けたクランメルは、リベリアへの聖公会宣教師、ワシントンＤＣのセント・ルーク（聖ルカ）教会牧師、アメリカ黒人学士会の組織者・議長として働いた。

南北戦争後、ニューアーク、バッファロー、デトロイト、シカゴ、セントルイスその他の都市で、アフリカ系アメリカ人の有力な聖公会会衆が生まれた。一部は白人の牧師に率いられたが、大半はアフリカ系アメリカ人聖職が設立したものである。北部と西部の諸教区では、会議での平等な席の欠如と、指導部における代表にアフリカ系アメリカ人が選出されないということが、彼らの直面した主要な問題であった。彼らの教会と聖職は教区の構成員であることや投票権を否認されていたわけではなかった。ミズーリのウィリアム・スカーレットなどの一定数の北部の主教は明確な差別廃止論者であったが、肌の色による境界線は一般に一九五〇年代と一九六〇年代になるまでは撤廃されなかった。一九二一年に、マーカス・ガーヴィによって教えられた人種的誇りを押し出した戦闘的メッセージに影響された西インド諸島出身の司祭であるジョージ・アレキサンダー・マクガイアがガーヴィの世界黒人開発協会の非公式の教会としてアフリカ正教会を設立したときに、ニューヨーク市の少数のアフリカ系アメリカ人聖公会員がアメリカ聖公会を去った。

南部以外の白人優位の教会にも一部のアフリカ系アメリカ人の受聖餐者がいたので、奴隷解放後の数十年間におけるアフリカ系アメリカ人聖公会員の数は、概数に過ぎない。ジョージ・F・ブラッグの『アメリカ聖公会アフリカ系アメリカ人グループの歴史』によれば、一九二二年現在で五八の教区にアフリカ系アメリカ人のための教会が二八八あり、二人の主教、一七六人の聖職、およそ三万二〇〇〇人の受聖餐者がいた。同年のアメリカ聖公会員の総数は一一〇万人、聖職は約六〇〇〇人であった。マンハッタンのハーレム地区にあるセント・フィリップ（聖フィリポ）教会は一七〇〇〇人の受聖餐者を持ち、一九二二年においては最大のアフリカ系アメリカ人会衆であった。

移民とアメリカ聖公会

アメリカ聖公会は、一八三〇年代に始まり第一次世界大戦まで続いた大量の移民から得るところはあまりなかった。いくつかの要因は教会自身が作り出したものであったが、多くの障壁があった。例えば、移民集団が本来排他的な傾向をもつことや、アングリカニズムあるいは自発的参加というアメリカ的原理を事前に知らなかったことから、移民はアメリカ聖公会を考慮する気にならなかったことが挙げられる。聖公会の聖職信徒の大多数の英米的バックグラウンドもマイナスに働いた。クッションやカーペット、賃貸の会衆席の雰囲気や、祈祷書による礼拝には英語能力が必要とされたこと、多くの聖公会の教会では聖餐式を伴わない説教付きの朝の礼拝が行われていたことも、多くの移民には阻害要因となった。

聖公会がイングランドからの移民―いわゆる合衆国への目に見えない移民―から最大数の信徒を獲得したのは避けがたいことであった。イングランドおよびアイルランド在住のイングランド人からの移民における聖公会信徒の割合は分かっていないが、明らかにかなりの数が母国での国教会に忠実なままであった。一九世紀にイングランドからの移民が来るところ―ニューイングランドの製粉都市やイリノイの鉱山地帯、プレーンズ諸州の農村共同体、そして土地ブームに沸くフロリダのオレンジ園― では必ず、新しいアメリカ聖公会の教会が生まれた。これらの聖公会の移民を援助するため、イギリス系アメリカ移民援助協会を一八五五年に設立した。早くも一八七五年には、西インド諸島の英国植民地からの黒人が、フロリダに聖公会教会区を結成した。

一時期、スウェーデン系アメリカ人の間で、アメリカ聖公会は前途有望な地盤を見出した。一八四五年から、ウィスコンシンのナショタ・ハウス神学校の卒業生であるグスタフ・ウノニウスを指導者とするスウェーデン系アメリカ人の聖職グループは、アメリカにおける主要なスウェーデン教会である敬虔主義的なオーガスターナ・シノッドよりも、アメリカ聖公会の方がスウェーデンのハイチャーチ・ルター主義と親和性があると主張した。自ら「スウェーデン国民教会」と名乗り、彼らの典礼を用いて、このグループは東海岸および中西部のスウェーデン移民の間で一二以上の聖公会教会区を設立した。一八六六年にシカゴのヘンリー・J・ホワイトハウス主教は、スウェーデンの聖職はアメリカに移民しようとする教会員に自分の居住地域にルター派の教会がない場合には聖公会の会衆に加わるよう推奨するという取り決めを、スウェーデンのルター派監督たちとの間で合意した（この合意は、オーガスターナ・シノッドが抗議したため取り消された）。伝道によってよりも、通常の同化の過程で聖公会信徒になったスウェーデン系アメリカ人の方がおそらく多かっただろうが、スウェーデン系の会衆はアメリカ聖公会の歴史において華やかな間奏曲となった。

その他のいくつかの移民グループに対しては、アメリカ聖公会はいくらかの成功を収めた。ドイツ系移民に伝道しようとする試みは、多くの場所で挫折したけれども、ドイツのルター派信徒はアメリカ聖公会の典礼に親近感を持ち、ルター派の礼拝がない場合にはアメリカ聖公会に行く傾向があった。一八七四年以降、祈祷書のドイツ語版が手に入るようになってからは、聖公会のドイツ協会はドイツ語を話す聖公会聖職を訓練しようとした。その活動は東部諸都市の教会区に設立されたチャペルを中心としていた。典型的なのは、ニューヨーク市のローワー・イーストサイドにあるグレース教会によるドイツ人に対する活動であった。アメリカ生まれの世代が通常の教会区に同化し、英語の礼拝を必要とするようになった時、聖公会の教会区はドイツ人に対する独自の活動を放棄した。

当初は、イタリア系移民は聖公会による伝道の好機を提供していると思われた。イタリア人―特に男性―の中には、かつての教皇国家を統合した統一イタリア王国に対する反感から、合衆国到着の時からすでにローマ・カトリックに不満を抱いている者もいた。また、アメリカのローマ・カトリックではアイルランド系移民が圧倒的であり、イタリア人教会区にさえアイルランド人司祭を送りかねかったのを経験して、教会に出席するのをやめた者もいた。

祈祷書のイタリア語版や、『祖先の信仰に戻れ』と題されたトラクトなどを用いて、コネチカットからシカゴに至る諸教区は、教会を離れているイタリア人に対するミッションを設立した。しばしばイタリア生まれのローマ・カトリック司祭がスタッフを務め、イタリア人地区のアメリカ聖公会の教会は、「受胎告知教会（La Chiesa dell' Annunziata)」とか「インマヌエル教会(La Chiesa della L' Emmanuello)」などと名付けられた。ニュージャージーのハッケンザックやオハイオのヤングスタウンでは、イタリア人の集団がローマ・カトリックを去ってアメリカ聖公会に加わり、「パドゥヴァの聖アントニオ教会」および「聖ロクス教会」といった極めてイタリア的な名前を持つ教会を設立した。一九二〇年までにはアメリカ聖公会伝道局および聖公会の外部団体として、イタリア人に対する二二のミッションが報告されている。その過半数がニューヨークにあった。

アメリカ聖公会はまた、ユダヤ人移民とその子孫たちをも惹きつけた。ユダヤ教からの改宗者—アトランタのヘンリー・ジュダー・マイケルやミルウォーキーのアイザック・リー・ニコルソン、および学識ある中国のサミュエル・アイザック・ジョセフ・シェレシェフスキー—の中には、主教になった者もいた。また、インディアナとニュージャージーではハンガリー人に対する伝道である程度の成功を収めた。さらにチェコ人（その多くはローマ・カトリックと疎遠になっていた）や中国人・日本人伝道でも成功を収めた。フロリダのタバコ農園や新しい産業で働いていた一部のキューバ人も、一九世紀に聖公会信徒となった。イングランド植民地の西インド諸島からの黒人も、南部および北東部で聖公会に加わった。愛国主義とローマ・カトリック信仰とが入り組んでいたポーランド人の間では、聖公会は少数のミッションを設立することしかできなかった。ローマ・カトリックのアイルランド人の間では聖公会はほとんど伝道活動を行うことができなかった。彼らにとっては、宗教的愛国主義とイングランド的なものに対する嫌悪感が結びついていたからである。個人としては、有能なフロンティア宣教師であり作家でもあったジョン・マクナマラのように聖公会信徒になったアイルランド系アメリカ人もいた。

アメリカ聖公会は、東方正教会のバックグラウンドを持つ移民に対する伝道活動も支援したが、アングロ・カトリックの影響力が増すと、次第に改宗者よりもこれらの古代的教会自身との交わりと相互陪餐関係を追求するようになった。フォンデュラク教区では、一八七〇年代に、ローマ・カトリックに不満を抱いていたベルギー人移民の間で古カトリック運動を形成しようとする試みがなされたが、新しい教会区を作るよりも遥かに多くの問題が発生した。

一九世紀後半から二〇世紀初頭にかけての合衆国への大量移民は、ローマ・カトリックとルター派、ユダヤ教の急速な拡大を引き起こした。多くのアメリカ諸都市と州の構成は根本的に変化した。第一次世界大戦の従軍牧師たちが報告しているように、多数の兵士が所属宗教を登録していない場合には、これらの移民の多くは伝道の対象になり得た。しかし、移民船を出迎える代表が不在であったり、祈祷書の外国語訳が遅れたりしたこと、内外伝道協会に「外国生まれの移民部門」を一九二〇年という極めて遅い時期（合衆国への大量移民が終わりを告げるわずか数年前）まで設立することができなかったことなど一連の原因で、アメリカ聖公会はここでも再び宣教の機会をつかむのが遅かったのである。

それでもなお、アメリカ聖公会の教会区は多くの新しいアメリカ人にとって教会としての故郷になった。移民の大半は北部諸都市にやってきたが、これらの諸都市こそがアメリカ聖公会が一九世紀に力を発揮したところであった。こうして一八九〇年代のニューヨーク市のある堅信受領者クラスには、聖公会信徒の家庭に生まれた青年と成人以外に「ユダヤ人が一人、バプテストが一人、フランスのプロテスタントが二人、ユニタリアンが三人、会衆派が三人、メソジストが七人、ローマ・カトリックが一九人、長老派が二八人、そしてルター派が五二人」いたと報告されている。[57] 一九四〇年代には、コネチカットのある聖公会教会区の統計によれば、三〇以上の民族の出身者がいたということが明らかである。

一九九一年のアメリカ聖公会聖職者名簿には、移民と宣教努力、そして異民族間の通婚の影響が表れている。そこに掲載されている聖職の名前には、オルシニ、ジェンセン、オルーク、ドシャンボー、リコフスキー、コントス、バンサント、オロズコ、ノイジーホーク、ジョヴァンジェロ、ベルダール、デスロイザーズ、スゲノ、オブライエン、ヴァルデスペレスなどが見られる。一七八九年の総会は、ホワイトという名の主教、ビーチ、ムーア、フレイザー、オグデン、クワデル、スピーレン、マゴー、ブラックウェル、ピルモア、ベンド、クーデン、サイクス、クラゲット、ファーガソン、ビセット、およびスミスという名の聖職代議員、ロジャース、コックス、ジョーンズ、オグデン、ホプキンソン、パウエル、クラークソン、サイクス、ダッフ、リーディング、カーマイケル、フリスビー、アンドリュース、バローズ、およびブリスベーンという名の信徒代議員から成り立っていたが、それ以来二〇〇年以上の間に、もとのイングランド教会はアメリカ合衆国において大きく発展したことが分かる。

第四章　教会生活と礼拝

典型的なアメリカ聖公会で、主日礼拝の馴染みのある祝祭的な様子を見て取る人は、アメリカ聖公会がいつもこのようにして礼拝をしていたわけではないということを忘れている。真っ白なサープリスを来た聖歌隊、鮮やかな色のコープをまとった司祭、十字架奉持者を先頭にするチャンセルまでのプロセッション、大きな声で歌われる聖歌、手の込んだ装飾のある教会建築、アーチ型天井、そして十字架とローソクのある遠くに見える祭壇 ― こうした聖公会の礼拝のモデルは、多くのアメリカ人によく知られている。しかしこのモデルは、わずかに一九世紀後半に遡るにすぎず、一七世紀と一八世紀の聖公会員にとっては衝撃的なものであろう。

アメリカのすべてのクリスチャンの中で、聖公会は礼拝の構成や言語、音楽、色、婦人用帽子にもっとも関心を寄せている。また伝統的に、彼らは教会の建築と内部装飾にも関心を持っている。アメリカ植民地で最初の礼拝を行って以来、彼らは祈祷書に基づいて礼拝を行ってきた。しかし、教会建築と、その中で行われる礼拝形式は変化発展してきたのである。

起こった変化を知るには、ポール・リビアが合図を受け取った尖塔のあるボストンのクライストチャーチ（オールド・ノースチャーチ）と、一般にワシントン・ナショナル・カテドラルとして知られるワシントンDCのセント・ピーター・セント・ポール（聖ペテロ・聖パウロ）を比較しさえすれば良い。この二つの建築は、礼拝と建築だけでなく、教会の建物の機能に対する異なったアプローチを典型的に表している。アメリカ聖公会は二世紀以上にわたって一般的に第一のモデルに従っていたが、およそ一八七〇年代以降に第二のモデルに変わり、一九五〇年代以降は次第に最初のモデルの一バージョンに戻りつつある。

教会建築の類型

宗教的な建物を理解する鍵は、礼拝参加者がそれをどう理解しているかであろう。礼拝参加者は一般的に建物を、神の家、神の民の家、あるいは神殿のいずれかに分類するようだ。

神の家とは、礼拝参加者が神の臨在が地上の他のどの場所よりも強いと信じる建物（エルサレム神殿あるいはヒンズー教の寺院のような建物）である。そのような構築物には普通、神が特別に臨在し、跪拝や立礼、平伏によってそのことを礼拝参加者が認める礼拝の中心が存在する。

神の民の家については、礼拝参加者はそのような信念を持っていない。ニューイングランドのピューリタンの集会所や、エルサレム神殿の代替物としてユダヤ教で出現したシナゴーグのように、礼拝参加者たちは神の民の家に行き、賛美と祈りを献げ、宗教的教えを受け、それぞれ集会のための仕事を行う。神が建物の中に特に臨在するとすれば、それは建物の中に特別な神的臨在のための場所があるからではなく、二人または三人が神の名によって集まっているからである。

宗教的建物の第三の分類である神殿は、礼拝参加者によって特別な臨在の場所と見なされているつ建物であるが、通常は聖人か劣位の神の臨在場所である。

新約聖書は、最初期のキリスト者が礼拝のための特別な建物を望んでいたとは記していない。初期キリスト者は家庭や、世俗の用に供する建物で礼拝した。彼らはその建物を、聖なる場所を焦点とする「神の家」というよりは、キリスト者を中心とする「教会の家」と見なした。

礼拝と建築に関するこの概念は、ローマ皇帝コンスタンチヌスが四世紀にキリスト教をローマ帝国の公の宗教として確立したときに変化した。教会史が示しているのは、自らをいかなる場所にも属さないと見なしていた信仰共同体が、神殿や寺院、祭壇、聖なる物、聖なる場所といった概念を、周囲の異教から取り入れたということである。教会は、明白に教会的な建物を建設し、神の臨在を人々よりもむしろ場所に結びつけ始めた。そのモデルとして用いられたのは、主要なローマ法廷であり、それにキリスト者の家庭や墓からの装飾を付け加えた。かつては「教会の家」と呼ばれていたものは「神の家」となった。

この発展は中世に最高潮に達した。遠く離れたチャンセル（内陣）と祭壇、綿密に仕上げられたリアドス（祭壇背後の装飾された壁面）、信徒と聖職の別々の空間──ネーブ（身廊）は信徒のため、チャンセルは聖職と聖なる物のために取っておかれた—を備えたゴシック建築の教会が建てられるようになった。中世の教会は薄暗い宗教的な照明に照らされ、豊かな視覚的象徴に満たされ、複数の祭壇があり、ハイ・オルターには聖体容器に収められたホスト（聖体）がつり下げられており、キリスト教の神の家的伝統の頂点を示すものであった。

宗教改革期の教会

一六世紀のプロテスタント宗教改革は、コンスタンチヌス帝以前のモデルに部分的に回帰するものであった。アナバプテスト（再洗礼派）とその他の急進派セクトを除いて、どの改革派グループも、家の教会という原初的モデルに戻ったものはなかった。しかし、聖書と初代教会の慣行に基づいて、フルドリッヒ・ツウィングリやジャン・カルヴァンのような大陸の改革者は、キリスト者が神の民の家あるいは集会所において礼拝するように求めた。

イングランドでは、九〇〇〇以上の中世の教会が存続していたため、一六世紀を通じて新たに教会を建てる必要はほとんどなかった。教会の建物は一般的に内部だけが変えられた。エドワード六世の治世でカルヴィニズムの影響が強まったとき、チャーチ・ウォーデンの覚書には、聖公会の教会では内壁を白く塗りつぶし（聖人の壁画を隠すため）、窓はステンドグラスから装飾のないガラスに変え、祭壇の十字架と内陣仕切りは取り外すように指示されていた。石の祭壇が木製の聖卓に変えられたばかりでなく、会衆の中央に移動された。

これらの変更は、その長所や短所が何であれ、神の家を神の民の家に変えるための試みであった。メアリーの治世におけるローマ・カトリック教会は、一般的に祭壇のある教会を中世の配置に戻した。エリザベスの長い治世において、教会建築の改変は一般的にアングリカンのヴィア・メディアに従って行われた。とはいえ、ステュアート朝の諸王の時代（一六〇三〜一七一四）にはもっと中世的な教会への復帰が行われた（激しい論争の中で）。一六三〇年代になって初めて、祈祷書に組み込まれたさまざまな前提条件に従ったイングランド最初の重要な教会（コヴェントガーデンのセント・ポール（聖パウロ）教会）が建てられた。

しかし、ロンドン大火（一六六六）の後にクリストファー・レンがイングランド教会の主任建築担当者になったとき、聖公会の教会の新しいモデルが現れ始めた。アメリカ植民地に残存しているレンの時代以前の数少ない教会は、ゴシック様式の移植を示している。しかしながら、一七世紀の終わりまでにはレン、あるいはジェームズ・ギッブスなどの後継者によって息を吹き込まれた教会が圧倒的になった。

植民地聖公会における礼拝

聖公会がアメリカに存在するようになったほぼ四〇〇年の間に、聖公会員は教会の建物についての最初の二つの概念—神の家および神の民の家—を経験してきた。第三のモデルを経験した者はほとんどいない。というのも、アメリカ聖公会は少数の神殿しか持たず、しかもその大半は中世イングランドのアメリカ版である。

植民地アメリカの人々が聖公会の教会に入ったとき、彼らが目にしたのは集会所、あるいは神の民の家と見られる建物であった。その設計にはいかなる神秘的雰囲気も感じられなかった。例えば、植民地時代のメリーランドやヴァージニアに建てられた聖公会の教会は、法廷やその他の公共の建物と間違えかねない。

植民地時代の聖公会の教会は、時には十字架型、しかし一般的には長方形に作られており、イングランドの教会法によって東方に向いていなければならなかった（つまり、礼拝参加者が聖卓に向かうとき、東方を向いていなければならない）。聖卓が置かれる背後の壁は半円形ではなく通常平面であった。最初期の教会の中には、ゴシックで建てられてものもあるが、たいていの教会は一八世紀初頭以来流行していたジョージ時代の様式で建てられた。フィラデルフィアの独立記念館や植民地時代のウィリアムズバーグの公共あるいは民間の建物のように、ジョージ様式の教会は、左右対称の設計、破風のある屋根、ビーズ状の溝のある羽目板（beaded weatherboard）、フランス積み（長いレンガと短いレンガを交互に積む手法）のレンガ造りが特徴である。ジョージ様式の建築には一般的に、膨らみのある羽目板、装飾のある戸口、二重窓枠にはまった透明ガラスの窓があり、時には以前のゴシック建築から取り入れた尖塔があることもあった。

今日では、聖公会の礼拝は総じて祭壇あるいは聖卓に焦点を置いている。しかし、植民地時代のたいていの聖公会の教会では、三つの典礼的中心 ―洗礼盤と聖卓、説教壇― があった。また大多数の教会では、洗礼盤は主な西の入口を入ったところにある特別な洗礼用ベンチの前に置かれていた。これは、キリスト者は洗礼を通じて教会に入ることを象徴的に表した中世の配置であった。聖卓は東の壁に向かって置かれた。しかし、あまり頻繁でない聖餐式のある主日を除いて、礼拝は洗礼盤や聖卓よりもむしろ説教壇を中心に行われた。

植民地時代の大きな説教壇 ―その多くは「三階建て」であった― は、特に論議を要するだろう。現在では説教壇は説教と結びついているが、植民地時代から一九世紀にかけて、説教壇はほとんどの主日の礼拝全体の焦点であった。三階建ての説教壇には、床の高さに囲われた壇、すなわち「デッキ」があり、そこでレイ・リーダー、あるいは「書記」(声の質によって選ばれるのが普通であった) が唱和と応答を導く。牧師は二階の高い壇を用いて聖書を読み、祈りを導く。そして床からは一〇フィート以上の高さがあり、牧師の声を反響する反響板で囲まれた最上部の壇からは、牧師が説教するのである。植民地アメリカの聖公会の教会には、「二階建て」の説教壇もあり、それは同じ意図で作られていたが、二階部分を取り除いたものであった。

説教壇は一八世紀の聖公会の教会では、一般的に今よりもずっと威圧的であった。というのは当時の聖公会の礼拝は読み話される言葉を重視していたからである。聖書の言葉 ―十戒、主の祈り、使徒信経― の要約を挟んだ色塗りの板がどの教会の説教壇の横にも置いてあった。聖餐式のある主日を除いて、礼拝はもっぱら説教壇から行われた。従って、誰もが書記や牧師を見て、その声を聴くことができる説教壇に関心が置かれたのである。

このモデルを形成した建築家はクリストファー・レンであった。彼は一七世紀と一七世紀初頭のイングランド教会のためにいわゆる「聴く教会」を設計した。レンのデザインと建築設計書に示唆されて、アメリカ植民地の聖公会は一般的に説教台を、会衆の誰もが読まれ語られる言葉を聞くことができる位置に置いた。長方形の教会では、説教台は三つの場所 ―北壁の中央（もっとも可能性が高かった）、聖卓の前方数ヤードの中央通路、あるいは東壁の中央で聖卓の上方― のいずれかに置かれた。十字架型の教会では、建築家や設計様式書は、翼廊が身廊と交わる点のいずれかに置いている。この場合も、聖卓（脚のついた本物の聖卓）は常に東の壁に面していた。

これらの位置は、聖公会の礼拝を「無言のショー」―聖公会の典礼学者は同時代のローマ・カトリックのラテン語ミサはそのようなものだと考えた― にしないという配慮から生まれたものである。聖公会が会衆の理解できる言語で礼拝できるようにという願望に加えて、教会設計者は礼拝参加者の一人ひとりが礼拝と説教を聞くことができるようにと願ったのである。一九世紀になって、典礼に対する新しいアプローチ（教会を神の家として理解するという考えを培った）によって、アメリカ聖公会は内部の再設計を行い、多くの植民地教会の造作を再配置した。[58] しかし、礼拝参加者と訪問者が今でも元来の一八世紀の位置に見ることができる教会がある。それは、ヴァージニア州ニューケント郡のセント・ピーター（聖ペテロ）教会（北壁の中央）、ロードアイランド・ニューポートのトリニティ（三一）教会（聖卓の前方）、フィラデルフィアのセント・ピーター（聖ペテロ）教会（西壁の前）、ヴァージニア州スタッフォード郡のアクィア教会（南の翼廊が身廊と交わるところ）、その他東海岸に散在する植民地時代の聖公会の教会である。

植民地時代の聖公会の教会では、説教台の位置が高いだけでなく、ベンチも高いものだった。会衆席は普通ボックス型で、中には三方以上が囲まれた厚板の座席があった（その座席を占有している人々は時にクッションを用いた）が、それらはプライバシーという理由ではなく、暖かさを保つという理由から高く設置されていた。教会には暖房設備がなく、礼拝参加者はしばしばアンカを持参したのである。教会の後部および二階席（二階席がある場合）には、しばしばスリップピュー（直線状あるいは軽く湾曲した線上に配置されたピュー）あるいは背もたれのないベンチが置かれていた。植民地時代の聖公会の教会の中には、男性と女性および子どもを分離していた教会もあったが、たいていは明確には分離していなかった。性による隔離が習慣であった場合には、それは前列で行われる傾向にあった。前列には男性の公務員が集団となって座った（とくにイングランド教会が体制的教会とされていた植民地の場合）。後部座席と二階席でも隔離が行われ、そこには奴隷や貧しい白人、牧師の神学塾の学生たちが座った。

そして、植民地時代には座る位置も重要だった。今日の聖公会では、礼拝参加者に前列に座るように説得するのは難しいが、植民地アメリカでは聖卓あるいは説教台の近くに座れば座るほど、それだけその家族の社会的・経済的地位は高かったのである。また、今日では植民地時代の聖公会の教会を訪れる訪問者は二階席がかつては奴隷席として用いられたという説明をガイドから聞くかも知れない。確かにそのように用いられた二階席もあった。しかし多くは、家族の出費で造られたプライベートな席で、劇場のボックス席のように家族と客人のために用いられたものである。

植民地アメリカでは、聖公会の教会はたいてい、主日の朝と午後、四回の特別な祝日（クリスマス、受苦日、昇天日、および殉教者チャールズ国王日）、および大斎節中の水曜日と金曜日に礼拝を行っていた。日曜学校はまだなかったので、大斎節の間は聖職が朝の礼拝後子どもたちに教理教育を行った。ニューヨークやフィラデルフィアといった諸都市では、礼拝は早い時間に始まったが、農村地帯ではふつう暖かい季節には午前一一時に、寒い季節には正午に始まった。農村の教会員が教会に到着し、日光で暖房のない建物が暖まるまでに必要な時間を考慮してのことである。

聖餐式の回数は余り多くなく、それ以外の主日の朝の礼拝は、早祷、嘆願、アンテコミュニオン（聖餐式の前半、福音書で終わる）、説教、結びの祈りから成り立っていた。二〇世紀の基準からは、礼拝は長く、七五分から九〇分続き、聖餐式を執行する場合にはさらに三〇分長くなった（全体で時には二時間かかった）。礼拝が長いことが聖公会への改宗の障壁になったという証拠もあるが、礼拝参加者は「新旧両約聖書から書簡と福音書を一章ずつ、プラスたっぷりとした詩編と賛歌というように、聖書をふんだんに[59]」味わった。

礼拝が長くなったのは、説教の長さよりも、祈祷書にある三つの礼拝を通して行う必要があったからである。大覚醒運動とジョン・ウェスレーのメソジスト運動の影響を受けた少数の福音主義聖職を除いて、一八世紀のたいていの聖公会聖職の説教は二〇分以下であったように思われる。福音主義者の説教は回心を狙ったものだったが、植民地アメリカのその他の聖公会聖職の説教は、冷静で、神学的・哲学的・道徳的性格の理性的な話しであった。アングリカニズムの特徴的な原理に関する説教も一般的であった。

今日の聖公会の礼拝とは異なって、植民地アメリカでの礼拝の最初にはプロセッションはなかった。定刻になると牧師はただ説教壇のところまで歩いて行き、会衆席を通るときに出席者に話しかけることも多かった。式服についていえば、聖職は一般的に白の司祭用サープリスを着て、しばしば詩篇を歌っている間に学者用の黒のローブに着替えてモスリンの帯を締め、それから説教のために説教壇の最上階に入った。ローブを着ている場合には、書記がよく似た長い黒のキャソックを着て、帯を締めていた。

ピューリタンと同様、植民地アメリカの聖公会会衆は聖歌を歌わなかった。それよりも「韻律によるダビデの詩編」を歌った。というのは、詩編は聖歌と異なって神的な作者によると考えられていたからである。「OLD HUNDREDTH」などの旋律による詩編（いまでも聖歌三七七番としてアメリカ聖公会聖歌集に含まれている）によって礼拝は始まった。司祭と書記が説教台のそれぞれの席で先唱した。教会区によっては、会衆が詩編を歌う前に書記が一行ずつ読み上げることもある。教会に礼拝参加者のための祈祷書が備えられていなかったためだけでなく、会衆の中には字が読めない者もいたからである。詩編を歌うのに伴奏したり前奏を弾いたりするオルガンがある場合には、西の二階席に置かれており、そこには聖歌隊と楽器もが置かれていることもあった。

聖職は聖餐式を少なくとも一年に四回、時にはそれ以上の回数で「執行した」（それは一八世紀の用語法であった）。聖餐式の主日には、聖職は奉献台のところにある高い説教台を降りて聖卓の横 ―たいていの場合はその北の端― に立ち、そこから会衆の方に半分向きを変える。その位置によって、会衆は聖餐式の間に必要とされるパン裂きやその他の「所作」を見ることができた。また聖職は人々に背を向け、神と会衆の仲介者として振る舞うこともできたのである。

陪餐するつもりのない教会員は、アンテコミュニオンの終わりに教会を出たが、残った者は聖卓に「近づき」、その周りに集まった。時には聖卓に隣接した特別な跪拝のためのベンチを用いることもあった。大半の教会区では、陪餐のために残る教会員はごく少数であった。もちろん復活日にはその数は目立って増加した。

受聖餐者の全体的割合が少なかったのは、反サクラメント主義のせいではなく（とはいえ教会形態に対する信徒の忠実さは体制的教会では気まぐれなこともあるが）、主の晩餐を頻繁に祝うことを大切にするイングランドの教会党派 ―福音主義者もハイチャーチも― が、植民地アメリカでは少数だったからである。しかしながら最近の研究では、一八世紀の聖公会員とその他のキリスト者の礼拝は、以前の著述家が認識していたよりもサクラメント重視であったことが明らかになっている。植民地の聖公会では、教会区が牧師に対して抱いている敬意が陪餐者の数に影響を与えるという明白な証拠が存在している。また、大きな教会区よりも中小の教会区の方が陪餐者の割合が高くなるということも示されている。

一七八九年から一八四〇年代までのアメリカ聖公会の礼拝

植民地アメリカで成人し、一九世紀の前半まで生きた聖公会員なら、礼拝と教会建築における驚くような変化は経験しなかっただろう。アメリカ聖公会の教会はしっかりと神の民の家という伝統に留まっていたからである。

一七八九年から一八二〇年代まで、新しい教会はたいてい、後期ジョージ様式あるいは連邦様式という修正ジョージ様式に従って建設された。これらの教会は切妻式の屋根と柱廊式玄関（あるいはポーチ）を特徴とし、古代ギリシアかローマの神殿に似ていたが、大きな違いは西の端にしばしば尖塔が追加されていたことだった。後期ジョージ様式と古典的リバイバル様式の教会は直線と透明ガラスの窓を持ち、神秘的なところは全くなかった。アメリカ聖公会の教会法は、教会がどの方向を向くべきかについて定めていなかった。

教会内部では、独立後初期の聖公会の教会は、引き続き「聴く教会」であった。それらが植民地時代の教会と異なった点は、説教壇と聖卓、そして洗礼盤を平面の壁を背にした小さなチャンセルの領域に纏めるというルター派とカルヴァン派の慣行に従ったことである。反響板のついた高い説教壇は引き続き典型的な教会を圧していた。説教壇には一つの階から次の階に通じる階段がついており、三枚の必要な板がその横に付けられており、その下には朗読用の机があった。朗読用机の前の床の高さには聖卓があり、三方をレールで囲まれていた。一方の脇には洗礼盤が置かれた。その意図は、すべての典礼的活動が教会の前方でまとまって行われ、会衆が礼拝のすべての部分を同じように容易に目撃できるということであった、

この新しいチャンセルの配置は、スリップピューに適していた。というのは、会衆はただ一つの典礼的中心の方を向きさえすれば良かったからである。さらに、アメリカでは教会をストーブで暖房することができるようになり、高いボックス席は不必要になったからである。これらの理由から、一九世紀の最初の数十年間に建てられた聖公会の教会では、スリップピューが使われ、ボックス席は姿を消し始めた。

この期間にも、アメリカ聖公会の教会は、他のプロテスタント諸教派の集会所のようであった。礼拝は引き続き、聖書の言葉中心であり、早祷と嘆願、およびアンテコミュニオンから成り

立っていた。説教にもっと長い時間を充てるために、福音主義的な教会区の多くは聖餐式のある主日を除いて、アンテコミュニオンを省略するようになった。ハイであれローであれ、大半の教会区は聖餐式をしばしば行うことはなかった。

会衆は詩編のみならず聖歌を歌うようになった。というのは、アメリカ聖公会は最初の聖歌集を一八〇八年に採用したからである。聖公会は、ルター派やメソジスト、ローマ・カトリック、その他の教派から聖歌を取り入れたが、韻律による詩編の中でもっともよく知られているものを保存した。たいていの教会にはオルガンが設置され、チャンセルの真向かいの二階席に置かれた。歌を率いるのは聖歌隊よりはむしろローブを着けない四重唱団であった。多くの教会区は音楽に関しては教会員の自発的奉仕に頼った。そして教会音楽の水準は、一九世紀末以降の聖公会の水準よりは低かった。一九世紀半ばに、オハイオの主教は彼の教会区巡回によって、彼が「ひどい音楽を聞く羽目になった。それは救い主が両替商の台をひっくり返したとき、エルサレム神殿で演奏されていたとしたら、『これらのものをここから放り出せ。わたしの家は祈りの家と呼ばれるべきである』と言われた同じ怒りをもって、聖域から追放されたであろう。[60]」と記している。

一八二〇年代までに、大半の聖公会の教会は日曜学校を設立していた。それは、植民地時代の教会には未知のものであった。これらの学校は本来、宗教教育だけでなく世俗の教育も行っていたが、その対象には教会区の子どもたちだけでなく、周囲の共同体の子どもたちも含まれていた。日曜学校は教理教育を強化し、しばしば厳密に記憶することを要求し、公に試験した。アメリカでの公教育が拡充すると、聖公会の日曜学校は、宗教教育だけに絞り始めるようになった。

今では聖公会の礼拝の特徴になっているプロセッションや十字架、ローブ、フロンタル、祭色、ローソクは、この独立後間もない時代の聖公会には存在していなかった（暗い日に明かりを灯す場合は別だが）。

「視覚的な象徴、十字架でさえ、全くなく、儀式的なものも最小限だった。聖餐式用の式服は知られておらず、教会での香の使用も聞いたことがなかった。ローソクは稀であり、大半の教会区では年三回の聖餐式で十分であると考えられていた。[61]」

しかし、典礼と建築の革命は、すぐそこに迫っていた。

オックスフォード運動

一八三〇年代と四〇年代にオックスフォード運動によって提起された論争は、それ以来アメリカ聖公会の礼拝と神学を彩った中心的な緊張をもたらした。一八三三年にイングランドで聖公会司祭ジョン・キーブルとE・B・ピュージー、ジョン・ヘンリー・ニューマンによって始められたこの運動は、当初『時局トラクト』に掲載された一連の論文によって広められた。三人の指導者の内の二人はオックスフォードの教員であったことから、この運動の名前が生まれた。運動の別名「トラクタリアン」というのは、最初の刊行物から来たものである。この運動は教会と職制、サクラメントに高い位置を与える教理を教え、次の三つの教えをキリスト教に中心的なものとして強調した。

第一に、オックスフォード運動は使徒継承を強調した。東方正教会、ローマ・カトリック、多くの聖公会員によって確認されている使徒継承の教えは、主教は使徒にまで遡る途切れることのない叙任の継承からその力を得ていると教える。主教は聖霊の力を叙任によって聖職に伝える。この教えによれば、そのようにして叙任された聖職のみが真の権威を持ち、キリストの教会で真のサクラメントを執行することができる。その他のすべての按手による職制―長老派、バプテストなど―は神の目からは非正規あるいは欠陥があると見なされる。

この教理から当然にも、聖職を高く持ち上げる見方が生まれる。それは、聖職の地位（アングロ・カトリックの用語）を「単なる説教者、社会的訪問者から、司祭としての使徒的・カトリック的地位、霊的生活の訓練者であり医者である地位[62]」へと回復しようとしたのである。また、聖公会員にローマ・カトリックおよび東方正教会（それらもまた使徒継承を主張していた）との親密感が生まれた。一方、プロテスタント諸教派（それらは、使徒継承の教理は虚構であり、唯一の真の継承は使徒的信仰に対する忠実さであると主張した）との距離は拡大した。

第二に、トラクタリアンは洗礼による再生を強調した。それは、洗礼の水は単にキリスト教共同体への入会の象徴ではなく、現実にキリスト者を罪の状態から霊的生まれ変わりの状態に変えるという教えである。この教理もまた、教会とサクラメント、聖職は崇高なものであるという考えをもたらした。

第三に、オックスフォード運動は「リアル・プレゼンス」、つまりキリストの体と血が何らかの仕方で実際にユーカリストのパンとぶどう酒に臨在するのであって、単にそれを意味しているとか象徴的に表しているとかいうのではないという教理を強調した。このような強調からは、聖餐式の回数を増やし、儀式をもっと綿密に仕上げ、聖別されたパンとぶどう酒をもっと崇敬するということが結論として生まれた。

オックスフォード運動の源泉は、宗教改革以前のアングリカニズムの遺産、カロライン時代の教父学志向のハイチャーチ運動、アングリカン福音主義の個人的信仰の重視、ロマン派リバイバルの中世的事物への崇敬に見出される。一八四〇年代にオックスフォード運動がアメリカに広がると、それはホバート主義のハイチャーチ・アングリカニズムの伝統に接ぎ木された。

南北戦争後、アメリカではオックスフォード運動の第二段階が明確になった。この運動は「儀式主義（リチュアリズム）」あるいは「カトリック・リバイバル」（なぜならば、提唱者が教父時代末、中世的、あるいは宗教改革後のローマ・カトリックの儀式を礼拝で用いたから）、「ピュージー主義」（なぜならば、E・B・ピュージーが指導者であったから）、あるいは「アングロ・カトリック主義」(なぜならば、提唱者が教父時代や中世とイングランド教会の連続性を強調したから）と呼ばれ、教父時代末期あるいは中世的形態でその神学と礼拝を表現した。多くの人々の目には、その教えは「礼拝における中世的慣行から離れた三〇〇年間」を逆行し、「プロテスタントあるいはローマ・カトリックの超自然主義にほとんど耐えられなかった一世紀半にわたる合理主義[63]」を拒絶したように見えた。

建築の外見では、中世を志向したケンブリッジのカムデン協会と、ロンドンとニューヨークの教会学協会（エクレシオロジカル・ソサイエティ）の影響の下で、オックスフォード運動は「聴く教会」という考え方と決別した。ジョージ様式とクラシック・リバイバル様式の教会は、中世様式のチャンセルが奥深い教会にとって代わられた。ゴシック・リバイバル（それこそが、多くのアングロ・カトリックが唯一の『適切な』教会様式であると考えた）が、オックスフォード運動の好む様式であった。一九世紀と二〇世紀初頭の最も偉大なアメリカの建築家の内少なくとも五人は聖公会によって育てられたか、あるいは聖公会に改宗したというのは驚くには当たらない。彼らの名前は、ジェームズ・S・レンウィック、リチャード・M・アップジョン、スタンフォード・ホワイト、バートラム・グロブナー・グッドヒュー、およびラルフ・アダムス・クラムである。アップジョンの正統信仰はとても確固としていたため、ボストンの主要なユニタリアンの教会の設計を頼まれたときに断った。彼はユニタリアンが受肉を否定していたのに反対だったからである。

中世的なビジョンに合わせて、アングロ・カトリックは透明な教会の窓をステンドグラスに替え、平坦な東壁を凹面のチャンセルに替えた。また説教台中心の教会を祭壇中心の教会に替えた。その結果一般的なチャンセルの配置では、説教台が一方の端に置かれ、もう一方の端に聖書台あるいは祈祷書台が置かれ、壁に面して中央に聖卓が置かれた。また聖公会の教会では、祭壇や尖塔に、また内部と外部のさまざまな装飾の上に十字架が置かれるようになった。一八四六年にアップジョンとレンウィックはゴシック様式で現在でもマンハッタンにそびえる二つの主要な聖公会の教会―ウォールストリートのトリニティ（三一）教会とブロードウェイと一〇番街にあるグレース教会（レンウィックが所属していたローチャーチの教会）―を建てた時、その目標はキリスト教信仰の畏敬と神秘を表現する教会建築を建てることであった。建て直すことが不可能な教会はしばしば内装を根本的に変えた。ある聖公会の典礼学者は「一九〇〇年までに、オークニー諸島から大陸の端まで、アラスカからニュージーランドに至る聖公会の教会は、ほとんどすべて、カトリック・リバイバルに応えて改装された」[64]と記している。

典礼では、アングロ・カトリックはユーカリストと聖人祝日の遵守、自発的な個人懺悔と司祭による赦罪、死者のための祈りとレクイエムを強調した。儀式的な面では、神の神秘と聖性を表現し、画像やローソク、祭色、香、および崇敬と服従の所作を用いて、公祷をもっと壮麗なものにしようとした。ユーカリスト、あるいはミサ（オックスフォード運動によって聖公会に再導入された用語）を司式するときには、アングロ・カトリックの聖職は、数世紀にわたってキリスト教で発展してきた聖餐式用の式服を着け、主教はコープとマイターを身に着けた。礼拝は十字架奉持者、キャンドル奉持者およびサープリスを着た聖歌隊に先導された聖職のプロセッションとリセッションで始まり、終わるようになった。これらの行列にはインセンス（香）が用いられた。以前の世代の聖公会員には知られていない礼拝奉仕者 ―アコライト、香炉奉持者、ボートマン、バナー奉持者、テイパラー、十字架奉持者、キャンドル奉持者、そして式典長（ＭＣ）―が多くの教会で出現した。長く忘れ去られていた儀式的慣行 ―死者のためのレクイエム、奉納キャンドル、聖体顕示式、像の前での跪拝― が聖公会に戻ってきた。処女マリアのための九日間の祈りや祝福されたサクラメントの祝祷など、新しい儀式は宗教改革後のローマ・カトリックから採り入れられた。礼拝が次第に演出された形式的なものになるにつれて、また教会区が大聖堂の頌詠礼拝を模倣するようになると、教会音楽の水準は著しく高くなり、ますますプロフェッショナルになっていった。

聖公会に教父時代末期および中世の礼拝が戻ってくると、アングロ・カトリックは男女の修道会を回復した。聖十字修道会の創設者ジェームズ・Ｏ・Ｓ・ハンティントンは、マンハッタンのロウワー・イーストサイドのスラム街に住んで働き、労働者利益向上教会協会という有力な組織を結成したが、彼によって典型的に示されるように、これらの修道会は社会問題に強い関心を示した。

フェルディナンド・Ｃ・ユーアは『プロテスタントとローマ・カトリックの関係におけるカト

リック性』という書を著したが、この標題はオックスフォード運動のもう一つの特徴を示している。儀式主義は真のカトリック性（自らが保持していると主張）と「ローマ・カトリック」とを対比させることに関心を寄せていたのである。彼らはプロテスタントが常軌を逸していると考えたので、当時のローマ・カトリックの著述家と同様、プロテスタントという言葉を大文字で初めて敬意を表するということすらしなかった。オックスフォード運動の核心には、キリスト者はローマ・カトリックであることなしに、「カトリック」であり得るという信念があった。

アメリカにおけるアングロ・カトリックの初期の現象としては、一八四〇年代にジェームズ・ロイド・ブレックによってウィスコンシンで始められた準修道士会がある。後には、マンハッタンのユーアやウィスコンシンのジェームズ・デコーヴンとチャールズ・C・グラフトンのような主教あるいは司祭、また、マサチューセッツのクラムといった建築家、さらにウィスコンシンのフォンデュラク教区とオークレール教区、ボストンのアドヴェント教会とマンハッタンの処女聖マリア教会といった教会が、アメリカにおけるオックスフォード運動の旗手となった。すべての運動と同じように、アングロ・カトリックにもハイとロー、リベラル、保守派のグループがあった。二〇世紀の初めの数十年間までに、聖公会員はある教会区について、それが「ユーカリスト」という言葉を使うか「ミサ」という言葉を使うか、聖職が独身であるように求められているかどうか、聖処女マリアに祈っているかどうか、ロザリオを使っているかどうか、聖体顕示式といった礼拝を行っているかどうかによって、その教区がアングロ・カトリックかどうかを判別することができるようになった。最もハイのアングロ・カトリックの教会は「鼻血が出るほどハイ」と呼ばれ、一方最もプロテスタント的な福音主義的教会区は「蛇のようにロー」と呼ばれることもあった。

信仰と礼拝についてのアングロ・カトリック的解釈は、抵抗なくしてアメリカ聖公会に受け入れられたわけではない。昔からの教区では、福音主義者からだけでなく、ホバート主義の伝統的ハーチャーチ・マンからの反対も強く、長く続いた。一八六八年、一八七一年、および一八七四年の総会で明らかなように、対決はしばしば激しいものであった。批評家はオックスフォード運動を「演劇的カルト」と見なし、その提唱者は教会と典礼の歴史を読み違えていると考えた。プロテスタントを自認する聖公会員は、彼らが常にローマ・カトリック的であると見なしてきた式服や慣行を聖公会の礼拝で用いることに異議を唱えた。一八七八年のシカゴの『サンデー・タイムズ』紙に掲載された手紙は次のように書いている。

「プロテスタント・エピスコパル・チャーチの偉大な伝統的礼拝、われわれの父母や数世代前の祖先がかつて愛した高貴な礼拝が歪められ、つぎはぎになり、古い愚行と新奇な仮説で飾り立てられ、平均的な聖公会員には受け入れられないような場所に出席することに聖公会員は異議を唱える[65]。」

一連のアングロ・カトリック主義者が後に仰々しくローマ・カトリックに改宗したことも、反対者の疑念を深めただけであった。

儀式主義運動が、聖公会内部の戦闘精神に油を注いだことは確かである。アングロ・カトリックが自分の信じる真理のために勇敢に闘ったとすれば、福音主義者もずっとそうであった。儀式主義運動に対する反動として、ローチャーチ聖公会は一時期さらにローの方向に進んだこともある。例えば、独立後のヴァージニア聖公会のミード主教は、イエスの名のところで礼をするように育てられてきたのだが、その習慣が儀式主義者の好みであることを知り、信経を唱えるときに本能的に礼をしてしまうのを避けるために、前の長いすを意識して掴むようにしたのである。

長年にわたって、アメリカ聖公会のイメージは、教会の剣闘士たちが一方では香炉と聖体顕示台を持ち、他方では聖書と節制の手引書を手に持って格闘している円形闘技場のようなものであったが、それが改宗を考えている人々を思いとどまらせたのである。アングロ・カトリックも福音主義も、本来は祈りと規律と献身の生活を呼びかけていたのだが、後の数十年間には重要な議論はローソクと肩書き、教会での婦人用帽子を中心に回転するようになった。奴隷制や児童労働、一二時間労働、生活の貧困化は、聖公会の門の外に放っておかれた。長年にわたって、教会の様式と礼拝の問題が、多くの聖公会員の関心を支配した。

オックスフォード運動とアングロ・カトリックは、アングリカニズムは単にプロテスタンティズムの一形態であるという一八世紀と一九世紀初頭の信念に問題を投げかけた。積極的には（一部のブロードチャーチとリベラルな福音主義的聖公会員が認識したように）、オックスフォード運動は、聖公会がずっと非国教徒を排除してきた何世紀にもわたるプロセスを覆した。ピューリタンやメソジストとは異なり、アングロ・カトリックは教会の中に留まり、その伝統を証し続けた。そのことによって、アングリカニズムはエリザベス一世時代よりも一層包括的になるだけでなく、キリスト教世界の中で最も包括的な教会になるのである。ミネソタの主教が二〇世紀の初頭に次のように書いている。

「一方はキリストの贈り物であり恩恵の経路であるという理由で教会の聖職位とサクラメントを崇め、他方はイエス・キリストに対する罪人の個人的信仰を崇め、サクラメントの中に救い主の愛の証を見ている。双方は神的真理の両面を保持しているのである。[66]」

アングロ・カトリックは、プロテスタントの信徒だけでなく、ローマ・カトリックと東方正教会の背景を持つ信徒を聖公会に引き寄せた。多くの人々にとって、アングロ・カトリックは聖公会の礼拝を豊かで、リアルで、魅力的なものにした。一九〇〇年頃にはオックスフォード運動は東西の一定の教会区と教区で強力になっていた。特に力が強かったのは、ウィスコンシンとイリノイ、インディアナ、およびそれに隣接する州の「ビレッタ・ベルト」と呼ばれる諸教区であった（この名前はこれらの州の聖公会聖職が、ローマ・カトリックの聖職が好む房のついた帽子、つまりビレッタを被るという習慣から生まれた）。

アングロ・カトリックは、礼拝の基準をもっと綿密なものにすること、および礼拝の「刷新」に関心を持った。祭色のストール、祭服を着けた聖歌隊、詩編のチャント、祭壇を中心とするチャンセル、祭壇上のローソク、プロセッションとリセッション、受苦日の三時間の礼拝、および聖餐式の回数を増やすことなどであったが、これらはその後アメリカ聖公会でも、プロテスタント諸教派でも広く取り入れられるようになった。「司式（celebration）」「ユーカリスト」「ミサ」という用語、毎日および早朝に聖餐式を行うこと、聖公会聖職に「牧師（minister）」よりは「司祭（priest）」という呼称を用いること、総裁主教に Most Reverend および Primus という肩書きをつけること、司祭を「神父（father）」と呼ぶこと、歴代の総裁主教をローマ数字で同定すること、酵母の入っていないウェファースの使用、水を混ぜたブドウ酒のチャリス、処女聖マリアへの祈り、十字を切ること、礼拝でチャントを用いること、ジェニュフレクションの慣行、教区を小さくすること、大聖堂の制度、修道会の再生 ― これらすべての習慣と信念が、アングロ・カトリックの影響の下でアメリカ聖公会に入ってきたのである。

「儀式主義は次第に流行り、ついには支配的な制度になるだろう」と一八六七年にヴァーモントの主教は予言している。[67] 多くの点で、アメリカ聖公会の歴史はその予言を実現してきた。一八四〇年代以降、聖公会の諸教区は着実に、よりハイチャーチで、儀式的かつサクラメント的な礼拝生活の方向に動いてきた。一九三〇年代までには、もっとも頑強なローチャーチの教会区でさえ、オックスフォード運動と儀式主義的運動に強く影響されるようになった。一八七〇年以降のアメリカ聖公会の慣行は、次のようになった。

「石あるいは彫刻のある木製の祭壇、祭色のフロンタル、十字架の掲揚…祭壇上の花、毎週の聖餐式、教会暦の忠実な遵守、祭服を着けた聖歌隊、プロセッションとプロセッション用十字架[68]

…」

一八七〇年代が終わる以前でさえ、ホイッティンガム主教は友人に「かつてはハイだったものが今ではローになった[69]」と言うことができた。

それでも、アメリカ合衆国における聖公会の伝統は、引き続きプロテスタントとカトリックの両極端の中道を行くという明確な傾向を示していた。アメリカ聖公会に儀式主義が取り入れられてから一世紀と四分の一を過ぎて、アングロ・カトリックを自認する聖公会員は少数派のままである。そして、礼拝や式服、教会建築においてさらに使徒的伝統を強調する運動が二〇世紀に始まったとき、新たな革命が始まったのである。

典礼刷新運動

第二次世界大戦終結以来、とくに一九七九年以降、アメリカ聖公会の礼拝は、典礼刷新運動（リタージカル・ムーブメント）の影響を受けてきた。一九世紀の後半にフランスのベネディト会士によって始められたキリスト教礼拝の起源についての研究に端を発したこの運動は、第二次世界大戦直前にイングランド教会に到達し、一九四〇年代以降アメリカ聖公会にも影響を与え始めた。アメリカ聖公会総会が一九七九年祈祷書を公式に採択したとき、聖公会は典礼刷新運動の教えを反映した礼拝に傾注していた。

この運動の主張を理解するためには、自分の教会区の教会で現在行われている礼拝と、一九二八年祈祷書で行われていた礼拝とを比べさえすれば良い。たいていの教会で、次のような変化を見出すことだろう。礼拝への会衆参加が充実し、信徒によって日課と祈祷が読まれる、聖別のためにパンとぶどう酒を聖職のところに持って行く、パンとぶどう酒の管理を信徒が補助している。教会区の主な礼拝は、頻繁な聖餐式（次第に「ユーカリスト」と呼ばれるようになっている）である。聖職は司式の際に会衆と向き合っている（以前には聖職は背中を会衆に向けていた）。教会区は洗礼を受けた子どもを含めて、会衆ができるだけ充分に陪餐することを強調している。洗礼は重要な公の礼拝になっている。三年間に会衆は毎主日の日課の朗読と説教を通じて、聖書の主要箇所に触れることになる。日曜学校は教会暦に沿って行われ、教会の礼拝生活にもっと全面的に子どもたちを関わらせている。説教の時にも聖餐式の司式の時にも、聖職は式服を着けているが、それらは以前に着用していたものほど装飾的でないことが多い。

これらの慣行の中にはすでにアメリカ聖公会の礼拝に存在していたものもあれば、存在していなかったものもある。しかしすべてが、アメリカ聖公会に定められた礼拝の構成部分になっている。というのは、最初期のキリスト教典礼に見出されるからである。たいていの聖公会員は、キリスト教礼拝の最初期の形態に復帰することを歓迎した。クランマーの時から聖公会の主張は常に、聖公会の信仰と礼拝は古代教会の信仰と礼拝に忠実であるということだったからである。

その結果、一九七九年祈祷書となって結実した修正は、アメリカ聖公会が経験した中でもっとも広範囲に及んだ。「Rite I」と題された部分で、祈祷書は早祷と晩祷、聖餐式（いまでは「聖なるユーカリスト」と呼ばれている）が以前の祈祷書からほとんど無修正で保存されている。「Rite II」と題された部分で、新しい祈祷書は、リタージカル・ムーブメントによる回復を組み入れたこれらの式文を含んでいる。Rite I の礼拝は伝統的な言語を用いている。Rite II とその他のすべての礼拝は、現代的な言語を用いている。将来考えられる修正では削除される可能性もあるが、Rite I の礼拝が一九七九年祈祷書に残されたのは、以前の数世紀の聖公会の礼拝との連続性を感じさせるためである。

新祈祷書のために傷つき怒りのあまり教会を去ったごく少数の聖公会員は例外であるが、新しい祈祷書は統一を進める要素になっている。カトリック的な信徒にとっても福音主義的な信徒にとっても、新祈祷書は伝統的にローな教会の礼拝を、初期キリスト教の規範に戻ることによってこれまでよりもハイにした。アメリカ聖公会の礼拝に付加された儀式主義者の好古趣味的、中世的特徴を少なくすることによって、新祈祷書はアングロ・カトリックの教会区の礼拝をこれまでよりもローにした。

典礼上の修正には、批判が付きものである。聖公会のある英語教授は、旧祈祷書の聖餐式から新祈祷書の Rite II の聖なるユーカリストに目を移すと、「まるでシェークスピアが書き換えられたようなものだ」と言っている。

「新しい式文はしばしば喜びに満ちているが、底が浅い。悔い改めの強調はそこには見られない。罪はもはや『許されない』ものではない。『生の新しさ』の強調もない。詩的な表現はなくなり、一種の字義通りの表現に変わっている。賛美は平板になり、礼拝は喜びの一本調子になっている。使われている言語は耳障りでなく、容易に消化できる。言葉に引っかからなければ神に近づけるかのように感じられる。

これらの変化に怒る人々は、古風な言葉を好む反動だとしてしばしば非難される。しかしわれわれが嘆いているのは、実体の損失なのだ。エリザベス時代の祈祷書がなければ、わたしの生活はもっと貧しいものになっただろう。わたしは英米の聖公会の子孫がそれなしに過ごすことを考えると、ひどく哀れに思えてならない。[70]」

これらは、プロテスタント宗教改革のアクセントをいくぶん持った英語学者の言葉である。その言葉は、典礼史家や聖書学者、歴史神学者の言葉ではない。しかし、この批判には耳を傾けなければならない。キリスト教の語彙は、常に平価切り下げの危険性を持っているのである。

しかし、聖公会の礼拝が新祈祷書の中でエリザベス時代の言語をすっかり失っているとしても、その他多くの点で利点を持っている。聖書の言語の翻訳はより正確である。典礼の内容は初期キリスト者の礼拝をより忠実に再現している。その結果、聖公会員は他の聖公会教会区においてだけでなく、同様に典礼刷新運動の影響を受けたルター派やローマ・カトリックの教会においても親密感をこれまで以上に持つことができる。祈りの慣習がキリスト教に対する信仰の慣習であるように、典礼刷新運動はエキュメニズム運動と連携して発展したからである。アメリカ聖公会における典礼への新たなアプローチは、儀式主義者によって一九世紀にもたらされた要素の多くを否認した。しかし、典礼刷新運動は、この枢要な世紀における他の二つの運動―教会一致を求める運動と社会正義に対する関心―との結びつきを強めることとなった。

一九世紀と二〇世紀初頭において、アメリカ聖公会は、進化、高等批評、教会一致の追求、社会的福音を含む一連の知的チャレンジに直面しなければならなかった。アメリカ聖公会の応答の一つは、最初の組織神学者の誕生であった。

高等批評には、聖書の各書の資料と年代、作者、様式についての科学的研究が含まれる。高等批評の作業は、すべての教派で論争の的になった。というのも、それらの結論の中には聖書の歴史的正確さと、したがって神学的信頼性に疑問を投げかけたものもあるからである。

それほど論争を引き起こさなかったのは、下層批評あるいは本文批評であった。それは聖書写本を本来の形に復元しようとするものであった。キリスト者は、何世紀にもわたって写字生が誤って写本したという下層批評の結論の方が、エデンは地図にはなく、アダムの堕罪は歴史的カレンダーでは起こらなかったとか、モーセは五書（旧約聖書の最初の五つの書）を記さなかったとかいう高等批評の示唆よりも受け入れやすかった。

聖公会は宗教思想の革命に徐々に適応した。三位一体を信じていた当時の事実上すべてのアメリカのキリスト者は、聖書が神の霊感によって書かれ、過ちのないものであると信じていた。どんな部分にでも誤りを認めるということは、霊的啓示の全体を疑問に付すことであった。一八五〇年生まれのマサチューセッツ主教ウィリアム・ローレンスは、マサチューセッツの聖公会教区で育ったときに身につけた聖書に関する見方を一九二三年に想起している。

「主な力点は旧約聖書、そしてもちろん新旧両約聖書にあった。双方ともが言葉と文字通りに霊感によって書かれた。世界は紀元前四〇〇四年に六日間で創造された。創世記と家族の聖書の余白に記された月日がそう語っているから。アダムとイブ、蛇、ノアと洪水、ヨナと鯨、ヨシュアと太陽は昨日起こったことと同じように現実の事実である。

われわれの年長者や両親、日曜学校教師、牧師の頭脳は、諸問題に直面するとき鋭敏さを迫られた。われわれは、世界には二種類あるのだ、ひとつは日常の事実が関わる世界、そこでは疑問に対する答えは直截である。もう一つは、信仰である。[71]」

アメリカの主教会は、信仰の世界に足場を置きつつ、論争を引き起こした『論文と批評（*Essays and Reviews*）』（一八六〇）[二] を糾弾した。その中でイングランド教会の著者たちは高等批評の方法論を受け入れ、キリスト教信仰の基礎の一部、そしてモーセ五書の著者問題に疑問を投げかけたのである。この非難決議を支持した主教たちの大多数は一八世紀あるいは一九世紀の最初の数十年間に生まれた人々であり、この新しい考えから生まれる変化を受け入れることはできなかった。

しかし『論文と批評』は、以前の『時局トラクト』と同様に、アングリカニズムにおける新しい運動であった。七人の著者の内の一人は後にカンタベリー大主教になった。これらのチャレンジに応えて、あらゆる資料から真理を求めることに関心を寄せている聖公会員は次第に、イングランドでもアメリカでもブロードチャーチ運動へと結集することになった。フィリップス・ブルックスのようなブロードチャーチのアメリカ聖公会員は、教会党派というよりはむしろ心の態度として、新しい科学的知見と聖書に対する批判的アプローチを、積極的で確固としたキリスト教の世界観の中に取り入れようとした。ローレンスは次のように思い起こしている。

「聖書台の傍らに立って、彼は人々を旧約聖書の霊感という霊的考えへと導いた。…事実、解釈、真理、誤りは正しい見方の中に揺すり入れられ、会衆は言葉が肉となる日まで被造物全体がいかに『うめき苦しんだか』を悟った。[72]」

彼らの運動は教会党派というよりはむしろ知的な運動であったが、ブロードチャーチのアメリカ聖公会員は、台頭しつつあったアングロ・カトリック派 ―彼らは教父時代末と中世の時代を志向していた― よりも、宗教改革にルーツを持つ聖公会福音主義者に当初は親近感を持っていた。ブルックスのように、叙任されたブロードチャーチ・マンの多くは福音主義者として活動を始めた。若い世代の聖公会員が次第にブロードチャーチのアプローチを取り入れるようになると、福音主義派は高齢の保守主義者の一派になり、だんだんと衰えていった。しかし、アメリカ聖公会のスペクトルの中で彼らが占めていた位置は、ブロードチャーチの伝統に属する人々によって占められるようになった。彼らは数十年間ハイチャーチ志向をもった聖公会神学校の「とげの付いた棒」と呼ばれていた。

ブルックスはブロードチャーチの理想に人を誘う働きをしたが、彼の他に、アメリカにおけるブロードチャーチ運動の指導的人物は、ニューヨーク・グレース教会牧師ウィリアム・R・ハンティントン、聖公会神学校（Episcopal Theological School）教授のアレキサンダー・ヴィエッツ・グリズウォルド・アレン、ニューヨークの主教ヘンリー・C・ポッターおよびロードアイランドの主教トマス・マーチ・クラークであった。マサチューセッツ・ケンブリッジにある聖公会神学校は聖公会の神学教育制度の中では比較的厳格だという評価を得て、ブロードチャーチ運動の知的センターの役割を果たした。一八七四年からは、教会会議―大都市で見られる党派の線を超えた討論の場であった―が重要な知的諸問題をこの運動が教会による検討の対象にする主要な手段となった。「忠実な者に対しては、万物が忠実である」と、第一回の教会会議でミネソタのホイップル主教は言明した。

数十年間にわたって、ブロードチャーチの指導者だけが、アメリカ聖公会は知的潮流を無視できないと言い続けた。しかし、一八八九年には、アングロ・カトリックのイングランドのメンバーが『ラックス・ムンディ（世の光）』という論文集を発行した。それは「カトリック的信仰を現代の知的・道徳的諸問題との正しい関係におく」ための試みであると主張した。多くのアングリカンが『ラックス・ムンディ』は異端であるとして攻撃したが、この本は教会内の保守的な党派でさえ高等批評の方法と新しい科学的観点を受け入れ始めているということを示した。指導的なイギリスのアングロ・カトリック、チャールズ・ゴア主教は「聖書的であり、リベラルな精神を持ち、包括的な、しかし常にカトリック的であるカトリシズム」[73]を擁護する論陣を張った。

しばらくの間、アメリカのアングロ・カトリックは、イングランドのアングロ・カトリックよりも知的チャレンジに適応するのが遅かった。そしてブロードチャーチ運動に対して初期に反対したのは、アングロ・カトリックと古い福音主義者であった。二〇世紀の最初の三、四十年間に「ブロードチャーチ」という言葉に代わって「リベラル」(しばしば「リベラル・カトリック」とか「リベラル福音主義」といったように形容詞として用いられる）という言葉が用いられるようになった。同じ時期に、神学的急進派は「モダニスト」と呼ばれるようになった。今日でも「リベラル」は教会用語になっているが、もはや「ブロードチャーチ」の適切な同義語ではない。この言葉の本来の意味では、現代のごく少数の聖公会員だけが神学的理解の点で「ブロードチャーチ」だといえよう。

アメリカ聖公会は、南北戦争と第一次世界大戦の間に直面した知的チャレンジについて論議する中で、かなりの程度公開論争を避けた。もっとも顕著なのは一連の重大な異端の試練を経験した北部長老派であったが、それらの諸教派のいくつかは論争に覆い尽くされてしまった。ローマ・カトリックの司祭職と神学校の間でも、「モダニスト」を沈黙させるためには教皇の回勅と禁書一覧を弾圧のために用いることが必要であった。しかしアメリカ聖公会での最も有名な事件は、一八九九年にポッター主教が合衆国の指導的な旧約学者であるチャールズ・A・ブリッグスを叙任したとき、激しい抗議を引き起こしたことである。ブリッグスはそれ以外の点では保守的なニューヨークのユニオン神学校の教授であったが、その個性のために論争を引き起こすこともあった。彼はモーセ五書の著者はモザイクであると主張したために異端の査問を受けた後、長老派を去ったのである。

世間の耳目を集めた聖公会聖職の査問には、一八九一年に起きたオハイオ・カントンのセント・ポール（聖パウロ）教会牧師ハワード・マッケアリーの解任、一九〇六年に起きたアングロ・カトリックの背景を持ち尊敬されていたロチェスターの司祭アルジャーノン・S・クラプシーの解任がある。彼らの審査の記録からは、双方ともがイエス・キリストの人格と社会教説に強く傾倒していたということが分かる。アメリカにおいても世界のどこにおいても多数の人々が科学はキリスト教信仰の教義全体を掘り崩していると信じていた時代にあって、マッケアリーとクラプシーの両人は、キリスト教はその教理の一部の定義を拡張しなければならず、さもなければ考える人々を不信仰に追いやることになると確信するようになった。彼らは当時のアメリカ聖公会が許容する範囲を超えてしまったが、主教たちを困惑させさえしなければ査問にかけられることはなかったと思われる。

大半のプロテスタント諸教派と異なって、アメリカ聖公会は世論に比較的小さな衝撃しか与えずに、次第に革命的な知的潮流を吸収していった。一八七〇年代に始まって、早々と新しい聖公会の知的勢力の中心となった聖公会神学校（マサチューセッツ・ケンブリッジ）をはじめ、聖公会の神学校は次々と高等批評の前に「陥落」していった。世界聖公会の主教たちによるランベス会議の提唱に従って、アメリカ聖公会の主教会は一八九九年に聖書の敬虔な批判的研究はキリスト教信仰を保つためだけでなく、それを守るためにも必要であると宣言した。

しかしながら、それ以前に叙任された聖公会聖職と平均的な聖公会信徒は、なおも聖書に対する新たなアプローチに懐疑的であった。一九世紀の最後の数十年間に、保守的な福音主義者の一部は後にファンダメンタリスト運動に行き着く預言者的聖書会議に参加するようになった。一九一五年にも、一八八〇年代にヴァージニア神学校を卒業した一主教は、ファンダメンタリストの旗手ビリー・サンデーの伝道集会に参加し、時にはその開会祈祷を行った。ある著述家はこの主教について、「他人に彼の信念を共有せよと迫りはしなかったが、彼はファンダメンタリズムに傾斜していた。彼の信仰は子どものような信仰だった。」[74]と書いている。

第一次世界大戦までに、聖公会聖職の大多数は高等批評の学問的方法を受け入れていた（その結論のすべてではないが）。二〇世紀を通じてかなりの数のアメリカ人キリスト者が引き続きキリスト教信仰を聖書学者から守らなければならないと信じていることを考えると、このような立場の移行は驚くべきである。しかし、著述家がときに描いているよりは大きな苦痛を伴って、この世界観の変化は起こったのである。ローレンス主教は一八七〇年代と一八八〇年代について、一九二三年に次のように言明した。「五〇歳以下の人は、心の探究、失われた信仰に対する悲しみ、子ども対する親の不安、当時の悲劇的な経験について全く分からないのだ。」[75]

アングリカニズムがこれらの変化を比較的容易に受け入れることができたのは、包括性という理念を持っていたからである。また、アングリカニズムが聖書の一字一句が無謬であるという公式の教理によってではなく、歴史的信経と祈祷書によってその信仰を表明してきたからでもある。さらに教会が聖書を解釈するときに、ローチャーチが個々人の判断の権利を強調したこと、アングロ・カトリックが聖霊の導きを強調したことも、その一因であった。教会が解釈してきたことは、教会はまた再解釈もできるということが主張されたのである。聖公会はまた多くのプロテスタント諸教派のように旧約聖書を強調していなかったために、創世記の洪水物語やエリコの壁の崩壊などの物語についての理解の修正も、あまり問題を引き起こさなかった。最後に、アメリカ聖公会がイングランドの知的伝統から受け継いだ理性と健全な学問への敬意を大切にしていたことも、新しい知的チャレンジへの順応を可能にしただけでなく、余儀なくさせたのである。

神学

一九世紀には、アメリカ聖公会で最初の組織神学者たちが出現した。二〇世紀まで生き続けたが今日ではほとんど忘れ去られている先駆者の一人が、フランシス・J・ホールである。シカゴの先駆的なアングロ・カトリックの教会区であるアセンション（昇天）教会で育ったホールは、教会区の最初のアコライトであり、式服を着けた聖歌隊の一員であった。ラシーヌ・カレッジでアングロ・カトリックの指導者ジェームズ・デコーヴンの下で学び、ニューヨークのゼネラル神学校とシカゴのウェスタン神学校で神学教育課程を修了した後、ホールは一八八六年にウェスタン神学校で神学を教え始めた。彼の経歴の最後は一九一三年から一九二八年までゼネラル神学校で教鞭をとったことだった。

教父時代と中世に根ざす思想を持つアングロ・カトリックであったが、ホールは宗教改革期の資料と現代神学の一部を広範囲に読んだ。彼は高等批評には警戒心を持っていたが、創造の教理と人類の堕罪を説明するときにはダーウィンを用いた。編集したり総合したりしながら、彼はトマス・アクィナス（中世神学者の中で最も影響力があった）の神学の二〇世紀向けのバージョンを作り出そうとした。トマスと同様に、ホールは理性によって到達した神の本質を見極めるためにできる限りのことをしようとした。また明晰で厳密な方法で、ホールはキリスト教教理についてのアングリカンの立場を組織的かつ全面的に記述しようとした。

ホールの『教義神学（*Dogmatic Theology*）』は一九〇七年から一九二二年にかけて一〇巻で発行され、著者自身によって「アメリカ聖公会およびアングリカン・コミュニオンの改革されたカトリック的伝統に保持されているカトリック的教理の全範囲を関係づけながら扱っている」と説明されている。また彼の『神学概論（*Theological Outlines*）』（一八九二年から一九三五年まで印刷)も、アメリカのアングロ・カトリック神学の標準となった。一九五〇年代になって、聖公会主教の中には聖職候補生に対して、「ダディ」ホールの神学についての知識を披瀝することを求めるようになった者もいる。ホールの支持者は彼の『神学概論』を『聖公会の神学大全』(トマス・アクィナスの主著の題名から)だと賞賛した。ホールがしばしば今日のアメリカ神学の書物で触れられないのは、流行の変遷とたいていの神学的著作の移ろいやすさを表している。

ホールが中西部のアングロ・カトリックの「ビレッタ・ベルト」の産物であるとするならば、ウィリアム・ポーチャー・デュボーズ(彼はホールが生まれた時には大学生であった)は、南部の福音主義者のパウロ的関心とサクラメンタルな教会に対するハイチャーチの関心の混合を表していた。デュボーズはユグノーの子孫でサウスカロライナのプランテーションの生活の中で育ち、「砦(サウスカロライナ軍事大学)」で重要な宗教的回心を遂げて卒業した。さらに彼は数年間をヴァージニア大学と短命であったサウスカロライナ教区神学校で学んだ。南軍の歩兵部隊士官として兵役について後、聖公会の聖職に叙任された。彼はテネシー州スワニーの南部大学で神学教育を始め、学生に愛されながら一八七一年から一九一八年の逝去までそこで教鞭をとり続けた。

デュボーズが最初の書物を出版したのは五六歳になってからであったが、その後の一九年間に六つの神学的著作を出版している。それらの著作の質はとても高く、オックスフォード大学の同時代人がデュボーズを「大西洋の対岸で最も賢明な著者であり…実際、大西洋の両岸で最も賢明なアングリカンの著作家である。」[76]と呼んだほどだった。

ホールが教会教父と中世に没頭していたのに対して、デュボーズは使徒時代と教父時代に出発点を置いた。彼は新約聖書の福音主義的理解に根ざし、教会とサクラメントについての見解はハイチャーチであったが、ホールほど包括的ではなく、いかなる神学体系も作らなかった。むしろ、彼は受肉の神学者であり、一九世紀が日常的に正統なキリスト教信仰に対して提起したチャレンジに大胆に取り組んだ。最近の研究が示しているように、デュボーズは一九世紀の神学的リベラリズムの前提を以前に考えられていたよりも多く受け入れていたのだが、彼の同時代人は彼を正統信仰の創造的旗手であると見なしていたのである。「古来の真理を堅持しながら、彼はそこから新しい信仰を導き出して、新しい懐疑に対応した。新しい真理を導き出して、新しい要求に応えたのである。」と、彼の逝去に当たってスワニーの理事会は書いている。[77]

デュボーズの神学はいくつかの変遷を経ているが、彼は常に宇宙は進化の不断のプロセスと神に向かう運動の中にあるという考えを中心にしていた。「キリスト教会は、この宇宙的進化と切り離されている訳ではない。そうではなく、教会はその進化を反映し、サクラメント的宇宙を証しする」とデュボーズは書いている。彼は繰り返し、繰り返し、進化と「言は肉となって、わたしたちの間に宿られた。」というキリスト教の主張とを結びつけている。

「われわれはとげの付いた棒をける[二三]ことはできない。世界は発見をし始めている。逆戻りすることはできない。自然は神の道である。自然は理性的であり、神的である。自然と超自然の間には現実の分裂はない。一方は他方よりも高く遠いだけである。われわれはアダムとキリストが同じ人間であること、天と地が一つの連続した生であることを知るようになるだろう。」

「進化という現代科学の原理が行き渡っているときに、われわれは神が創造するという偉大な第一の真理は決して否定も曇らされもしないことを発見した。…神はキリストに、神という相においてではなく、人間という相において（sub specie hominis）存在している。神はご自身をわれわれの中に、そして神の中にわれわれを実現し顕すためにここに来られたのである。[78]」

デュボーズが逝去したとき、聖公会のある雑誌は、「誰もが彼がアメリカ聖公会の最も偉大な神学者であることに同意する」と書いた。[79] アングロ・カトリックの間でのホールの『教義学』の人気を考えると、この言明は明らかに誇張である。アメリカ神学の歴史においてデュボーズはホールよりも重要であるが、彼は生前、アメリカ聖公会よりもイングランド教会においての方が多くの追従者を持っていたようである。

教会一致

教会党派間の緊張がアメリカ聖公会のエキュメニカル関係を特徴付けたのは、保守とリベラルの緊張が他の諸教派における論議に影響を与えたのと同じであった。聖公会員の中には東方正教会やローマ・カトリック、古カトリック諸教会との一致を志向する者もいれば、まずプロテスタント諸教派との一致を追求する者もいた。植民地時代にはアメリカ聖公会と他の諸教派の関係は一般的に疎遠であり、時には敵対的になったこともある。一七九二年の総会で、ヴァージニアのジェームズ・マディソン主教はメソジストが聖公会に復帰する道を開こうと試みた。教会史においても彼ほど献身的で創造的な主教はいなかったが、マディソン主教は彼の提案を主教会では可決させたが、聖職信徒代議員の賛成を得ることができなかった。

一九世紀において、福音主義派の提唱の下で、アメリカ聖公会は、米国聖書協会や全米日曜学校同盟、米国トラクト協会、福音主義同盟などの超教派組織と協力し始めた。ハイチャーチ、後のアングロ・カトリック派は、アングリカニズムの独自性および使徒継承の保持を根拠にしてそのような協力に反対した。福音主義者はそのような態度はいささか傲慢であるとみなした。西部においては、アメリカ聖公会のすべての党派が、末日聖徒[三]を除くすべての教派と親密な関係を維持していた。一八三〇年以降、ローマ・カトリックの急速な成長と、オックスフォード運動および儀式主義運動の「ローマ化」の影響によって、宗教改革の記憶がよみがえり、多くの聖公会員の間にローマ・カトリックに対する長い敵意の時代が始まった。

プロテスタント諸教派との関係についていえば、一八五三年にニューヨークの牧師ウィリアム・オーガスタス・ミューレンベルグらによって主教会に提出されたミューレンベルグ覚書がある。この覚書は聖公会の主教がもっと広範囲な教会一致に貢献するよう求めたものであった。覚書はまた、アメリカ聖公会の教えの核心を受け入れる有資格者のプロテスタント聖職を叙任し、同時に彼らが自分の教派での職務を継続するのを認めるように提案した。ミューレンベルグ自身の言葉で、彼の計画を記そう。

「アメリカ聖公会の教会制度よりも幅広く、もっと包括的な教会制度…その偉大な原理において当該の教会と同じであるが、意見や規律、礼拝が本質的信仰と福音の命令に合致しているかぎり自由を与える。」

そしてミューレンベルグは「そのような基礎の上にのみ、われわれは『共和国の宗教』を望むことができる」と結論づけている。[80]

六年間にわたり活発な議論と研究が行われ、ミューレンベルグの提案は大半の福音主義者および穏健な見解の聖公会員に支持されたが、台頭しつつあったアングロ・カトリックの聖職信徒には反対を受け、こうして賛否両論の中、結局この覚書は挫折した。しかしその永続的な産物として、教会一致に関する委員会（現在ではエキュメニカル関係常置委員会と呼ばれている）が設けられた。さまざまな名称で呼ばれているが、この委員会はおそらくアメリカのどの教派の中でも最も活発なエキュメニカル機関として存続し続けている。

より系統的なのは一八八八年のシカゴ・ランベス四綱領であった。これは一八年前に預言者的なマサチューセッツ・ウースターのオール・セインツ（諸聖徒）教会牧師ウィリアム・リード・ハンティントンによってその著書『教会の思想――一致に関する論文（*The Church Idea: An Essay in Unity*）』の中で打ち出された提案から生まれたものであった。この四綱領は現在もなおアメリカ聖公会の公式なエキュメニカル綱領であり、教会一致についての四つの本質的要素を列挙している。それは、聖書、使徒信経とニケヤ信経、キリストによって明らかに制定された洗礼と主の晩餐という二つのサクラメント、および歴史的主教制であった。これを基礎として、アメリカ聖公会は第一次世界大戦に至る期間にルター派および長老派との一致に関する論議を重ねた。

第一次世界大戦に先立つプロテスタントとのエキュメニカル関係には、さらに、一九〇七年の「オープン・プルピット」条項がある。それは聖公会以外の聖職信徒が聖公会の諸教会で公に説教することを認めるものであった。加えて、全米教会協議会（Federal Council of Churches）（一九〇八年設立）には現実には加盟しなかったものの協力関係を結んだ。カトリック的諸教会との関係には、東方正教会と古カトリック教会、ポーランド国民カトリック教会、およびスウェーデン教会との関係の密接化が含まれる。

社会的福音

キリスト教の社会倫理が社会を貫かなければならないという中世的信念は、植民地時代の体制的聖公会の法規に反映されていた。一七八五年から最盛期のビクトリア時代における社会的福音の台頭に至る時期には、アメリカ聖公会の社会的証しは一般的に、教会区における慈善、監獄待遇改善などの運動への参加、貧困層、寡婦、孤児あるいは障がい者の諸施設の支援に限られていた。教会と国家の分離、福音主義および伝統的ハイチャーチの「個人的宗教」についての強調、牧師は政治に携わるべきでないという一九世紀のアメリカ聖公会聖職の間に広まっていた見解、さらにアメリカ文化に支配的な個人主義、自由放任主義というアメリカの経済的ドグマ、これらが相まって聖公会の社会的関心を阻害していた。一八七六年にウィリアム・パレットがワシントンDCの有力なエピファニー（顕現）教会の牧師に就任し、貧困層に対する活動を拡大するように教会委員会に要請したとき、その答えは「教会区には貧しい人はいません。どの会衆席もすでに賃貸しています。」ということだった。[81]

しかし、中上流階級の聖公会は、工業社会に対する社会的福音の批判を歓迎して受け入れたアメリカで最初の教派であった。また、賃金と労働条件・生活条件の改善、労働者の権利を主張した最初の教派でもあった。アメリカのキリスト教を観察していた人の中で、アメリカ聖公会が労働者の側に立つと予想した人はほとんどいなかったし、他の伝統にいるキリスト者はすぐに矛盾を見て取った。一八九一年に他教派のある雑誌は、「なぜ、富と文化と貴族的家系の教会が、道を開くのか？」と書いている。[82]

学者たちは一般に、アングリカニズムの中世的伝統、アングロ・カトリックの台頭（イングランドにおけるその支持者たちの多くは組織労働者と連携していた）、および一八四八年に結成されて以来のイングランド教会キリスト教社会主義運動のアメリカ聖公会における影響の拡大、アメリカ聖公会信徒の都市部―そこでは社会的・政治的諸問題が明らかであった―への集中を指摘することによって、この矛盾を説明する。古くからの家系出身の主教たち―アメリカ聖公会はそうした主教たちで一杯であった―も、アメリカ実業界の倫理を批判し、貧困層の労働・生活条件の改善を提唱し、経済的に快適な聖公会員に社会改良の方法を示した。

早くも一八七〇年には、教会の諸会議は社会問題の論議を始めていた。次の一〇年間にアメリカ聖公会は社会的福音のアメリカ最初の諸組織を設立した。その中で最も重要なものに、労働者利益向上教会協会（ＣＡＩＬ）がある。この協会は一八八七年に結成され約五〇人の主教が加わっていた。ＣＡＩＬはニューヨークに本部を置き、小さな支部を全国に持っており、男女の（さらに児童の）労働者の現代的諸問題を、受肉に対するキリスト教信仰の光に照らして研究した。ＣＡＩＬはまた、搾取工場と労働者住宅を調査し、ストライキ調停の計画を明らかにし、アメリカ聖公会における「レイバー・サンデー」（レイバー・デイ＝九月第一月曜日の直前の主日）の遵守を定めた。

アメリカ聖公会キリスト教社会連合は一八九一年に設立され、イングランド教会の同名の組織にちなんで名付けられた。キリスト教社会連合は刊行物や後援会、会議を通じて社会問題に関する情報を広めることに集中した。代表的な例を挙げると、連合はハーバード大学の歴史学者に依頼して、一八九四年に起こった暴力的なプルマン社ストライキを研究し、その調査結果を公表した。世紀の変わり目の一〇年間、連合はウィリアムＤ・Ｐ・ブリスを巡回書記・主要広報担当者に任命した。彼は「ナイト・オブ・レイバー[二四]」のメンバーであり社会党員[二五]であったが、社会問題に関する講演会で、合衆国内外の教会や講堂、クラブ室を一杯にした。

アメリカ聖公会内のこれらの社会的福音の諸組織は、労働者の指導者がキリスト教会を「組織的偽善」「資本の同盟者」と非難する原因となった敵意を崩すのに大いに貢献した。教会諸組織よりも総会の動きは緩慢であったが、一八九〇年以降は総会代議員も社会正義の問題に関心を持ち始めた。一時期は、『進歩と貧困』の筆者であり特権階級への課税と富の再分配の提唱者であったヘンリー・ジョージでさえ、アメリカ聖公会の社会的発言のゆえに聖公会の共感者となった。聖公会がアメリカ社会の問題を扱う常設の委員会と部門を設置したとき、自発的な諸組織は次々と解散した。一九一九年以降、その働きは産業民主主義教会同盟（the Church League for Industrial Democracy、後に社会行動聖公会同盟 the Episcopal League for Social Action と改名）が引き継いだ。その会員数は、大恐慌までに一〇〇〇人を数えた。

社会的福音運動に活発に参加した主教としては、多くのストの調停をしたニューヨークのポーター、新興の自動車産業の倫理を力強く、粘り強く批判したミシガンのチャールズ・D・ウィリアムズ、社会党員であったユタのフランクリン・S・スポールディングとポール・ジョーンズ、自分の教区の信徒が無権利の人々に対する自己の義務を忘れることを決して許さなかったコネチカットのチョーンシー・バンス・ブルースターの名を挙げることができる。

司祭としては、アメリカ人の生活をキリスト教原理に基づいて再建するのに最も影響力がある教派であると見極めた後に会衆派の牧師から改宗したブリス、教会区の教会はアメリカのキリスト教全体の中に広まった共同体センターであると考え、「インスティテューショナル・チャーチ・ムーブメント」の基礎を作ったマンハッタンのセント・ジョージ（聖ジョージ）教会牧師、アイルランド生まれのウィリアム・S・レインスフォード、政治に宗教を適用する権利を支持した会衆派からの改宗者カレブ・S・ヘンリー、『社会主義―創世記から黙示録まで』の筆者であるマサチューセッツのフィロ・W・スプレイグ、キリスト教社会主義者協会の指導者R・ヒーバー・ニュートン、シカゴとニューヨークの知識人の間で目立った働きをしたバーナード・イディングス・ベル、および『国家』と『神の共和国』の筆者であるエライシャ・マルフォードがいる。

最近まで見逃されていたのは、トライアングル・シャツウェスト工場火災[二六]で急進的になり、その後ニューヨークとシカゴの教会区で奉仕しながら社会党できわめて目立った役割を演じた有能で多彩、性急な司祭のセント・ジョン・タッカーである。九六歳で逝去する前に、彼は一九一七年のスパイ防止法の下で社会主義者として起訴され、レヴェンワース監獄行きの判決を受けた。彼はホーボー・カレッジ[二七]の設立に助力し、一時期ローマ・カトリックに改宗したが間もなく聖公会に復帰した。また、シカゴの『ヘラルド・エグザミナー』紙の編集長として働き、共和党員になった。[83]

社会的福音の提唱者の中で余り有名でない者に、ハロルド・S・ブリュースターがいる。彼は社会的福音運動が絶頂にあったときにアマーストと聖公会神学校を卒業し、南西部の炭鉱町でストライキの正式メンバーになったとき、教会からの支持を失った。南部の聖公会員で社会的福音の活動家は比較的少数であったが、その一人がエドガー・ガードナー・マーフィーであった。彼はリンチに抗議してテキサスで牧会を始め、改革を志向した南部教育協議会の執行書記で生涯を終えた。

聖公会信徒—中でも、ウィスコンシン大学とジョーンズ・ホプキンス大学教授リチャード・T・エリーはチャトークア研究所での人気講師であり、アメリカ経済学協会（部分的には社会的福音運動の外郭であった）の創設者であった—は、社会的福音を実現する上で重要な役割を果たした。アメリカの小説家ウィンストン・チャーチルは、小説『カップの中（*The Inside of the Cup*）』（ハースト・マガジンに連載）で幅広い注目を集めた。この小説はセントルイスの裕福な教会の牧師で、社会的福音の考えに転じた司祭についての物語であった。エリーもジェームズ・O・S・ハンティントンもバーナード・イディングス・ベルもアングロ・カトリックであり、サクラメント的生がすべての階級と人種の和解に向かう第一の原動力であると信じていたが、アメリカ聖公会内社会的福音の指導者の大半はブロードチャーチの勢力から出ていた。というのも、すべての教会において社会的福音は一般的に神学的リベラリズムと結びついていたからである。

余り知られていないのが、社会的福音運動において聖公会の女性が果たした重要な役割である。早くも一八五〇年代、総会から行動への呼びかけが出されるずっと以前に、聖公会聖餐修女会（Sisters of the Holy Communion）は貧困層の間で働いていた。後に彼女たちには、女執事や他の修女会の修女たちが加わった。アメリカ聖公会の信徒構成から言っても、教会には能力のあるボランティアの女性信徒が大勢いて、貧しい人々の間で働いた。医者や看護師、ＧＦＳ[二八]（聖公会におけるガールスカウトの先駆）のコーディネーター、セツルメント・ハウスのワーカー、工場の検査官、その他多くの資格で、われわれが知りうるよりもはるかに多くの聖公会の女性が社会的福音に貢献している。これらの女性たちの大半は、説教壇やその他の教会の指導的地位から排除され、社会的福音運動の声になることはできなかったし、それゆえ今日歴史に記憶されていないのである。

しかし、聖公会の女性の中には声を上げた者もいた。例えば、ニューヨーク市のハリエット・カイザーは、ＣＡＩＬ発行の有力季刊誌を編集し、ＣＡＩＬの全国書記を三〇年間務めた。ウェスレー・カレッジの教授ヴィダ・Ｄ・スカッダーは、キリスト者の社会的責任についての論文を幅広く発表し、セツルメント・ハウス運動で働き、聖十字修女会（the Society of the Companions of the Holy Cross）において影響力があった。アメリカ史上最初の女性閣僚であった労働長官フランシス・パーキンスは、フランクリン・Ｄ・ルーズベルトのニュー・ディール政策―一九三五年の社会保障法および一九三八年の公正労働基準法を含む―の改革に影響を与えた。その他無数の女性たちは、アメリカ聖公会の社会的福音運動に、しばしば認められていないが、重要な貢献を果たしたのである。

男性のみの組織で、伝道と社会的活動とを結びつけたのは、シカゴのセント・ジェームズ（聖ヤコブ）大聖堂の地下室で一八八三年に結成された聖徒アンデレ同胞会（ＢＳＡ）である。伝道は常にその主要な目標であったが、男性および男子青年に対するミニストリーには、スープキッチン、青年グループ、刑務所収容者、および失業者に対する働きが含まれていた。同胞会の力が最も強かったのは二〇世紀初頭であったが、一九九二年現在でおよそ三五〇〇人のメンバーがおよそ四〇〇の支部に属していた。

南北戦争から第一次世界大戦までの期間に、大半の聖公会員は社会工学に懐疑的であったばかりでなく、経済的・社会的諸問題について保守的であった。多くの信徒が、救済は個人的なプロセスだけであり、教会の義務は個人に霊感を吹き込むことであって、しかる後に個々人はキリスト者として社会をよくするのだと信じ続けていた。現在も当時も、聖公会は社会的諸問題について発言すべきだと信じているのは、信徒よりもむしろ聖職であった。それは、産業界の大物が聖公会や長老派の教会で最も良い会衆席を占めていた時代であり、著述家はローマ・カトリックでさえ「財産と富、国家、資本主義、すべての反動勢力と共に並んでいた[84]」と主張しうるであろう。いかなるストライキにおいても、雇用者は一般的に合衆国の大半の教会が彼らの側に立つと期待できたのである。

同時に、労働者住宅の一室で家族四，五人が眠り、路面電車の運転手と車掌は一日一七時間働き、ストライキ参加者とストライキ破りがアメリカ中の都市で暴力的に衝突していた。共産主義とか無政府主義とかいう非難が、労働条件の改善についての人々の論議を押し殺していた。そのようなコンテキストで、アメリカ聖公会の諸組織と総会から発せられた諸声明は衝撃的であった。「われわれの日々の行動、売ったり、買ったり、利益を得たりすることにおいてわれわれの仲間に愛を絶えず示すことほど困難で、神の恵みを必要とすることはない。」と、リチャード・T・エリーは書いている。[85]

修女会と女執事

教会法によって聖公会の執事職と司祭職から排除され、慣習によって指導的地位から排除されていた女性は、南北戦争以前の時期には、無給のボランティア活動によって教会に奉仕していた。聖書協会やトラクト協会、伝道の補助会、縫製サークル、オルターギルド、日曜学校は、牧師夫人や宣教師夫人の義務と同様、「女性の仕事」と特徴付けられた。牧師夫人の葬儀に際して語られた典型的な言葉だが、一八四八年にある賞賛者は次のように語っている。

「彼女は結婚の時までは日曜学校の教師で、常にそのポストにあった。彼女は多くの手紙を親戚や学校の友人に書いた。…信仰について触れない手紙は稀であり、多くの手紙はもっぱらその問題についてだった。…彼女は人々の足を平和の道へと向けさせる神の道具であった。[86]」

一九世紀の半ばには、オックスフォード運動がアメリカで修女会を設立し、女性に教会奉仕の新しい可能性が開かれた。修女会は「女性の仕事」に代わるものであったが、その設立には無数の障壁があった。

誓願をした女性の共同体、すなわち「修女会」という展望は、多くの聖公会員を警戒させた。オックスフォード運動は多くの修女会を奨励したが、同時にアメリカ聖公会全体の反ローマ・カトリック感情をかき立てた。実際のところ、アメリカで最初の聖公会修女会の設立者たちはオックスフォード運動の支持者ではなかった。ここでも再び、アン・エアーズとウィリアム・オーガスタス・ミューレンベルグが彼女らの聖餐修女会（一八五二年にマンハッタンで設立）がローマ・カトリックの修道会といかに異なっているかを詳細に説明している。ルター派の共同体を模範にして、聖餐修女会は終身誓願と修女服を慎むだけでなく、祈りのスケジュールよりもメンバーが定期的に奉仕の仕事に専念できるように組織された。

しかし、聖公会の女性の中には、もっと伝統的な形の修女会を追求した者もいた。一八六五年に、聖餐修女会の元会員がニューヨークで聖マリア修女会を設立した。この修女会は聖務日課と伝統的習慣、清貧と純潔、服従の誓願を当然としていた。「ローマ的極端」とか「むかつくような聖母崇拝」というローチャーチからの非難を乗り越えて、修女会はその会員数を着実に増やし、他の都市にも拡大した。[87] 貧困層と病者の間での修女会の働き―とくに一八七八年の黄熱病の流行するメンフィスでの働き―は、たいていの批判者を沈黙させた。

今ひとつの修女会、聖誕修女会はウィスコンシンのフォンデュラクでグラフトン主教によって設立され、志願者に求められる態度として「世の中を離れる願い」を挙げている。[88] これは生に対するアプローチとしては最も非プロテスタント的である。一九〇五年にはおよそ二二の修女会が存在したが、聖公会のどの修女会も、プロテスタントとカトリックのアイデンティティの緊張に直面した。両方の傾向を持つ修女会が結成された。スミス・カレッジとボストン博物館美術学校で学んだある女性は、聖アンナ修女会に入るつもりだという「驚くべきニュース」を両親に知らせたときの、聖公会信徒の母親と合理主義者の父親の反応を次のように描いている。

「それは私の人生で最もひどい経験の一つでした。二人とも完全に絶望したからです。父親は彼が私にしてくれたすべてのことを私が拒絶しようとしていると感じ…母親は悲嘆にくれた…父親は全くそれを受け入れることができず、私を勘当し、二度と私に会うことはなかった。しかし母親は、私のもとに留まってくれた。私が生涯の召命として歩むまで、彼女は家に来て帰る時にはいつでも、自分の希望を語り、私と口論した。[89]」

聖公会の孤児院、病院、避難所、学校、リトリートハウス、その他の施設は、修女会の働きによって支えられた。いくつかの修女会は、合衆国の近代的看護法および看護教育を形成する上で卓越した役割を果たした。アメリカ聖公会からの正式の認可がなかったので、大半の修女会はボランティアや後援者の援助によって独自の財政的支援ネットワークを築いた。信徒の補助者の中には給与を受けた者もいたが、修女たちは無給で働いた。

修女会の働きは、以前には取り組まれていなかったか、男性によって支配されていたミニストリーの諸分野を包含していた。彼女たちは自教派における女性の役割を定義し直すのに貢献したが、彼女たちの修道生活や無給の身分、独身制などによって、修女会は比較的少数者にとっての選択肢にとどまった。例えば、施洗者聖ヨハネ修女会は、一八七〇年から一九七〇年の間に七〇人の終身請願者を記録したに留まった。アメリカ聖公会が女性の職務を確立する必要があるのは明かであった。

教会の女性 ―とくにメアリー・エメリー・トゥイングの声― に応えて、一八八九年のアメリカ聖公会総会は、公式に「女執事《じょしつじ》」の職務を認可した。それは、「貧困層と病者のケア、青年らの宗教的訓練、道徳改革の仕事を遂行するのを助けるためであった。[90]」教会法によれば、女執事は独身または未亡人であり、二年間の訓練を終えることが必要であった。大半の修女と異なり女執事の服装は余り「カトリック的」でなく、共同生活をすることもなく、有給であった。また、終身誓約をすることはできなかった。

新たに訓練を終えた女執事の中には、婦人補助会の支援を受けて、宣教活動に入った者もいた。また、教会区の働き手として、教師として、校長として、あるいは孤児院の舎監として雇われた者もいた。彼女たちを訓練するために、アメリカ聖公会はニューヨークやフィラデルフィア、サンフランシスコ、後にはその他の諸都市に、女執事訓練学校を設立した。二年間の訓練プログラムは、神学校のカリキュラムの縮小版からなり、さらに看護学などの特別なコースが追加されていた。

女執事は彼女たちが奉仕した教会区や施設で倦むことのないキリスト教的奉仕という伝統を残したが、その役割を巡る混乱がその職務を当初から妨げた。一九二二年の総会への委員会報告は、「女執事は教会によって認可されているというよりは、容認されてきた。彼女たちも、また人々も、女執事とは何であるのか、何を付託されているのかをはっきりと認識していなかった。[91]」一八年後の総会にも似た報告が提出されている、「女執事とは何であるのか、何をするのかについてのいくらかの混乱がある。[92]」

一つのことは明白である。女執事の職務は執事の職務の女性版ではないということである。執事は主教による「叙任」を受けるが、教会の任命式の用語でいえば、主教は女執事を「他と区別する（set apart）」のである。女執事は神に召されていると考えられているが、彼女たちは神学的訓練を受けて職務の誓約を終えた後でさえも、明らかに男性聖職に従属する立場にあった。彼女たちは病者の牧会、青少年の教育、管理的職務を遂行することはできるが、決して聖餐式の司式や、男性の執事や司祭が不在の場合を除いて説教や礼拝の司式をすることはできなかった。彼女たちが奉仕するのは、しばしば人数が少ないために男性司祭を養うことができない会衆であった。その結果、彼女たちはしばしば「女性の仕事」のフルタイム、有給の働き手になってしまった。

もう一つの相違が、女執事の従属的地位を説明している。執事は終身の誓約をしても結婚することが出来たが、それに対して女執事は未婚か未亡人であることを求められた。女執事が結婚することを選択すると、その職務を辞めなければならなかった。当時の観点から言えば、総会の代議員と主教―彼らはすべて男性であった― は、結婚を女性の究極の召命であるばかりでなく、女性が全面的に献身すべき召命であると見なしていた。

他方、大半の女執事たちは自分の職務に召命を見出し、それに全面的に献身していた。中には教会法の規定を超えて終身誓約をした者もいた。一九三〇年代に総会が暫定的に既婚の女性が女執事になることを認めたとき、投票した六一パーセントの女執事が彼女たちの職務はフルタイムの献身が必要であり、それは未婚の女性にだけ可能であると論じた。当時は、女性が結婚と職業を両立できると考えた聖公会員（あるいはアメリカ人）はほとんどいなかった。

多くの女執事がその職務に充実感を見出していたが、たいていの聖公会の女性には、女執事の職務は教会での仕事のための可能な選択肢を提供しはしなかった。女執事の数は徐々に減少し、一九三四年には二〇〇人を超えたが、一九四三年には一〇〇人になり、一九六四年には八〇人以下になった。一九七〇年代になって初めて、アメリカ聖公会における男性と平等の地位を女性に認めたが、それまでは教会の職務についている女性の数は多くはなかったのである（アメリカ聖公会の執事および司祭への女性の叙任については、第六章で述べる）。

教会と教育

〈小中学校〉

植民地時代の牧師の私的な塾からビクトリア朝末期アメリカの私立高等学校（preparatory school）[二九]に至るまで、アメリカ聖公会はアメリカの主流教派の中では、ローマ・カトリックに次いで小中学校教育に力を注いできた。アメリカ聖公会は特に、一九世紀末から二〇世紀初めに聖公会の支援で建てられた全寮制学校で有名である。

起源は初期アメリカの聖公会牧師の私塾であるが、聖公会の全寮制学校が始まったのは、南北戦争前の時代である。初期の有力なモデルとしては、ウィリアム・オーガスタス・ミューレンベルグのフラッシング・インスティテュート（一八二八）、ウィリアム・R・ホイッティンガムのセント・ジェームズ（聖ヤコブ）カレッジ（一八四二）、ジョージ・シャタック・ジュニアのセント・ポール（聖パウロ）学校（一八五五）がある。イングランドのイートン、ハロー、その他のパブリックスクールに肩を並べるものとして、マサチューセッツのグロトンやセント・マーク（聖マルコ）、ロードアイランドのセント・ジョージ（聖ジョージ）といったアメリカ聖公会の私立高等学校は、やがて遥か西方のハワイにまで広がった。数十年の間に、これらの聖公会の学校は流行のアカデミーに発展したが、本来の目的は聖公会の信仰で若者を育て、彼らをキリスト教の奉仕生活へと導くことであった。

グロトンのエンディコット・ピーボディ（ルイス・オーチンクロスの小説『ジャスティンの牧師』で有名）やセント・ポール（聖パウロ）のサミュエル・スミス・ドゥルーリー（いつも自分を訪れた子どもたちに「今日は。君は洗礼を受け、堅信を受けたかい？」という言葉で挨拶をした）のような校長に導かれ、これらの学校はキリスト教を植え付け、リベラルアーツの初歩を教える以上のことに関わった。学校では規律や道徳、礼儀作法、服装、そしてビクトリア時代の人々が呼ぶ「男らしさ」をも教えたのである。威厳のあるピーボディ夫妻は、校長宅にいる場合には毎晩一人ひとりの生徒に「お休み」と言い、生徒と卒業生はどこにいようとも、校長が挨拶の時に力強い手を生徒の両肩に置いたその衝撃に耐えることを学んだ。

何年にもわたって、これらの聖公会学校、とくにニューイングランドの学校は、卒業生たちをアイビー・リーグ[30]の大学に送り、アメリカの経済的・政治的・社会的指導者を育てるのに大きな役割を果たした。また数多くの卒業生が聖公会の教会委員（ベストリー）、司祭、主教になった。グロトンで学んだアメリカ人の中には、大統領フランクリン・D・ルーズベルト、国務長官ディーン・アチソン、建築家ラルフ・アダムス・クラム、政治家アヴェリル・ハリマンがいる。チョート校の卒業生の中には、大統領ジョン・F・ケネディ、銀行家ポール・メロン、および大統領候補アルディ・スチーブンソンがいる。ウィリアム・ランドルフ・ハースト、ジョン・D・ロックフェラー、およびコーネリアス・ヴァンダービルト・ジュニアはセント・ポール（聖パウロ）学校で学んだ。

二〇世紀初頭に設立され、しばしば最終学校として（とくに東部で）始められた聖公会の全寮制女子校は、男子校よりも遅れて現れた。一九三〇年代にはこれらの学校の大半は、大学入学準備のカリキュラムへと移行した。女子の学校としては、コネチカットのローズマリー・ホールならびにセント・マーガレット（聖マーガレット）、ニュージャージーのセント・メアリー（聖マリア）、メリーランドのセント・ティモシー（聖テモテ）、ヴァージニアのチャタム・ホール、ケンタッキーのマーガレット・ホール、テネシーのセント・メアリー（聖マリア）、およびワシントンのアニー・ライトがある。

これらの女子校では普通、男性の校長ではなく女性の校長が運営責任者だった。多くの女性校長が、この職務を生涯の仕事と考えていた。全米聖公会関係学校協議会の創設に力のあったルース・ジェンキンスは、ワシントン州タコマにあるアニー・ライト神学校（現在のアニー・ライト学校）で校長として二〇年以上奉仕した。ヴァージニアのチャタム・ホールでは校長のヴァージニア・ホルトが三〇年以上の任期にわたって厳しく監督し、水泳プールの水温から大学に進む上級生のカウンセリングに至るすべての事柄を管理した。修女のレイチェル・ホスマーは、一九七七年に聖公会司祭として叙任されるまでの二五年間マーガレット・ホールの校長を務めたが、彼女のように多くの女性は学業成績の優秀さを奨励しただけでなく、学生に自信と社会的自覚を持たせようと努めた。

何十年にわたって聖公会の全寮制学校を批判してきた人々（一部の卒業生を含む）は、紳士録的雰囲気と学生たちの均質性と上流気取りを嘆いてきた。批判的な人々も支持する人々も共に、これらの学校をアメリカ貴族層の揺りかごと見なした。しかし、一九六〇年代と一九七〇年代初頭には、男女共学化、マイノリティの募集、学業成績の強調など、変化が見られるようになった。

同時期、および一九八〇年代には、合衆国中で聖公会系の多数の小中学校が新設された。フロリダから北西太平洋岸に至るまで、また、通常（必ずではないが）全寮制ではなく昼間の学校としてこれらの学校が生まれたのには、多くの理由がある。中には一九五〇年代の集中的な教会成長の時期に設立されたものもある。「ヘッド・スタート」といった早期幼児教育プログラムの成功に励まされて、一九六〇年代に保育園・幼稚園として始まったものもある。また一九七〇年代と一九八〇年代に、公教育の衰退を予測して、厳格な学業と価値志向の教育を提供することを目的として生まれたものもある。また、人種統合教育の動きに対する「白人の避難所」を背景に設立されたものもあった。

以前からある聖公会系の全寮制学校と全日制学校と並んで、これらの新設校は他の宗教的背景を持つ生徒がいかに初めてアメリカ聖公会と触れ合うかを示している。それらの学校生徒のおよそ七五パーセントが教会に通っていないか、他の教派の背景で育っている。最近では、中等教育の分野において聖公会の成長が見られる。

〈高等教育〉

アメリカの主要諸教派の中で、アメリカ聖公会は教会関連の大学を設置運営するのがもっとも遅かった。オックスフォードやケンブリッジの伝統を持ち、聖職信徒の学識が高く、建築や典礼、音楽に対する高度な眼識を持った教派が、なぜ高等教育に関してそんなにも貧弱な成果しかないのかということは、アメリカの宗教史における謎の一つである。

一九九〇年代になっても、アメリカでわずかに七つの聖公会大学しかないということは、一八世紀の教養あるアメリカ人を驚かせるであろう。他の教派と比べて、初期アメリカにおいて聖公会はヴァージニアやペンシルベニア、ニューヨーク、メリーランド、およびサウスカロライナで最初の大学を開設する勅許状を得るか、実際に開設することで高等教育の先鞭を切った。

ヴァージニア・ウィリアムスバーグのウィリアム・アンド・メアリー大学は、早くも一六一八年に、異なる名称で最初の学問的建物が建設されていたが、これは一六二二年のアメリカ先住民大虐殺によって終わりを告げ、一六九三年に勅許状が下り、一六九七年に大学として開校した。ニューヨーク市のキングス・カレッジ（一七五四年。現在のコロンビア大学）は聖公会によって設立された。どの教派にも属していないが、フィラデルフィア大学（現在のペンシルベニア大学）は、聖公会の強い影響の下で、一七五五年に勅許状を取得した。メリーランド・アナポリスのセント・ジョン（聖ヨハネ）大学は、一六九八年に聖公会によって設立されたと主張しているが、大学レベルの活動についての勅許状は一七八四年まで下りなかった。

独立以前のこれらの学校法人に対する聖公会の影響力は、時と共に低下していった。南北戦争における財政的損失に起因して、ウィリアム・アンド・メアリー大学は一九世紀末にヴァージニア州の州立大学制度に組み込まれることで存続することができた。また、コロンビア大学の総長は、第二次世界大戦後ドワイト・D・アイゼンハワーがその職に就くまではすべて聖公会員であったが、一九〇八年にアメリカ聖公会はこの大学を聖公会関係学校のリストから外した。

独立戦争から南北戦争の終わりまで、アメリカ聖公会はほぼ四〇の大学の設立認可を受け、あるいは開設した。聖職候補生やその他の学生に大学教育を授けるために他教派が設立した類似の大学と同様、これらの学校の多くは短命であった。聖公会のためにこの時期に設立された他の高等教育機関は生き残ったが、もはや聖公会という教派とは結びつきを持っていない。その中には、メリーランドのワシントン大学(一七八二年設立)、サウスカロライナのチャールストン大学(一七八五)、ペンシルベニアのリーハイ大学(一八六五)が含まれる。最近までコネチカットのトリニティ(三一)大学(一八二三年設立)は聖公会の大学であった。今日では南北戦争以前に聖公会によって設立された大学ではわずか四校—ニューヨークのホバート大学(一八二二)、オハイオのケニヨン大学(一八二四)、テネシーの南部大学(一八五七)、およびニューヨークのバード大学(聖ステパノ大学として一八六〇年に設立)—だけが、アメリカ聖公会に所属している。

南北戦争以後の時期にアメリカ聖公会が設立した二六の大学では、三校—セント・オーガスチン（聖オーガスチン）大学（ノースカロライナ・ローリー）、セント・ポール（聖パウロ）大学（ヴァージニア・ローレンスヴィル）、およびブーリーズ大学（サウスカロライナ・デンマーク）―が今日も正式に聖公会に連なっている。これらはすべてアフリカ系アメリカ人のために設立された大学であった。しかし、聖公会から離れたということは、必ずしも完全な損失と見なされるべきではない。というのも、これらのかつての聖公会大学のいくつかの雰囲気は、依然として聖公会的だからである。

〈神学校〉

植民地時代には。アメリカ植民地で聖公会の聖職になろうとする青年は、通常神学部のあるウィリアム・アンド・メアリー大学のような学校で学んだ。イングランド教会による聖職試験のために学んだ後、彼らはイングランドに出かけて受験した。船の難破や疫病のため、この航海は危険なものであった。ロンドン主教あるいはそれに代わる主教の試験に合格すれば、青年たちはイングランドで執事あるいは司祭に叙任された。他教派からの改宗者、あるいは聖公会以外の大学で学んだ聖公会員は、地方の牧師の指導の下で実習し、しばしば牧師館に住み込み、教会区の仕事を手伝った。神学校がなかったため、この見習い制度は独立戦争後、アメリカの主教が有資格の候補者を叙任するようになっても続いた。

一八一七年にアメリカ聖公会総会は、ニューヨーク市に、アメリカ聖公会全体のための正式で

「総合的」な神学校としてゼネラル神学校を設立した。この神学校が他の教区から遠く、また明白なハイチャーチ・カラーであったため、さらにいくつかの神学校の設立が求められた。

一九六〇年代と一九七〇年代の神学および典礼の変化によって、神学校についての一般論は困難になった。バプテストからローマ・カトリックにまたがる諸教派の場合と同様に、アメリカ聖公会は概してリベラル、穏健派、伝統主義者と呼びうる党派を含んでいる。「チャーチマンシップ」という踏み絵に基づく古い分裂は大体において消滅した。たいていのアメリカ聖公会員は、現在ではおそらく「中道派教会（セントラルチャーチ）」と呼びうるカテゴリーに属するだろう。

しかし、今日も存続している神学校の内、ウィスコンシン・ナショタにあるナショタ・ハウス（一八四二）は伝統的にアングロ・カトリックを代表しており、近年では聖公会伝統主義を標榜している。ヴァージニア神学校（ヴァージニア・アレキサンドリアにあるプロテスタント聖公会神学校（一八二三・ヴァージニア神学校）は、主な福音主義神学校である。そして、聖公会神学校（the Episcopal Divinity School、一八六七年にマサチューセッツ・ケンブリッジで the Episcopal Theological Seminary として設立。一九六七年に一〇五年の歴史を持つフィラデルフィア神学校と合併）は、ブロードチャーチの思想を代表し、世の中における教会の役割に関心を持っている。アングリカニズムのすべての傾向を採り入れつつ、ゼネラル神学校はその歴史の大半を通じてハイチャーチの伝統に留まっていた。

色合いの違いはあるがハイチャーチの伝統を持つその他の神学校には、テネシー・スワニーの南部大学神学部（一八七八）、コネチカット・ニューヘイブンのバークレー神学校（一八五四年にコネチカット・ミドルタウンで設立。一九七一年以来イェール大学に所属）、イリノイ・エヴァンストンのシーベリー・ウェスタン神学校（一九三三年に、ミネソタのファリボーのシーベリー神学校と、シカゴのウェスタン神学校の合併で設立）がある。何十年もの間、オハイオ・ガンビアにあるバックスリー・ホール（一八二四年に設立。一九六八年以降はニューヨークのロチェスターにあるロチェスター神学研究センターの一部）は、福音主義の傾向で知られていた。保守的福音主義を強調しつつ、カリスマ的影響を付加しているのは、ペンシルベニア・アンブリッジのトリニティ（三一）聖公会神学校（一九七五）である。大学街であるカリフォルニアのバークレーおよびテキサスのオースチンには、太平洋神学校（the Church Divinity School of the Pacific、一八九三）と南西聖公会神学校（the Episcopal Theological Seminary、一九五二）という二つの神学校があり、これらはローチャーチおよび中道派教会（セントラルチャーチ）の伝統から生まれたものである。

設立時から二〇世紀中葉に至る期間に、神学校の一部はオックスフォードおよびケンブリッジをそのライフスタイルのモデルにするようになった。また多数の聖公会の聖職は、シカゴやイェール、あるいはニューヨークのユニオン神学校で学んでいる。教会法によって、主教は聖職候補生がどの神学校で学ぶかを決定する権限を持っている。ローマ・カトリックや東方正教会の司祭、あるいはプロテスタント諸教派の教役者が聖公会の聖職になることを希望する場合には、聖公会の神学校で一、二年を過ごす。そのため、神学生全体の中にはほぼ常に年長者が含まれる。一九六〇年代の社会的変化の影響で、年長の神学生の数は著しく増加した。

変化の世紀

第一次世界大戦までに、聖公会員であることは一〇〇年前よりは複雑な様相を呈するようになった。一八一七年にはたいていの聖公会員は、聖書の逐語霊感説を信じていた。彼らはエデンの園を信じ、アメリカ聖公会がプロテスタントであること、荘厳だがシンプルな礼拝を信じ、教会の職務からは女性を除外することが神の意志であること、奴隷制度のような政治的論争について教会は沈黙すべきであることを信じていた。

一九一七年には、文字通りのアダムとエバについての信仰は消え、集会所のように建てられた教会についての信念も、アメリカ聖公会の中からは馬や馬車のように消えてしまっていた。聖公会の礼拝は、百年前ならローマ・カトリックに特有と思われた慣行を含むようになった。女性は修女や女執事として働いていた。聖公会員は、神の国は敬虔な信仰に対する死後の報酬以上のものであること、イエス・キリストに忠実であろうとするならば個人的宗教と社会的福音を切り離すことはできないということを聞かされるようになった。二〇世紀になっても、これらの変化が提起するチャレンジは解決されるどころか、ますます大きくなるだけであった。

第六章　二十世紀におけるアメリカ聖公会

アメリカ聖公会と第一次世界大戦

　主としてイギリスの伝統に属するキリスト者として、ほとんどすべての聖公会員が第一次世界大戦へのアメリカ参戦を支持したであろうと思われている。宣戦布告に先だって、ブレント主教やニューヨーク市のトリニティ（三一）教会のウィリアム・T・マニングといった指導的聖職は公然と中立に反対した。主教会は一九一六年に孤立政策に反対し、一九一七年にアメリカが参戦したとき全面的な協力を誓った。

　一九一七年以降アメリカ聖公会の数少ない平和主義者は、一般的に社会的福音の影響を受けていた聖職たちの中に存在した。ニューヨークのデイヴィッド・グリア主教は戦時中一貫してアメリカの関わりに反対していた。ユタのポール・ジョーンズ主教は、ユタ教区が彼の平和主義に反対したため、一九一八年に辞任した。[93] ニューヨークのブルックリン・ハイツのホーリー・トリニティ（聖三一）教会のジョン・ハワード・メリッシュのような聖職は、反戦の意見を持っていたためにもう少しのところで牧師を辞任せざるをえなくなるところであった。

第一次世界大戦中典型的に現れたのは、ワシントンDCのエピファニー（顕現）教会牧師ランドルフ・H・マキムのような聖職の驚くべき明確な聖戦論であった。彼は説教の中で第一次世界大戦を「十字軍。世界で最も偉大な、もっとも神聖な聖戦」と呼んだ[94]。この教会の戦争委員会とその他の部門は、聖公会の軍人に認識票と共に着ける十字架を贈った。彼らはまた、聖書と祈祷書、聖歌集を送った。チャプレン（従軍牧師）になった聖公会聖職は二〇〇人以上に上った。ミシシッピのセオドア・デュボーズ・ブラットン主教は教区から休暇を取り、フランスにおもむきYMCAのために働いた。チャールズ・ヘンリー・ブレントが総裁主教であったときにアメリカ遠征軍司令官ジョン・パーシングは聖公会員になっていたので、ブレント主教はアメリカ遠征軍の上級チャプレンに指名された。また第一次世界大戦では、聖公会の教会に常時アメリカ国旗が掲げられるようになった。また、多くの聖公会の教会ではプロセッションやチャンセル上に赤と白とライトブルーのアメリカ聖公会旗[三]が国旗と共に掲げられた。

ヴェルサイユ条約の後、一九一九年の総会は多くの聖公会聖職および定期刊行物と共に、国際連盟の創設を支持した。国際連盟の主な反対者ヘンリー・キャボット・ロッジは聖公会信徒であった。一九二四年までには、第一次世界大戦に対する幻滅（戦死者は八〇〇万人、負傷者は三七〇〇万人。その大半はキリスト者であった）によって人々の態度は大きく変わり、平和主義によるものか孤立主義によるものかに関わらず、反戦感情が一九三〇年代の聖公会員およびその他のアメリカのキリスト者の間で強く存在するようになった。ノースダコタ・ファーゴのゲッセマネ大聖堂の主任司祭ハロルド・ブリュースターのような平和主義の聖職は、戦争に反対する書籍（『戦争の狂気』一九二八）を出版した。一九八〇年代になっても、その時代の幻滅を経験した聖公会聖職は、未だに教会の出版物に抗議の手紙を書き続けている。

「われわれは、暴虐という、後に真実でないと分かったストーリーに煽られて第一次世界大戦に突入した。それはプロパガンダによる戦争だった。それを仕組んだのはわが連合国であり、われわれが確実に戦争に巻き込まれるようにするためだった。その通りのことが起こった。われわれはそれに屈し、容易に殺人者の国になった。そしてわが若者たちは、その犠牲になったのだ。[95]」

再編成、禁酒、そして一九二〇年代

マサチューセッツの著名な主教ウィリアム・ローレンスによる七年間の準備作業の後、一九一七年にアメリカ聖公会総会は教会年金基金を設立した。それによって、逝去聖職の扶養子弟・子女のみならず、高齢者・障がい者の聖職と未亡人が退職によって年金を受け取ることができるようになった。それ以前には、聖公会聖職の大半は、倒れるまで働くか、慈善に頼って暮らすかの選択肢しかなかった。八〇〇万ドルの寄付（それは自発的な献金によって一教派によって集められた金額としては最大であった）によって始められた年金基金は、他の多くの教派の退職プログラムに影響を与えた。

一九一九年にアメリカ聖公会は、以前には互いに調整されていなかった教派としての各団体を、ニューヨーク市のパーク・アヴェニュー南二八一にある六階建ての教会宣教本部に集中することによって、効率を高め、協働の意識を高めようとした。総裁主教（一九二五年からは決まった任期で選出され、聖公会で「二八一」と呼ばれるようになったオフィスを与えられた）を議長として、選出された主教、司祭、および信徒からなる二四人の全国評議会が総会と総会の間の期間に聖公会の活動を進める責任を与えられた。それまでの一〇年間に年金基金の資金を成功裏に集めた経験に基づいて、一九一九年の総会は、教会のニーズを確定し、財政的支援を強めることを目的とした「全米キャンペーン」を始めた。このキャンペーンはささやかな成功を収め、「約束の封筒」と毎年の「一人ずつのキャンバス」運動をアメリカ聖公会の定期的な活動とした。教会の再編成の動きは、アメリカ実業界のやり方に大きく影響を受けていた。

一九一九年はまた、米議会が女性の選挙権の修正を可決した年であり、この年のアメリカ聖公会総会では聖公会の女性が教会の各種会議における投票権を要求した。彼女たちはまた、宣教局理事会および女執事年金基金における代表権を求めた。男性のみであった総会は、最初の二つの要求を退けたが、第三の要求は検討する旨を決議した。

また一九一九年に、聖公会はボルステッド法[三三]に直面した。それに先立つ時期に、他のメインライン・プロテスタントとは異なり、聖公会は禁酒運動にあまり関わっていなかった。ペンシルベニアの主教アロンゾ・ポッターのように禁酒の旗印を掲げた一九世紀の聖公会員の大半は、福音主義派に属していた。大多数の聖公会員は、飲酒は個人的な道徳の問題であり、自主的な節酒の原則を受け入れており、教会も国家も強制的な方向に向かうのを望んでいなかった。したがって、たいていのプロテスタント教会と異なり、聖公会は聖餐式で醸造ぶどう酒を使用し続けていた。禁酒法施行後でさえも、アッシュビルのジュニアス・M・ホーナーのような主教たちは、聖餐式におけるぶどうジュースの使用は「主の行動によって保証されない」と禁酒派の聖職に指示している。[96]

一九〇四年に一群の改革志向の聖公会員が非現実的な「レインスフォード計画」（イングランドでの類似のプログラムに基づいた）を取り入れ、マンハッタンのロウワー・イーストサイドで「改革酒場（サロン）」を開いたことで、アメリカ聖公会は広範囲にわたる批判的な宣伝の的になった。評判の悪い酒場を破産させるために、彼らは当時珍しかった原則、つまり法的営業時間を遵守すること、比較的弱い飲み物とよい食べ物を提供すること、混ぜ物のないアルコールを出すこと、未成年および泥酔者にアルコールを出さないこと、そして酒場を家族皆で来ることができる場所にすること、という原則に基づく酒場を計画したのだった。

改革酒場の正式の開店には、アロンゾの教養ある息子で、全米禁酒運動の反対者であるニューヨークの主教ヘンリー・コッドマン・ポッターの、酒場は貧しい人々の逃れ場であり、社会はそれを破壊するのではなく改善するように働くべきであるという趣旨の発言があった。また、明らかに予定外の賛美の歌声が響いた。主教が去った後、その場にいた博愛主義者とロウワー・イーストサイドの住民は、ポッター主教の健康のために乾杯した。全米の記者や漫画家がこの短命な酒場を見学に訪れ、キャリー・ネーションやリバイバリストの「ジョージア」サム・ジョーンズのような禁酒運動の指導者も見学に訪れた。禁酒志向の強いテネシー州のトマス・F・ゲイラー主教は、一九一九年から一九二五年までアメリカ聖公会全国評議会の主任として奉仕したが、彼もまた同様に攻撃の的となった。

禁酒運動に対する全米的な支持が高まるにつれて、アメリカ聖公会の反応は注意深くなった。教会禁酒協会（一八八一）は、それ以前の禁酒団体のように、当初は絶対禁酒主義者から穏健な節酒主義者までを含んでいたが、第一次世界大戦までは禁酒を奨励するのを控えていた。一九一六年の総会は酒類取引を禁ずる強硬な法的措置を支持し、聖公会員に公的な宴会の場でアルコールを断ることによって模範を示すように呼びかけたが、全面的な禁酒を支持するまでには至らなかった。しかし、ボルステッド法が可決されると、総会は法律に従うよう決議した。

一九二〇年代に入って何年かすると、聖公会員の大多数は禁酒は明確に失敗であったと考えるようになった。とはいえ、多くは完全な撤回ではなく、改善を求めていたようである。ボルステッド法の六年間の経験を踏まえて、教会禁酒協会は当初の禁酒支持を撤回した。

これも一九二〇年代のことだが、総会はクー・クラックス・クランを非難するようになった。

この団体は聖公会の中でほとんど支持する者はなかったが、「赤狩り」とか「サッコ・ヴァンゼッティ事件」の際には公然と行動に訴え、それを巡って聖公会の意見は分裂した。スコット・フィッツジェラルドの小説を読んだ者は、男性の主人公はしばしばアイルランド系の名前を付けられていたが、その主要な登場人物が聖公会員であることを知った。

戦後の娯楽ブームと日曜日に自動車でドライブに出かけることができるようになったために、教会礼拝出席の習慣が脅かされるようになった。新しく取り入れられた福音主義的手法の中には、広告の使用（多くの他教派と同様、聖公会も宣伝部門を設けた）や、イングランドから導入した救世軍（サルベーション・アーミー）に倣った信徒伝道者の団体であるチャーチ・アーミーがあった。植民地時代から続く聖職の不足も続いていた。イギリス以外の国からの大量移民は、一九〇〇年から一九三〇年の間の聖公会の成長率が一八二〇年の内外伝道協会設立以来最低であったということを意味している。それにも関わらず、一九二〇年代までに教会宣教本部の諸施設は手狭になり、全国評議会は一九二六年には新しい本部ビルを建てる最初の呼びかけが出された。

一九二〇年代にはエキュメニズム運動が前進し、ミューレンベルグ覚書に基づく滅多に用いられない協約が結ばれた。それによって聖公会の主教は、会衆派やその他の牧師が自教派の職務を離れることなしに、それらの牧師を叙任することができるようになった。しかし、他教派出身の聖職は、聖公会聖職にとどまり続けた。「私の中の深いところで、何かが聖公会の優美に仕上げられたやり方と響き合うのだ」と、一九二五年に聖公会司祭になったある高名なバプテスト牧師が書いている。

「聖公会の崇敬の雰囲気、秩序だった品位ある礼拝、今日と過ぎ去った時代とを結ぶ歴史的連続性、過去の信仰と未来の希望を体現したシンボル、賢明で幅広い寛容、古式豊かな美しい典礼…サクラメントの組織された神秘性――こうした優美さ全てが、私を深く感動させた。

さらに言うならば、もっと重要なのは、今日の混乱した宗教的状況の中で聖公会が保持している中心的・戦略的位置である。米国聖公会は、各人が自己の洞察によってその深みと驚異を探り当てつつ解釈する明白な真理のシンボルとしてのキリスト教信仰の基本的諸事実を受容しているという点で、キリスト教世界におけるもっとも幅広い教会である。

不毛なリベラリズムと辛辣な正統主義の間で、アメリカ聖公会は賢明な道筋を取り、信仰の永遠の価値を保持しつつ、時代の荒波の中で明らかにされる神の言葉を読み取ろうとしているのである。その精神と態度をよりよく理解するならば、古来の信仰への忠誠と新たな真理との間で引き裂かれている多くの悩める心にとって、天国であると同時に故郷となることだろう。[97]」

国際的なエキュメニズムの分野では、一九二七年にスイスのローザンヌで開かれた記念碑的な信仰と職制世界会議は、ブレント主教の構想に負うところが大きい。さらに、メーン州ガーディナーの信徒ロバート・ハロウェル・ガーディナーによる何年にも及ぶ無私の準備作業の貢献はそれを上回るものである。ガーディナーは古くからの聖公会家系の子孫で、総会でも隠然たる影響力を持つ代議員であったが、信仰職制会議の準備作業の任を与えられたアメリカ聖公会の委員会の書記として働いた。キリスト教一致という大義に対する彼の貢献については、学者たちの評価はまだ確定していない。ローザンヌでは、プロテスタント、東方正教会、復古カトリック教会などから一〇〇以上の教会の四〇〇人の代表が集まり、キリスト教の一致について討議した。

神学的には、ファンダメンタリズムと進化論を巡る論争は、アメリカ聖公会ではほとんど影響をもたらさなかった。信徒の一部と年長の聖職者の意見はともかくとして、一九二〇年代までに大半の聖公会員はダーウィニズムと聖書批評の必要性を受け入れていた。一九二三年に主教会は、聖公会の聖職信徒は処女懐胎とイエスの身体の復活の字義通りの解釈を信じなければならないという声明を出した。その結果起こった「現代主義」派（つまり、現代思想はドグマの根本的な再解釈を要求すると信じる聖職信徒）と伝統的正統信仰を擁護する人々との争いは、他教派の類似の争いよりは早く収束に向かった。アーカンソーの主教ウィリアム・モントゴメリー・ブラウンのような極端な現代主義者が現れたが、彼は多くの伝統的キリスト教教義を公然と否定した後、一九二四年に主教職を解任された。イングランド教会よりもアメリカ聖公会の方が現代主義の提唱者は少なかった。

「上下水道の配管の貧弱、劣悪な食品、大気の汚染、劣悪な社会的諸条件、劣悪な法律、劣悪な教育、さらに劣悪な道徳は、明確に非キリスト教的である」と、第一次世界大戦中に行われた講演の中で、ピッツバーグのある牧師は明言した。[98] 一部の教会史家が「教会のバビロン捕囚」と呼ぶプロテスタントによる実業界のテクニックと世界観の採用は一九二〇年代にアメリカ聖公会を席巻することはなかったが、ごく少数の聖職信徒は戦後も社会的福音の関心を持ち続けた。アメリカ聖公会のキリスト教社会奉仕の部門と各教区の類似の事務局は、社会的キリスト教のメッセージを肯定し続けた。特に社会的関心を強く持っていたのは、産業民主主義教会同盟書記のウィリアム・B・スポッフォードと、フェニックスのトリニティ(三一)大聖堂およびセントルイスのクライストチャーチ大聖堂の主任司祭を歴任したウィリアム・スカーレットであった。スカーレットは後に、ミズーリの主教になった。

大恐慌

アメリカ聖公会は、大恐慌による経済的崩壊から深刻なダメージを受けた。教会区によっては、会衆のほとんど全員が失業したところもあった。教会は人員削減と給与減額を実行した。女執事(職業保障が全くなかった)は、主な被害者であった。神学生の数は減少し、神学校を卒業する若者もほとんど職を見つけることができなかった。

全国の聖公会に対する各教区の納付金は急減した。ノースカロライナ教区の納付金は、一九二二年の三万七〇〇〇ドルから大恐慌のある期間には一万二〇〇〇ドルに減少した。当時のドル価値で、伝道団体に対する献金は一九三〇年の信徒一人当たり二ドル二五セントから一九四〇年には九六セントに減少した。均衡予算が求められていたにも拘わらず、全国評議会の債務は増大し、人員削減と給与減額を行い、諸教区に支援を求めざるを得なくなった。教会区のレベルでは、教役者への給与の支払いが時には何ヶ月も滞る教会があった。ノースダコタ・グランドフォークスのセント・ポール（聖パウロ）教会は、一九四〇年には銀行口座に三五〇ドルがあったが、未払請求書の金額は三〇〇〇ドルに達していた。

諸教区と諸教会区はもっとも厳しい緊縮財政をとらざるを得なくなった。ジョージアの主教は諮問会議に、宣教予算を減額するのではなく、主教給与の減額を申し出た。ノースダコタ伝道地方区は新聞の発行を停止し、その教区会の広報紙を、印刷ではなく謄写版刷りで発行し始めた。一九二〇年代に大規模な教会建物建設プログラムを始めていた教会は、一九三〇年代には借入金の返済が困難になった。オリンピア教区は一九三〇年にセント・マーク（聖マルコ）大聖堂の礎石を据え、一九三一年に献堂したが、借入金の返済に一〇年間苦闘した後、一九四一年には担保の受け戻し権喪失の憂き目に遭った。ウエストバージニア・ハンティントンにあるトリニティ（三一）教会のような他の教会は、教会建設計画をすっかりあきらめてしまった。ニュージャージーのような教区では、一九三〇年代を通じて受聖餐者の成長と財政基盤の強化が行われただけでなく、大聖堂の定礎も終えたが、そのような教区は稀であった。

多くの教会区はただ支払い能力を維持するためにかなりの精力を使ったが、大恐慌の間にも特定の目的のための献金を得ることができた。一九三四年には聖公会信徒による募金活動が成功を収め、全国評議会のおよそ一〇〇万ドルの債務を帳消しにし、聖公会の「前進運動」に勢いを付けた。一九三四年の総会で設立された聖職信徒からなるこの委員会は、アメリカ聖公会に新しい命を吹き込み、霊的にも財政的にも前進させることを目的としていた。彼らは重要な諸問題に取り組むため、青年、聖職、信徒の会議を計画した。

「この教会区は多数の受聖餐者を失ったか、それとも普段に保持しているか？……われわれは地域社会のニーズに気付いているか？……われわれの構成員でキリスト教を真剣に受け止め、定期的な献金によってその忠誠を表明しているのは、どのくらいの割合か[99]？」

このグループは、宣教および祈りの材料を出版し始めたが、この働きは今日も「前進運動出版物」の名で継続している。

大恐慌の間に、大多数の聖公会員はおそらく引き続き共和党に投票し続けたであろう。フランクリン・デラノ・ルーズベルトに対する共和党の主要な挑戦者であるウェンデル・ウィルキー、トマス・ドウエイ、ロバート・トラフトは聖公会信徒であった。ある調査によれば、聖公会聖職の大多数はニュー・ディール政策を好意的に見ていたが、アメリカの教役者全体の人数からいえば、いくぶん支持の程度は低かったようである。

しかしアメリカ聖公会の少数派であるが重要な人々は、社会・経済思想において左に振れた。フランクリン・ルーズベルトもエレノア・ルーズベルトも聖公会信徒であり、ルーズベルト内閣の最も有力な二人、フランシス・パーキンスもヘンリー・A・ウォーレスも聖公会信徒であった。聖公会の出版物と非公式の団体の中には、強い労働者支持の立場をとったものもある。それは一九三四年の総会も同様であった。

党派間論争とエキュメニズム運動

オックスフォード運動から一〇〇年を経て、この運動がアメリカ聖公会内に生み出した、しばしば激しくなった論争は静まっていたが、完全に無くなっていたわけではなかった。いわゆるリベラル福音主義といわゆるリベラル・カトリシズム―聖書批評と近代の科学思想を受け入れた福音主義とオックスフォード運動の二〇世紀における継承者―が次第に力を増していった。この二つの党派は相互に学び合った。「祈祷書チャーチマン」―厳格に祈祷書のルーブリックを守り、二つの党派の「ヴィア・メディア」を歩む聖公会員―が仲介役を演じた。福音主義運動とオックスフォード運動以来アメリカ聖公会内部で繰り広げられてきた聖職の肩書きの驚くほどの多様性をどう扱えばよいかを教会区信徒に示そうとして、ある「祈祷書チャーチマン」は次のような詩を書き、それを「小さなジングル」と呼んだ。

「そう呼びたければ私を『ブラザー』と呼びたまえ。『牧師』だったらなおよい。万一カトリックのひだ飾りがよければ、それで喜びたまえ。単なる『ミスター』でもよい、『神父』でもよいだろう。『博士』ならいくらかの尊敬を付け加えることになる。『先生』『牧師』『説教者』『友』…肩書きには切りがない。どれにも喜んで耳を傾けるだろう。どれも嫌でもないし、どれにも怒りはしない。しかし嫌みを込めて『師 Reverend』と呼ぶ人は、何と私の心を引き裂くのだろう。[100]」

しかし、アングロ・カトリックと福音主義（一八七〇年代以後、彼らは次第にローチャーチ・マンと呼ばれるようになった）の間の分裂は依然として鋭いままで、教会区を超えて教派全体のあり方に持ち込まれるようになった。「プロテスタント」という呼称―この語はアングリカニズムの伝統を途切れることなく引き継いでいることを表さないという理由でアングロ・カトリックは反対であった―を教団名から落とすという決議案は、三年ごとに開かれる総会でのお決まりの議案になった。

「両極端は遠く隔たっており、しばしば和解が不可能のように思える。」というのは、一九二八年に主教会が教会党派の分断について忌憚なく発した言葉であった。

「緊張は時には厳しいものになった。あるグループが重要と考えるカトリック的なものをもっと全面的に求めると思えば、別のグループは宗教改革において得た大きな価値が失われるのではないかと心を痛めている。一方のグループはローマ教会との再結合を希望のうちに祈り、他方は絶えずプロテスタンティズムとのより密接な関係を求めている。[101]」

一九二八年の牧会書簡は、両極端のグループは「キリスト教が決して狭隘で一面的ではないという偉大な真理の証しである」と断言しているが、アングロ・カトリックとローチャーチの聖公会との間の緊張が原因で、アメリカ聖公会は一九四〇年、つまり全米教会協議会が結成されてから三二年後まではその正式メンバーとして加盟できなかった。この対立がどこで終わるのか見当すらつかなかった。コロンビア大学のローマ・カトリックのチャプレン―ニューヨーク大司教区の大司教フランシス・カーディナル・スペルマンとしばしば対立したため、ニューヨーク教区の多数のローチャーチ聖公会員と友人になった司祭―は、一九三〇年にチャールズ・ギルバートをサフラガン・ビショップに選出した教区総会でローチャーチ派と共に座っていた。ジョージ・フォード神父は「全員が彼の選出を熱望していた。」とギルバートについて後に書いている。「その時も、仮にもしそれが合法的だったとしたら、自分も彼に投票しただろうと考えたことを覚えている。[102]」

また一九四六年に党派間の緊張によって、総会が突然、合衆国の長老派との組織的統一の交渉を終了するということが起こった。この交渉は、長老派とメソジストに対してアメリカ聖公会総会がシカゴ・ランベス四綱領に基づく一致を論議しようと呼びかけたことによって一九二九年に始まっていた。メソジストは自教派の分裂に集中するために、この論議からは手を引いた。しかし一九三七年にはアメリカ聖公会総会が―それに続いて一九三八年に長老派の総会が―一致に対する真剣な意向を示した声明を採択した。

「二つの教会は、主イエス・キリスト、受肉した神の言への信仰において一つであり、聖書が信仰の最高の基準であることを承認し、キリストによって定められた二つのサクラメントを受け入れ、キリストの諸教会の可見的一致が神の意志であることを信じ、ここにそれぞれの組織的統一を達成するという目的を宣言する。[103]」

この宣言は、シカゴ・ランベス四綱領の三つの条項についての合意を指摘しているが、歴史的主教制に対するアングリカンの要求については何の言及もない。

一九三八年に、両教会は「組織的統一を展望する提案」を発表した。一九三九年には聖公会の一致へのアプローチに関する合同委員会と、長老派の教会間協力と連合に関する部局が、「任職の相互延長」を含む一致の諸原則協約を提案した。長老派の教会総会議長が聖公会聖職を按手し、聖公会の主教が長老派の教役者を按手するというものであった。マニング（ニューヨーク主教）、オークレール主教フランク・E・ウィルソン、さらに背景ではシカゴの主教ウォーレス・E・コンクリングを始めとするアングロ・カトリック派にとっては、この協約は使徒継承の教理を根本から破壊するものであった。というのも、長老派牧師による任職を聖公会主教による叙任と同列に置いていたからである。カリフォルニアの主教エドワード・L・パーソンズやヴァージニア神学校の校長アレキサンダー・C・ザブリスキーなど、この協約の支持者から見れば、アングロ・カトリックは長老派に対して祈祷書にも初期キリスト教の教えにもない叙任の教理を受け入れるように要求していると思えた。

激しく、しばしば辛辣になった雰囲気の中で、アメリカ聖公会はこの統一提案を九年間にわたって論議し続けた。一九四六年に、マサチューセッツの主教ヘンリー・ノックス・シェリルが

「品のない、不幸な会議」と言った代議員会での議論の後、提案されていた長老派との統一という議案は否決された。[104] アングロ・カトリックはこの決定を聖公会のカトリック的教えを守った勝利であると見なした。他の諸教派はこの決定を、アメリカ聖公会のエキュメニカルな意図の信用を失わせたと見なした。使徒継承の教理と、他の形態の職制に対する優越感は、引き続きプロテスタント諸教派とのあらゆる統一協議の主な障碍であり続けた。一九九一年には、そのために、アメリカ聖公会と五三〇万人の信徒を持つアメリカの福音ルーテル教会とのフル・コミュニオンと可能な連合を目指した協約案についての協議を中止するという結果が引き起こされた。この二つの教会はその他の点では多くの共通点を持っていた。

その他の運動

二〇世紀の初期、論争に火花をつけたもう一つの問題、信仰による癒しは、アメリカ聖公会においては、一九世紀にボストンで聖公会信徒チャールズ・カルズの医療ミニストリーにその原型を見ることができる。それは、二〇世紀の最初の一〇年間にエルウッド・ウスターのインマヌエル運動によって聖公会の中により全面的な形で入り込んだ。この運動は、近代科学と聖書の宗教に対する近代主義的アプローチを結びつけたものであった。ウスターの運動の名前は、メアリー・ベイカー・エディ[三三]のボストンにあって、彼が牧師をしていた教会にちなんだ名前であった。

オックスフォード・グループ運動（一九三八年以降は道徳再武装運動と称され、しばしばアメリカでの創始者フランク・ブックマンに因んでブックマン主義とも呼ばれる）は、一九二〇年代にイングランドで始まった個人的・国家的な霊的再建運動であり、アメリカのどの他教派よりも聖公会からの強い支持を受けた。聖公会の支持があったのは、部分的にはそれがイングランド起源の運動であったからであり、福音主義的方法を上流階級の生活様式に適用したものであったからでもあり、さらに部分的には運動のアメリカ本部が一九四一年までマンハッタンのカルバリ聖公会の新しいパリッシュハウスに置かれていたからでもある。カルバリ教会の福音主義的牧師サミュエル・M・シューメーカー（彼はこの運動のアメリカの指導者であった）が「増大する懸念」を表明し、一九四一年に全米的に公表して運動を去ってからは、道徳再建運動の聖公会会員の数は減少した。

インマヌエル運動やオックスフォード・グループ運動、シューメーカーはみな、アルコーリック・アノニマス[三四]（一九三五年に結成）の哲学を形成するのに寄与した。アルコーリック・アノニマスの創設者の一人は、カルバリ教会の救済ミッションと連絡を取り、その後教会区のオックスフォード・グループ運動の会合に出席した。シューメーカーは、アルコーリック・アノニマスの『一二のステップ』を作成するのを援助した。

第二次世界大戦

第二次世界大戦の前夜、大半のアメリカ人と同様に、大半のアメリカ聖公会員はヨーロッパの新たな戦争に関わらないでいることを望んでいたように思える。一九三九年の休戦記念日に、アメリカ聖公会平和主義同盟が結成された。それから二年後、日本による真珠湾攻撃によって、国民的合意が形成されたばかりでなく、ほとんどの神学的反対論は沈黙した。キリスト者は今や第二次世界大戦を防衛的（従って正義の）戦争と見なすことができるようになった。

日本や中国のような国々では、アメリカ聖公会の宣教事業は戦争によって壊滅した。フィリピンでは二人のアメリカ人主教とその他の聖公会宣教師は事実上全員投獄された。合衆国内では、青年男女は軍隊にとられた。大都市圏に発生した軍需産業は、農村部の教会区の信徒を惹きつけた。ガソリンの配給制度によって教会の集会と牧会訪問の数が減少した。教会は手紙を書く運動を組織し、土曜日の夜のダンス会を開き、日曜日には軍人のためのオープンハウスを行った。たいていの聖公会の教会は、Ｄデー（ヨーロッパ大陸への連合軍侵攻の日）、Ｖ‐Ｅデー（ドイツ降伏の日）およびＶ‐Ｊデー（日本降伏の日）には、教会を開いて特別の礼拝を献げた。

戦争では五〇〇人以上の聖公会聖職が従軍牧師として奉仕し、民間の聖職の不足をもたらした。その不足を埋めるため、聖公会の神学生の多数が、通年のスケジュールを組むようになった。シェリル主教は第一次世界大戦でフランスにおいて病院チャプレンとして働いたが、聖公会の従軍牧師の働きを監督しただけでなく、プロテスタントと聖公会、東方正教会の全ての従軍牧師の活動を調整する従軍牧師総評議会の議長となった。アリューシャン列島からヨーロッパに至る部隊をシェリルが訪問したことは、アメリカ聖公会総裁主教および世界教会協議会議長としての戦後の職務の準備となったのである。

戦後における宗教的リバイバル

アメリカ史におけるたいていの戦争と異なって、第二次世界大戦に続いて全国規模の宗教的リバイバルが起こった。批評家たちはこのリバイバルの神学的深さを疑問視しているが、信徒数という点でこのリバイバルは大いにアメリカ聖公会の利益となった。一九六〇年までに、聖公会の受洗者数は三四〇万人を超えた。全人口に対する聖公会の受聖餐者数の割合は、一九〇〇年には一対一〇二であったが、一九五〇年には一対九二、一九六〇年には一対八六に上昇した。戦後の宗教的リバイバルは、かつて聖公会の国内伝道活動がなしえなかったことを成し遂げつつあるように思えた。献金が流れ込み、新しい聖公会の教会が全国に出現した。大恐慌によって打撃を受けた多くの他の教会と同様に、オリンピア教区は抵当に差し出した大聖堂を買い戻し、その負債を帳消しにした。

復員軍人や改宗者が聖公会の神学校に詰めかけ、聖職候補生は倍増し、多数の神学校が教授陣を拡張し、既婚学生のための寮を初めて建設した。テキサス州オースチンでは、一九世紀以来最初の聖公会神学校である南西聖公会神学校が設立された。一九五〇年代末には、アメリカ聖公会は歴史上初めて、教会区数を聖職者数が上回るようになった。それでも、一九六一年になっても、『エピスコパル・チャーチ・アニュアル（アメリカ聖公会年報）』に掲載された報告書は、大陸アメリカにある七〇〇〇以上の教会における活動を続けていくためには、さらに少なくとも一二〇〇人の聖職が必要だと言明している。

戦後の教勢拡大に対応するため、ニューヨーク市の二番通り四三番街に新たに一二階建てのアメリカ聖公会センターが建設されただけでなく、アメリカ聖公会初の公式出版社であるシーベリー・プレスが設置された。この出版社は一九八四年まで教会が所有していた。新しい本部建物を建設する前に、全国評議会はマンハッタンのモーニングサイド・ハイツにある新しいインターチャーチ・センターに移転するようにとの強い圧力を受け、それに抵抗しなければならなかった。独自の本部建物を建設するという決定は、アメリカ聖公会がなおも自らをアメリカ・プロテスタントのメインラインと区別しているということを示した。一九八〇年代には執行評議会は、ニューヨーク市よりも地理的にもっと中央に近い都市に本部を移転するという他の諸教派における趨勢にも抵抗しなければならなかった。

第二次世界大戦後、女性は引き続き教会内の投票権を要求し続けた。一九四六年にミズーリ教区の女性代議員被選者が総会に到着したとき、代議員会は法憲にある「信徒（layman）[三五]」の定義を巡って討論した後、彼女に議席を与えることを可決した。一九四九年の代議員会の決議は異なっていた。ミズーリ、ネブラスカ、オリンピア三教区の三人の女性代議員被選者に議席を与えることを三二一対二四二で否決したのである。その理由は、「信徒（laymen）」という語は実際には「女性信徒（laywomen）」を除外しているというものであった。代議員会が三人の女性に発言権も投票権もない議席を申し出たとき、彼女たちはそれを拒否し、「問題は女性に対する礼儀ではなく、彼女たちが誇りを持って奉仕している教会を代表するという女性の権利の問題である。」と言明した。[105]その後、総会は「教会の女性に発言権を与える問題」を研究する合同委員会を任命した。

第二次世界大戦後、膨れあがる郊外の住宅地は、郊外地域における聖公会の役割に関するさまざまな問題（一九六一年に聖公会員のギブソン・ウィンターが『教会の郊外捕囚』の中で述べている）を提起した。第二次世界大戦前は、大半のヒスパニック系聖公会員は中米や南米、カリブ海の伝道教区に居住していた。プエルトリコやその他の新しい移民集団が一九四〇年代に現れ始めたとき、彼らの間での宣教の働きを先駆的に担ったのは、ジャージー市のグレース教会のような都心部の教会区であった。一九五〇年代の後には、一〇年ごとにヒスパニック系の聖職信徒数は増加した。一九八〇年代半ばには、彼らはアメリカ聖公会信徒数の三パーセントを占めるようになり、聖公会内で最も増加の割合の著しい民族集団となった。一九九〇年代には、聖公会の聖職のために準備しているヒスパニック系アメリカ人の数は、ローマ・カトリックの聖職志願者の数に匹敵するようになった。ヒスパニック系住民に対するミニストリーにおいて、アメリカ聖公会は一九世紀の国内伝道において犯した過ちから教訓を学んだ形跡がある。

第二次世界大戦後の宗教復興においてノーマン・ヴィンセント・ピール、フルトン・J・シーン、そしてビリー・グラハムに匹敵する人物をアメリカ聖公会において挙げるならば、それはローマ・カトリックからの異端の改宗者ジェームズ・A・パイクであろう。当初は正統派のアングリカニズムの代弁者であったが、ある種のキリスト教信条の再定式化を呼びかけ、一九六〇年代の社会問題を重視する姿勢を示すようになると、次第に論争の的となった。彼のミニストリーは一九四〇年代に東海岸で始まり、一九六〇年代にカリフォルニアで終わった。同時期にアメリカ聖公会の信徒分布の中心は、古い東部諸教区から西の方に移動し始めていた。年が経つにつれて、最大規模の聖公会教会区は、ミシシッピ以西に見出されるものが増えた。

戦後期における聖公会神学

第二次世界大戦以来アメリカ聖公会の聖職信徒に大きな影響を与えてきた二人のアングリカン神学者は、連合王国[三六]と強い結びつきを持っていた。ニュージャージー生まれのW・ノーマン・ピッテンガーはゼネラル神学校を卒業し、一九三〇年代から母校で教え、一九六六年にはケンブリッジ大学に転じた。彼は、アメリカ聖公会の教本シリーズの中で『教会の信仰』（一九五一）と題された巻の共同執筆者（パイクと共著）である。プロセス神学（神の本質と進化する宇宙の間の相互作用を強調する神学）の提唱者であり多作家でもあるピッテンガーは、彼の著作を実践的に有益で、広範な聖公会員に読まれるように著した。彼はまた、デュボーズに多くを負っていることを自覚しており、デュボーズが「アメリカ聖公会がこれまでに生みだした唯一の重要な創造的神学者」であると書いている。[106]

連合王国出身の第二の有力な神学者であるジョン・マッコーリーの神学はより体系的であった。長老派のマッコーリーはスコットランド教会の牧師であり神学者であったが、一九六二年にニューヨークのユニオン神学校の教授陣に加わった。同校の指導的な新約学者ジョン・ノックスがアメリカ聖公会に改宗したことは、マッコーリーに影響を与え、彼はアメリカ聖公会の司祭に叙任された。一九七〇年にはイングランドに移り、オックスフォード大学で名誉ある教授職に就いたが、彼は引き続き教会法上はニューヨーク教区に所属していた（ピッテンガーと同様）ので、法規的にはアメリカ聖公会員であった。

マッコーリーは実存主義を土台とし、新約学についてはルドルフ・ブルトマンの、形而上学的にはマルチン・ハイデッガーの影響を受け、新たな自然神学（すなわち、人間の理性は神の何らかの知識に到達できると主張する神学）を著そうと試みた。彼は次のように書いている。

「いかなる信仰も、われわれが生きている世界の観察しうる事実に自らを晒さなければならない。自然神学の仕事は、これらの行為が信仰の信念と両立しえないわけではなく、むしろこれらの信念を確証するということを示すことにある。[107]」

マッコーリーの『キリスト教神学の諸原理』（一九七七年、第二版）およびその他の著作は、引き続きアメリカ聖公会の神学校だけでなく、超教派の神学校で広くテキストとして用いられている。

ある同時代の著作家は「それが書かれた世代を生き延びたものについての批判はほとんどありえない。同じことがたいていの哲学や神学についても言える。」と記している。[108]他の聖公会員も神学的研究を書いている（その中には、一九六〇年代以降のキリスト教思想を特徴づけたエキュメニカル神学やフェミニスト神学に現在も貢献しているものもある）が、デュボーズやホールほどの才能を示した者は最近存在しない。プロテスタント神学者のパウル・ティリッヒは第二次世界大戦後アメリカ聖公会の多くの人々に影響を与えたが、一九六〇年代以降はティリッヒの影響力は影を潜めた。今日では、聖公会員は進歩的なローマ・カトリック神学者の一部、現代ルター派の組織神学者、あるいは改革派神学者カール・バルト―彼の神学は「それが書かれた世代」を生き延びたように思える―の神学に魅力を感じている。

バルトはスイス人、ティリッヒはドイツ人、マッコーリーはスコットランド生まれである。ただピッテンガーのみがアメリカ合衆国生まれである。ヘンリー八世およびエドワード六世治世下のイングランド教会と同様に、アメリカ聖公会は一般的に他国あるいは他の教会の神学者に依存してきた。なぜ、アメリカ聖公会に神学者はそれほど少ないのか。その答えは以下の四点に整理できるように思える。

第一に、アメリカ聖公会には一般的にはキリスト教神学を生み出す母体となる大学という基礎が存在しない。例えば、ドイツの大学にはプロテスタントとローマ・カトリックの双方の神学教授陣がおり、神学者たちは世俗の同僚たちと同じレベルの著作を発表することを期待されている。イングランド教会では、神学に関する著作を生み出す聖職は、一般に研究志向のオックスフォードやケンブリッジで教鞭を執っている。アメリカでは神学的著作は、イェールとかシカゴのような有力大学、あるいはそれらに隣接して設置されている主要な超教派神学校から生まれる傾向にあった。研究志向の大学に発展した唯一の聖公会系大学―コロンビア大学―は二〇世紀初頭に聖公会との関係を断ち、神学部を持ったことがなかった。

したがって、たいていのアメリカ聖公会の神学者は、大学という環境で教えるのではなく、教会独自の神学校で教えてきた。しかしながら、それらの神学校がどこにあろうとも、アメリカ聖公会はそれらをきわめて実践的な観点から位置付けていた。それが、アメリカ聖公会が少ない神学者しか生み出さなかった第二の理由である。

アメリカ聖公会は、神学教授を励まして系統的な神学を著述するように促すのではなく、彼らに神学生たちを教会区でのミニストリーに備えさせるという仕事を与えてきた。神学教授たちは、他人の神学を教えるという広範囲の任務を課せられただけでなく、教区や全国の委員会での時間のかかる補助的役割を与えられた。教会区に対するこの志向性が支配的であったため、創設から一九六〇年代まで聖公会の神学校の内で最もアカデミックで学問的であると見なされてきた聖公会神学校（the Episcopal Divinity School）でさえ、その常勤教授の中に国際的に名の知れた神学者を生みだしたことはなかったのである。

第三に、アメリカ聖公会が依然としてその母教会に依存してきたことが挙げられる。ルター派がしばしば神学者をドイツに求めてきたのと同様に、アメリカ聖公会の神学校もしばしば、組織神学者をイングランド教会に求めてきた。高名なイギリスの神学者がアメリカ聖公会に招かれて、アメリカで神学の著作を続けたとしても、彼らはしばしばイギリスの読者を念頭に置いて著作するのである。彼らの著作は通常、アメリカ聖公会のものではなく、イングランド教会のものであると見なされてきた。

こうした要素が全て相まって、アメリカ聖公会が生みだした神学者の乏しさの原因となっている。しかし何にも増して重要な理由は、アングリカンの伝統の本質にある。イングランドにおける宗教改革の決着の性質のゆえに、アングリカニズムには組織神学を生み出すような明確に定義づけられた教説の伝統が存在しないのである。ローマ・カトリックやルター派、あるいはカルヴァン派と異なり、アメリカ聖公会には威厳のある中心的な人物すなわち改革家が存在しない。東方正教会と異なり、アメリカ聖公会は教会会議の教説に堅く結ばれてはいない。共通の神学の代わりに、アメリカ聖公会は共通の礼拝と祈りの伝統にアイデンティティを見出している。

キリスト教の正統性へのこの道筋の長所は明白である。いかなる聖公会員も、神学的知恵の総体が一人の支配的な人物や役職、一連の教会会議、あるいは一つの信仰告白の中に見出されると信じ込まされることはない。そうではなく、アングリカンの伝統は霊的自由をきわめて大切にし、排除するのではなく、最も多くの支持者を惹きつける幅広い立場を包含する。しかし、この包括性はまた欠点をも有している。というのはアングリカンの神学者たちは、偉大なキリスト教神学者や中心的なキリスト教の公会議の教説と正面から苦闘することを避けることができたからである。そして、宗教的主張の有効な知的基礎を求める哲学的神学あるいは組織神学が生まれるのは、他でもなくこのような苦闘からなのである。

では、アングリカニズムにおいて組織神学に取って代わるものは何だったのか。アングリカンの神学的著作は、主として「真の教会」の信仰を明らかにすることに向けられてきた。すなわち、古代キリスト教信条において確認されている「聖なる公同の教会」である。

アングリカンの研究の多くは聖書の研究に焦点を当ててきた。というのは、アングリカニズムはその教えの権威を聖書に求めているからである。教会教父の時代にキリスト教の根本的な定式が現れたために、アングリカンは教父学の分野で優れていた。一時期は、世界の卓越した教父学者は事実上全てアングリカンであった。イングランド教会の一六世紀の遺産のゆえに、アングリカンは宗教改革の研究に重要な貢献を果たしてきた。また近年では、アングリカンの著作は霊性と霊的指導の分野で次第に重要性を増している。最後に、アングリカニズムはその一致した焦点を典礼に置いているので、信徒や教会区聖職の間でも並々ならぬ数の典礼学者を生みだしている。聖公会神学校の出版物やその教授陣も、アングリカニズムに組み込まれたこのような傾向を反映してきた。アメリカ聖公会が組織神学者を生み出すためには、その価値観における大転換が必要であろう。

　二〇世紀のアングリカン思想の最後の分野は、精神分析学に関わっている。特定の精神分析医の学説がアメリカ聖公会に賛同者を見出しているとするならば、それはスイスのプロテスタント牧師の息子、カール・グスタフ・ユングであろう。

　ユングが聖公会員にアピールしたのには、恐らく強い典礼学的な基盤があるだろう。ユングはその学説で礼拝に対して敬意を払っており（フロイトはそうではなかった）、西方の典礼学的伝統を単純化しようとするプロテスタント共通の願望を持ってはいなかった。そうではなく、彼は典礼学的な象徴を内的現実の意味あるしるしと見なしていた。従って彼は、礼拝における象徴的豊かさを保持することを、人間が霊の内的ニーズと深くつながっていることを認識できる一つの方法と見なしていたのである。このように礼拝に大きな価値を認めていたことが、一九六〇年代以降かなりの数の聖公会聖職がユング派の分析医になるために必要な広範囲の訓練を受けてきた主要な理由の一つであろう。一九八〇年以降は、インナー・チャイルド三七を癒す学説を、ローマ・カトリックからアメリカ聖公会に改宗したジョン・ブラッドショーが唱え、これもまたアメリカ聖公会のカウンセラーの間で次第に影響力を増した。

変化の十年間

一九六〇年代は、アメリカ聖公会における変化が醸成される時期の幕開けとなった。この一〇年間は一九五〇年代の自信に満ちた時勢の中で、長老派のユージン・カーソン・ブレイクがサンフランシスコのアメリカ聖公会グレース大聖堂において、「真にカトリック、真に改革的、そして真に福音主義的」になるはずの一致した教会への呼びかけを行ったことから始まった。この提案から、アメリカ聖公会とその他のアメリカの主要教派が討論参加者あるいはオブザーバーとして継続的に参加する「教会一致協議会」が生まれた。しかしながら、その後は、アメリカ聖公会のエキュメニズムは他の教会組織との組織的合同という考えから、総会が「一つのユーカリストにおける交わり、複数のコミュニオンからなるコミュニオン」と呼んだ方向へと変化した。一九八二年のルター派・アメリカ聖公会合意によって、フル・コミュニオン、すなわち一方の教派の聖職が祭壇で他方の教派の聖職の代わりを務める時に向けて論議（一九九一年に一時的に中断している）を続けつつ、暫定的なユーカリストにおける交わりを共有することが可能になった。女性の叙任（および女性主教の聖別）は使徒継承を主張する諸教会とのエキュメニカル対話を難しくするが、それは同時に大半が女性の教役者を有している他のプロテスタント諸教会との対話を促進する。

教皇ヨハネ二三世の開けた積極的な精神と、第二バチカン公会議（一九六二～六五）の諸改革も、アメリカ聖公会に大きなインパクトを与えた。教会区の仕事における信徒の役割、制度というよりはむしろ共同体としての教会、そして現代世界の課題といった諸問題に関する第二バチカンの関心は、アングリカニズムにおける同様の諸問題についての検討を促した。また、第二バチカンがローマ・カトリックの典礼を改正したことは、一九六四年のアメリカ聖公会総会において祈祷書改正を承認する刺激となった。第二バチカン公会議の協調的でリベラル、エキュメニカルな精神によって、ローマ・カトリックとアメリカ聖公会の距離はずっと近くなった。説教壇交換、ローマ・カトリック大聖堂での聖公会主教の聖別、神学校や教会の共有、エキュメニカル対話の継続は、すべてそのような変化のしるしであった。自己検証の新しい精神とプロテスタントやアングリカニズムの他の党派に対する開けた態度が、多くのアメリカのアングロ・カトリックの間で広まった。また、典礼刷新運動によって、ローマ・カトリックもアングロ・カトリックも、中世あるいは対抗宗教改革の時代にしか遡らない礼拝の慣行を減らすことになった。

一九六〇年代にはまた、アメリカ聖公会にさまざまな刷新運動が出現した。シアトルのデニス・J・ベネットやコネチカット・ダリエンのテリー・フラムなどの聖職を先頭にして、アメリカ聖公会カリスマ運動が多くの教区に広まり、アメリカ聖公会最大の教会区のいくつかを生みだした。保守的福音主義はイングランド教会では依然として力を持っていたが、アメリカ聖公会においてはおよそ一九〇〇年頃から勢いを潜めていたが、再び一つの勢力として登場し、ペンシルベニアのアンブリッジに神学校を開設し、主教として選ばれる教区を増やしていった。アメリカ聖公会カリスマの会やクルシージョ修養会（霊的修養のための三日間の週末会）、アングリカン祈りの会、聖書を読む会、生きた信仰の会（訓練を受けた信徒チームによる教会区での週末証しの会）が、アメリカ聖公会の活力と包括性を増したが、中には分裂を引き起こした教会区もあった。聖公会が他の諸教派の教会区の分裂によって利益を得たこともあった。いくつかの州では、アセンブリー・オブ・ゴッド教団を離れたペンテコステ的会衆が、アメリカ聖公会に参加した。

この全国的変化の時期に、アメリカ聖公会は社会正義のための闘いに深く関わるようになった。一九五七年に、総裁主教であったマサチューセッツのヘンリー・ノックス・シェリル主教は、総会開催予定地のヒューストンが平等な宿泊施設を提供するという願いを叶えることができないことが明らかになったので、総会開催地を多人種の居住するホノルルに変更した。一九五九年に聖職と信徒は、文化的人種的一致を目指す聖公会協会（ＥＳＣＲＵ）を結成した。部分的にはその活動の結果として、アメリカ聖公会の聖職信徒は一九六〇年代初期に座り込み運動に参加し、マーチン・ルーサー・キングJr.と共に行進した。一九六四年に総会はアメリカ聖公会における人種差別を公式に禁じた。一九六五年夏、聖公会神学校（ＥＴＳ）の神学生でありＥＳＣＲＵの会員であったジョナサン・Ｍ・ダニエルズが、アラバマで市民権運動に参加していたとき人種隔離主義者によって殺害されたという事件が起こった。

最後に、一九六七年に、総裁主教ジョン・Ｅ・ハインズ―彼は青年司祭だったときにスカーレット主教の影響を受けた―の指導の下で、総会は「貧しい人々が自らを組織し、自らの足で立ち、劣悪な生活から抜け出し、自らの運命を自らの力で決定するのを援助する」特別なプログラムを発表した[109]。このプログラムは、ハインズ主教がアメリカ聖公会は「この国の貧しく抑圧された人々の側に、そして彼らを支持して、謙虚に大胆に立つべきだ[110]」と呼びかけた結果生まれたものである。それ以降三年ごとに三〇〇万ドルを、アフリカ系アメリカ人、アメリカ先住民、そしてヒスパニック系の団体に提供するという内容を含んでいた。その内二〇〇万ドル以上が、婦人補助会――一九五八年に「教会の女性たち（Women of the Church）」に名称を変更――の統一感謝献金からであった。

ハインズは神学的には聖公会の正統な主流に属していた。彼はまた、アメリカ聖公会の歴史上偉大な預言者的説教者の一人であった。彼の指導の下で、アメリカ聖公会はその歴史上いかなる時よりも深く社会的関心に関わるようになった。一九六〇年代末には、アメリカ聖公会は再び、他の諸教派の先頭に立って、アメリカ市民のための社会的・経済的正義を求める闘いに加わった。ハインズが総裁主教であった一〇年間は、聖公会がそれ以前に社会的福音において先駆的役割を果たしたというコンテキストにおいて見られなければならない。

保守派と伝統主義者からの反動はすぐに始まった。一九六三年にノースカロライナの牧師は叙任を辞退し、正統聖公会（アングリカン・オーソドックス・チャーチ）を結成した。一九六四年にはジョージアの白人のみの教会区がアメリカ聖公会を脱退した。およそ一九六五年から一九七三年まで全米を覆い尽くした社会的・政治的革命の期間に対立は深まった。アメリカ聖公会の同様の論争の時期を見出すには、ちょうど一〇〇年前に教会の様式と慣行を巡って起こった闘争に遡らなければならない。この紛争の一因となったのは、マイノリティのエンパワメント・グループ（その指導者で暴力に訴えた者はほとんどいなかった）に対する総会の特別プログラムからの財政的支援と、一部の主教と聖職のベトナム戦争反対活動であった。（アメリカ聖公会は深刻な分裂を引き起こしていたため、総会はベトナム戦争についての声明を出すことができなかった。）また、同様に重要だったのは、この時期に離婚（今では完全に明確に認められている）と再婚（今では制限は緩和され、許可されている）、および妊娠中絶（今では一定の事情の下で許可されている）に対するアメリカ聖公会の教えが自由化されたことであった。

反動として、保守派と伝統主義聖公会員は、自教区に対する財政支援を停止し、そのために今度は（明白にあるいはそれとなく）アメリカ聖公会全体に対する財政支援をも停止することになった。総会が戦闘的なヒスパニックのグループを支援したのに抗議して、南西部のある主教はアメリカ聖公会に対する彼の教区の献金を八万ドルから一ドルに削減した。一九七〇年にはアメリカ聖公会に対する教区の支援は、必要額を三五〇万ドルも下回ることになった。この財政危機によって、ニューヨークのアメリカ聖公会センターの職員は、削減に次ぐ削減となった。アメリカ聖公会は新聞の一面を飾るような諸問題を抱えるようになったのである。

一九六〇年代から一九八〇年代の期間に、教勢は減少し、次第に安定に向かった。同時に、一部には信徒数の減少のため、一部には女性の叙任が認められるようになったため、また一部には第二バチカン公会議後多数の元ローマ・カトリック司祭が加わったため、聖職者数は増加した。その結果、聖職数の余剰と奉仕する職場の不足が生じた。シーベリー主教が最初の聖職を叙任して二〇〇年以上経つのに、アメリカ聖公会は未だに叙任する聖職数を管理する中央的権威が存在していなかった。供給過剰に直面して、主教たちは叙任に次第に厳しい基準を課するようになった。

論争と分裂の時代

一九七〇年代と一九八〇年代にアメリカ聖公会で最も激しい論争を引き起こした三つの問題は、女性の司祭叙任と同性愛者の権利、祈祷書の改訂であった。妊娠中絶や礼拝における包括（ジェンダーフリー）言語のようなその他の問題は教区総会ごとに繰り返し論議の的になったが、聖公会全体の全国的な論争のレベルには達しなかった。

〈女性の司祭叙任〉

女性の司祭叙任を巡る論争は一九六〇年代に始まった。賛成者は、神は男性と同様に女性をもミニストリーに召すことができると主張した。イエス・キリストは完全な人間であると推進派は断言する。イエスの祭司職は彼の人間としての職務である。女性の祭司職を否定することは、女性の人間性を否定することにつながる。キリスト教の祭司職が正統派のユダヤ人から異邦人に移ったのと同じように、今は男性と同様に女性も包括しうるのである。推進派は、聖霊を否定し、現在あるいは潜在的な受聖餐者である大勢の女性を遠ざけるという危険をアメリカ聖公会は犯していたのだと論じた。

　反対派はその論拠として、聖書が男性と女性の役割を区別していること、またイエスの男性性を持ち出した。司祭が祭壇でキリストを代表しているのだから、女性は定義上司祭ではあり得ない。使徒たちは男性であったのだから、使徒継承は男性に限るべきである。彼らの論議は続く。女性の叙任は四〇〇〇年以上のアングリカンの伝統、またほぼ二〇〇〇年に及ぶキリスト教の伝統を破るものである。それはただ「突飛なベトナム戦争時代の産物であり、この世の基準を教会が買おうとする一例に過ぎない[111]。」反対派によって挙げられた実際上の理由には、分裂の恐れ、東方正教会とローマ・カトリック教会とのエキュメニカル対話の崩壊、さらに聖職者の余剰を生み出すのではないかということが含まれる。

　一九七〇年に総会代議員会は女性の司祭叙任を認可する提案を論議した。この提案は否決され主教会に上げられることはなかったが、一九七二年と七四年の非公式の投票では、主教の過半数が女性の叙任に賛成であることが明らかになった。一九七三年に総会代議員会に決議案が提出されたとき、賛成票の方が反対票を上回ったが、教区代議員の中で賛否同数の場合は反対票と見なすという規則のために再度否決となった。

しかしながら、一九七四年の夏、フィラデルフィアのアドボケイト（助け主）教会において、一一人の女性の執事が三人の聖公会主教によって司祭に叙任されたのである。三人の主教の内二人は退職主教であり、一人は同年にすでにペンシルベニア主教を辞任していた。主教も、執事たちも、教会区もその叙任についての権限を有していなかった。臨時主教会が開かれ、その叙任は無効とされ、叙任した主教たちは譴責処分となった。

さらに二年間の紛糾の後、総会は一九七六年に女性の司祭叙任を承認した。翌年一年がかりで、個別の主教たちは一九七四年の「フィラデルフィアの一一人」を正規のものとして認めた。レイチェル・ホスマーは一九七七年の彼女の叙任前の時期における自分自身の気持ちを次のように回顧している。

「実際の司祭按手の前のある時点で多くの女性にとって共通すると思われる体験を私はした。私が礼拝堂で祈っていたら、突然、まるでその場所で雷鳴がとどろいているように感じ、ある声が私に語りかけたのだ、『お前はあの祭壇の向こう側に上っていこうというのか、女性であるお前が？　お前は彼処に立ってユーカリストを司式しようというのか？』そしてその声は雷鳴のように響き渡って、私を責め、脅すのだ。『そうだ』私は祭壇を向いて、そのことを考えた。『その通り。私はここまでやってきて、それを成し遂げようとしている。』翌朝、明るく素晴らしい夜明けだった。私はここまでやってきて、それを成し遂げようとしている。』翌朝、明るく素晴らしい夜明けだった。そしてその声は完全に消え去り、二度と聞こえることはなかった。[112]」

良心条項によって、主教たちが叙任を拒否したければそうすることもできるようになった。

一九七四年に総裁主教になったミシシッピのジョン・M・アリン主教は叙任拒否を選んだ主教であったが、一九八六年にアリンの後継者となったエドモンド・L・ブラウニングは司祭職だけでなく主教職にも女性が叙任される権利を認めた。

ブラウニングが主教会によって総裁主教に選ばれたということは、主教たちの間で女性の司祭按手への支持がどの程度あったのかを示すものであった。一九九一年までにアメリカ聖公会の主教たちは一〇〇〇人以上の女性を司祭職に叙任した。同年に、未だに女性の司祭叙任を拒否していた教区は一〇教区を切り、その数は着実に減少しつつあった。退職してゆく反対派の主教の後任として女性の叙任を支持する主教を選ぶ教区が増えたということもまた、信徒と聖職の間での支持の程度を示すものであった。牧師の職務（補助的な職務ではなく）を確実に遂行する上で、男性の司祭よりも女性の司祭の方が多くの困難に直面し続けたことは確かだが、世論調査によれば、女性の聖職と共にいる方が安心する聖公会員が増えている。

引き続き女性聖職に反対し続ける聖公会員の関心を支配したのは、イエスと使徒たちの男性性、女性の主教の選出、女性の叙任がローマ・カトリックおよび東方正教会との一致に及ぼす影響であった。アメリカ聖公会のアングロ・カトリック勢力が反対派の最大数であったが、女性の叙任に対する賛成論もアングロ・カトリックの聖職信徒の中に存在した。そして女性司祭の中には自分をアングロ・カトリックだと考える者もいた。

アメリカ聖公会において女性に残された最後のステップは、主教職であった。一九八六年に自分自身主教の娘であった女性司祭が、ワシントン教区のサフラガン・ビショップ選挙において僅差で次点となった。一九八八年九月、マサチューセッツの教区総会はバーバラ・C・ハリスをサフラガン・ビショップに選出した。ハリスはアメリカ聖公会の社会的行動の雑誌『証し人（The Witness）』の編集に携わっていたフィラデルフィア出身のアフリカ系アメリカ人で、「フィラデルフィアの一一人」の叙任の際には十字架奉持者として奉仕していた。

ハリスの選出は論争に火を点けた。彼女は女性であったばかりでなく、一部の聖公会員が「ラディカル」と考える雑誌の編集者でもあった。反対派の中には各教区の常置委員会と教区主教の大多数は彼女の選出を承認しないだろうと言明した者もいたが、必要な承認は得られたのである。一九八九年二月、ボストンの講堂で行われた主教聖別式は、祝意と抗議とが入り交じり、八五〇〇人以上の人々が証人となった。その中には、五〇人以上のアメリカ聖公会主教、ローマ・カトリックからバプテストに至る他教派の代表が含まれていた。こうしてハリスは、歴史的主教制を主張している教会において、最初の女性主教として聖別された。

アメリカ聖公会が女性に開かれた最初の教会職務として女執事の職位を公認してから一〇〇年後、ハリス主教の聖別は多くの聖公会の女性にとっては、とうとう、完全に受け入れられたということを表すものであった。女性の主教による巡回訪問に反対する教会区のために、一九八八年総会は代わりの主教を認める主教訪問条項を設けた。訪問主教についての要請は教会区レベルで行われ、教区に送られ、最終的には総裁主教の認可を得る。

アメリカ聖公会内の不文律として、主教候補になるためには聖職は少なくとも司祭として一〇年間の経験を必要とすると考えられていた。一九九〇年以降その経験の水準に達した女性が増すにつれて、主教候補に女性を指名する教区が増加し始めた。第二の主教被選者はジェーン・ホームズ・ディクソンであった。彼女は一九九二年にワシントン教区のサフラガン・ビショップとして聖別された。一方、代議員総会は最初の女性議長として、ワシントンDCのパメラ・P・チニスを選出した。一九九三年、ヴァーモント教区はウエストバージニアの大執事メアリー・アデリア・マクラウドをヴァーモント教区主教として選出した。アメリカ聖公会で最初の女性教区主教の誕生である。女性主教に反対する意見はアメリカ聖公会の受聖餐者の中では少数派になっており、女性が信徒としての最高の職責に選出されたからには、アメリカ聖公会で女性の執事や司祭が教会生活の当たり前の一部になったように、女性の主教は当然のこととなるだろう。

〈叙任と同性愛〉

一九七五年に聖職信徒からなるニューヨーク教区常置委員会は、レスビアンの志向性を自ら認めている神学校卒業生を執事に叙任することを承認した。この委員会は、過去に自分たちと他教区の常置委員会が、虚偽の回答の後に同性愛者を承認してきたのに、正直な回答のゆえに叙任を否定することがあればそれは偽善であろうと考えた。ニューヨークのポール・ムーア主教が一九七七年に候補者を司祭に叙任したとき、アメリカ聖公会は再び世間の注目を集め、論争に覆われた。一部の聖公会員の中では、同性愛者の叙任は教会の指導性に対する信頼の損失を招いた。また、教会の教理と規律についての疑問を引き起こすことになった。

次の会合で主教会はムーア主教に対する非難決議を六二対四八で否決したが、主教たちは同性愛を実践している人々の叙任や結婚には反対であるとの声明を出した。二年後、総会は「キリスト教の性的道徳の規準としての結婚、結婚の忠実さ、性的純潔」を認める決議を採択した。この決議は、同性愛の志向と同性愛の実践を区別した後で、「この教会が同性愛を実践している人、あるいは婚外で異性愛の関係を持っている人を叙任するのは適切でないと信じる。」と言明した。[113]

その後に引き続く総会はこのガイドラインを変更しなかった。しかし、同性愛の叙任という火山のような問題は、表面下で煮詰まり、折にふれて噴火した。一九七四年に聖公会員の同性愛者の団体である「インテグリティ（高潔）」が結成された。アメリカ聖公会の生活と活動への同性愛者の完全な参加への障壁を取り除くためであった。それ以来、ムーア主教に加えて一連の主教が、公然たる同性愛者の候補者を叙任するようになった。しかし、反対意見は依然として強く、そして叙任の問題は、同性愛者の結合を教会が祝福するという問題と結びついてきた。一九九〇年のギャラップ調査によれば、聖公会員の二一パーセントが同性の結合を教会が承認することに賛成であり、六四パーセントが反対、一五パーセントが意見を表明していない。

同性愛者の叙任という問題は、エキュメニカルな関係にも影響を与えてきた。例えば、ギリシア正教の南北アメリカ大主教区は、すでに行われた同性愛者の叙任を引き合いに出して、一九九一年にアメリカ聖公会との神学的対話を断絶した。この時期における同性愛に関する諸論議は、すべての聖職者の性的行動に関する問題をも提起した。他の諸教会における深刻な問題が広範囲に報道されるのと並行して、聖職者による職務に関わる性的不行跡―異性愛と同性愛の双方を含む―は一九九〇年代にアメリカ聖公会においても関心事となった。

〈祈祷書改訂と教会分裂〉

一九二八年に新しい標準祈祷書を認可した後に、総会は聖職信徒による常設の礼拝委員会を設置して将来の改訂に備えることとした。一九六四年に、第二バチカン公会議による重要な礼拝改革に続いて、アメリカ聖公会総会は礼拝委員会に新たな改訂のプロセスを始めるように指示した。一九六七年から一九七六年にかけて、礼拝委員会は一連の儀式の試用版を提出し、聖公会会衆による論議に委ねた。このプロセスでは、教会区は新しい礼拝を実験できるだけでなく、コメントや提案をすることができる。このプロセスを通じて、礼拝委員会は他教派の礼拝委員会と密接な連絡を保ち、新しい祈祷書が一致の道具としても役立つことを目指した。

一九七六年に総会は礼拝委員会の報告書全体（祈祷書草案 *Draft Proposed Book of Common Prayer*）を圧倒的多数で承認した。一九七九年の総会において、祈祷書草案は新しい標準的な祈祷書として採択された。一九七九年祈祷書は聖書と教会教父、歴史的なキリスト教典礼に基づいており、さらに第一次世界大戦後の典礼刷新運動の教説を組み入れた。それは一九二八年祈祷書の式文の多くを保持しているが、現代的な用語を用い、新しい資料を取り入れている。一九八〇年代には、新祈祷書は長年にわたる同様の研究と論議の成果である新聖歌集一九八二(Hymnal 一九八二)と組み合わされて用いられるようになった。

反対派は一八九二年と一九二八年の祈祷書改訂にも反対の声を上げたが、その声は一九六〇年代と一九七〇年代の改訂プロセスに伴う怒号に比べると小さなものだった。一部の聖公会員にとっては、馴染みのある一九二八年祈祷書とその「類い希な英語」の社会的変動の時期における改訂は、遂に耐えきれなくなる最後の限界だった。年配の聖公会員にとっては、代々引き継いできた礼拝の習慣の変化は心を不安にさせるものであった。何十年も同じやり方で礼拝してきた人々が、その祈りの習慣をかき乱されるのを好むはずはなかった。保守派と伝統主義者にとっては、ジェンダーフリーの言語と社会問題に関わる祈りの追加は煩わしいものだった。彼らにとっては、祈祷書改訂は教会を社会的行動と女性の叙任へと引き入れた同じリベラル派が、今度は彼らの見解を礼拝生活にも強制しているように思われたのである。

ロビー活動やメールや組織的抗議行動で、資金力豊かな「祈祷書保存協会(the Society for the Preservation of the Book of Common Prayer)」は改訂のプロセスを阻止しようと試みた。総会が新祈祷書を採択した後は、アメリカ聖公会内に留まっていたこの教会のメンバーは、式文の選択肢の一つとして一九二八年祈祷書を残そうと活動したが不成功に終わった。かなりの数の聖公会員がアメリカ聖公会を去り、一九二八年祈祷書を好む人々と共に礼拝する場所を作り出すことを選んだ。

教会分裂はアメリカ聖公会にとって新しい経験ではなかった。一八七三年に、指導的な福音主義者であるケンタッキーの補佐主教ジョージ・D・カミンズと二〇人以上の福音主義的聖職信徒は「改革聖公会（Reformed Episcopal Church）」を組織した。儀式主義とアングロ・カトリックの台頭の後、アメリカ聖公会の「非プロテスタント化」に抗議して、この新しい教派は他の福音主義的聖公会員を集め、全ての福音主義的プロテスタントの連合の中心として役立つことを目指したものであった。この高い希望は実現しなかった。創設以来その教勢は衰退し、今日ではおよそ七〇〇〇人を数えるに過ぎない。しかし近年では、一九六〇年代以降にアメリカ聖公会に不満を抱いて分裂した聖公会と共同の目標を掲げるようになった。

「聖書と伝統への忠実（Faithfulness to Scripture and Tradition）」は、伝統主義的聖公会員の集まりである。彼らはアメリカ聖公会が放棄した力強い道徳的・神学的諸原理を証ししていると信じている。アメリカ聖公会の内部に留まりつつ、聖職信徒の団体である福音主義的カトリックミッションは一九七六年から一九八九年までこれらの価値観を掲げ続けた。その後継として一九八九年に「アメリカ聖公会会議（Episcopal Synod of America）」が生まれた。およそ一万八〇〇〇人の会員を掲げるこの団体は、「二一世紀の世俗的価値を守るため聖書の権威を疑問視する人々によって求められている信仰の変更」を拒絶している。

アメリカ聖公会を去った伝統主義者によって結成された教会の未来がどうなるのかを予見する

のは時期尚早であろう。「アメリカ・アングリカン教会（The Anglican Church in America)」、「アングリカン・カトリック教会（The Anglican Catholic Church)」、「南北アメリカ・アングリカン儀式管轄区（The Anglican Rite Jurisdiction of the Americas)」、「王なるキリストの管区（The Province of Christ the King)」、「アメリカ統一聖公会（The United Episcopal Church of America)」、「聖公会宣教教会（The Episcopal Missionary Church)」―これらはみな主教と司祭、そして活動している教会区を持っている。中には神学校を持っているものもある。大半は保守的な政治的見解を表明している。多くは互いに有効な関係を維持しているだけでなく、他の諸国の伝統主義聖公会の教会とも関係を持っている。その大半は、もっと以前からの支持基盤を持っている。

スタイルと慣行において、これらの新しいグループはローチャーチの伝統に属するものから、ローマ・カトリックとの合同教会（東方帰一教会[38]のようなあり方）の地位を求めるアングロ・カトリックまでさまざまである。大半は一九二八年祈祷書を用い、典礼刷新運動以前に存在した礼拝の基準を好む。祈祷書は一六世紀と一七世紀の礼拝改革と言語に遡るものではあるが、ある歴史家が次のように述べているのにも一理がある。「多くのアングリカン伝統主義者が留まりたいと望んでいるのは、アングロ・カトリックであれ福音主義であれ、ビクトリア朝時代なのである。[114]」

一九七六年の総会による女性の司祭叙任承認に引き続く一連の抗議集会の後、不満を抱いた聖公会員のある指導者は、五〇万人の聖職信徒がアメリカ聖公会を脱退するであろうと言明した。それから一六年が経って、母教会のイングランド教会が女性を司祭に（そして不可避的に主教に）叙任する決定を下し、世界大のアングリカン・コミュニオンの中の国民教会でこれに倣うものが増えてきた。そのことによって、さらにアメリカ聖公会を去る教会区、個人、聖職が出て来た。中には東方正教会に帰属するものもあり、ローマ・カトリックに帰属するものもあったが、大半は伝統主義的なアングリカン・チャーチの一つに加盟した。

新しくできたアングリカン諸教会の信徒・聖職数についての信頼できる数字は存在しないが、それらの加盟した元アメリカ聖公会員は一九七六年に予測された脱退数の五パーセントは上回ってはいないように見える。今日までの記録は、伝統主義的アングリカン教会は教勢が徐々に減退している改革聖公会の轍を踏んでいることを示している。しかし、イングランドにおいて女性の司祭叙任に反対しているアングリカンの前途に多くがかかっているようである。女性の司祭および主教への叙任を確固として支持しているカンタベリー大主教の選出、女性の司祭按手を認めるという母教会のイングランド教会の一九九二年の決定、さらにアングリカン・コミュニオンで女性の叙任を認める管区の数の増加は、アングリカンの伝統主義の未来にも大きな国際的影響を与えてきたからである。

統計的素描

宗教団体に適用されるとき統計学というのは当てにならないことがある。というのは、数字はキリスト教会の内的生活や熱意を反映することはできないからである。その上、数字は誤解を引き起こす。教会区の報告は報告上の誤りを含むだけでなく、方法論的も時代によってさまざまに変化するからである。さらに教会の統計は、印刷されて発表される前でさえ時期遅れになりがちである。教会区の統計は過去二年間の数字を取り上げて作表するからである。しかし、注意して統計数字に向かうならば、統計によって教会の全般的な横顔を知ることができる。

数字の上では、アメリカ聖公会はローマ・カトリック教会や、バプテスト、メソジスト、ルター派、長老派の伝統から生まれた諸教派よりも小さい。一九九二年の時点で、アメリカ聖公会の会員数全体は、アメリカ合衆国の教会の中で一二位から一四位あたりに位置するようであった。アメリカ聖公会の受洗者数は、大半のメインライン教派と同様に、一九六〇年代半ばから減少し始めた。会員数の頂点は一九六六年の三四〇万人で、一九七〇年代末まで次第に減少し、一九八〇年代に受洗者数が三〇〇万人をわずかに下回るところで安定した。一九九二年にはアメリカ聖公会の受洗者数はおよそ二四九万人であった。受聖餐者 ―すなわち前年に陪餐し、積極的な会員であった人々― は一七六万人であり、叙任された聖職（主教を含む）は、およそ一万五〇〇〇人であった。

同時期、つまり一九六〇年代半ばから一九九〇年代初頭にかけて、アメリカ聖公会の六五歳以上の会衆の人数は増加し、アメリカの総人口に対するアメリカ聖公会の既知の受洗者の割合は次第に減少し続けた。一九九〇年にはその割合は一対一〇二であった。この時期の教会区の報告は、アメリカ聖公会は伝統的にその拠点であった北東部で信徒を継続して失っていることを示している。南東部および南西部においてのみ、アメリカの人口増の範囲内で増加を保っている。

一九九一年のアメリカ聖公会の最大の一五の教会区の内、半数以上が南東部、南西部あるいは西部にある。カリフォルニア・パサデナにあるオール・セインツ（諸聖徒）（受洗者数七一〇三人）を筆頭に、最大規模の教会区としてはテキサスのダラスに二教会区（セント・マイケル・アンド・オール・エンジェルズ（聖ミカエルおよび諸天使）とインカーネーション（受肉））、テキサスのヒューストンに二教会区（セント・マーティンとセント・ジョン・ザ・ディヴァイン）、カリフォルニアに二教会区（パサデナのオール・セインツ（諸聖徒）とN・ハリウッドのホーリー・ファミリー（聖家族））、アリゾナ（ツーソンのセント・フィリップ・イン・ザ・ヒルズ）とコロラド（デンヴァーのセント・ジョン（聖ヨハネ）大聖堂）、コネチカット（ダリエンのセント・ルーク（聖ルカ））、ジョージア（セント・フィリップ（聖フィリポ）大聖堂）、マサチューセッツ（ボストンのトリニティ（三一））、メリーランド（ボルチモアのリディーマー（贖主））、ニューヨーク（ブルックリンのセント・マーク（聖マルコ））、サウスカロライナ（グリーンビルのクライスト（キリスト））およびヴァージニア（リッチモンドのセント・スティーブンス（聖ステファノ））にはそれぞれ一教会区ずつが存在する。

これらの教会は全て二五〇〇人以上の受洗者数を擁している。これらの数字が示しているように、統計上の概観にはアメリカ聖公会のいくつかの明るい点が映し出されている。規模と霊的な活発さは混同してはならないが、ある調査によればアメリカ聖公会の礼拝参加者数は、一九七四年から一九八六年までに、八八万四四〇〇人から一一〇万七五〇〇人へと三一パーセント増加している。年間献金でも、アメリカ聖公会はアメリカの諸教会の中でも上位を占めており、一九九一年には信施と月約献金とで七億二二〇〇万ドルを教会に献げており、特別献金は一九七四年から一九八六年までに一九パーセント増加した。

ベビーブーム後のアメリカにおける教会成長についての研究では、「成長している教会」の六つの指標として、献身、規律、宣教の熱意、絶対的信仰、従順および狂信が挙げられている。[115] ペンテコステ、ホーリネス、独立バプテスト、および類似の諸教派はこれらの指標を示している。一方、アメリカのキリスト教のメインストリームに属する大半の教派と同様に、アメリカ聖公会はほんの二、三の指標しか示していない。しかし一九世紀から後、教会成長に比較的無関心な聖公会員は圧倒的に少数であるということを証拠は一貫して示している。人口増を超える成長を続けている一つの聖公会教区についての一九九〇年の研究では、その成長の要因として次のものが示されている。教区キャンプを広範囲に利用していること、高校生および大学生に対するミニストリーに大規模に投資していること、奉仕や教区に対する自発的な財政支援の意味について受聖餐者を徹底的に教育すること、教会外の宣教と貧しい人々の救済活動を行うこと、海外教区との密接な関係を維持し、海外での教会活動に自発的に参加する受聖餐者に対して財政支援を行うこと、「クルシージョ週末修養会[三九]」を実践すること、囚人に対するチーム・ミニストリーを行うこと、新しい祈祷書についての学習プログラムを教区で主催すること、教区の生活のあらゆる面で主教が積極的に参加すること、教役者の給与水準を高くすること、多様な聖職のグループを組織すること[116]。

一九八〇年代の三つの調査研究は、アメリカ聖公会の中にいくつかの傾向を突き止めている。一九八七年のギャラップ調査『アメリカにおける宗教』によれば、アメリカ聖公会は東部と都市部で数的に最も強く、他方、中西部と農村部で最も弱い。この調査はまた、三四パーセントの聖公会員が大学教育を受けており、一九八七年で三一パーセントが年間所帯収入四万ドル超である。同年四一パーセント以上の教会員が五〇歳を超えており、四一パーセントが女性、九二パーセントが白人であったことを示している。ギャラップ世論調査はまた、四四パーセントの聖公会員が共和党支持、二六パーセントが民主党支持、二九パーセントが支持政党なしということを明らかにした。(別の調査では、聖職の中では民主党支持者の割合が高くなっている。)また以前の世論調査では、教会に登録されているよりも三倍も多くの人々が自分は聖公会員であると考えていることが報告されている。

一九八七年にウェイド・クラーク・ルーフとウィリアム・マッキニーが発表した研究『アメリ

カのメインライン宗教―その姿の変化と未来』は、聖公会は「地位の指標―教育と所帯収入、職業的地位、想定される社会階級」のすべてにおいて第三位（ユニタリアン＝ユニヴァーサリストとユダヤ教に次ぐ）にランクされることを明らかにした。ルーフとマッキニーは調査対象となった二四を超える宗教グループの中で、人種的少数派の権利を認める点で第一位、女性の権利を支持する点で第三位、ベトナム戦争後の市民的自由と新しい性的態度への寛容を支持する点で第五位、この最後の二つのカテゴリーでは、ユニタリアン＝ユニヴァーサリスト、宗教的選択のないアメリカ人、クリスチャン・サイエンスおよびユダヤ教が聖公会より上位に来る。

一九八四年に総裁主教によって報告された統計調査では、アメリカ聖公会員の半数以上が、成人の転会者として教会に加わったことが明らかになっている。この報告によれば、過去一七年間に数百人の司祭を含む八万人の成人がローマ・カトリックからの転会者である。一九九一年までに、元ローマ・カトリックの聖職が主教になった聖公会教区は複数に上っている。教会区で活発に活動している聖公会員にはよく知られていることだが、ローマ・カトリックの聖職・修道女・信徒が大勢聖公会員になるという趨勢に促されて、あるローマ・カトリック修道士はいずれの教会も「転会の得点」を争うべきではないという手紙を聖公会の雑誌に寄せた。

「確かに、多くの者が何年もかかってローマからカンタベリーへ、あるいはその逆へ旅をした。しかしもし、二つの教会が姉妹の教会となるべく召されているなら、恐らくわれわれは別の解釈上のモデルを発見するという課題を与えられているのだろう。どの『改宗物語』も唯一無二のものである。おそらく両方の『側』のキリスト者は、巡礼者が真に自分の教会の家、自分がより実り多く一人の主に仕えることができる家を見出したとき、共に喜ぶように召されているのであろう。[117]」

アメリカ聖公会員は長い間、アメリカ社会で指導的な役割を果たしてきた。フィオレッロ・ラ・ガルディアやオリバー・ハザード・ペリー、マーガレット・ミード、ジョン・ジェイコブ・アスター、ロバート・E・リー、ジョージ・ギャラップ、ナット・キング・コール、エリ・リリー、エレノア・ルーズベルト、リチャード・アップジョン、ニコラス・マリー・バトラー、リリウオカラニ女王、ジェファーソン・デイヴィス、ジョージ・マーシャル、J・ピアモント・モルガンといった多様な人々が、アメリカ聖公会信徒であった。文学の世界では、ウィリアム・バード、ワシントン・アーヴィング、アニー・ディラード、ジェームズ・フェニモア・クーパー、クレメント・クラーク・ムーア、フランシス・スコット・キー、トマス・ネルソン・ページ、ウィラ・キャザー、ジョン・ドス・パソス、ジョン・チーヴァー、ルイス・オーチンクロスといった作家がアメリカ聖公会に所属している。また、晩年になってアメリカ聖公会に入信した多くのアメリカ人の中には、ハリエット・ビーチャー・ストウ、ヘンリー・クレイ、ダニエル・ウェブスター、リチャード・ヘンリー・デーナ、ジョン・コグリー、ジョン・アップダイク、モーティマー・アドラーらがいる。

アメリカ合衆国の初代から数えて四二人の大統領の内、一一人―ジョージ・ワシントン、ジェームズ・マディソン、ジェームズ・モンロー、ウィリアム・H・ハリソン、ジョン・タイラー、ザカリー・テイラー、フランクリン・ピアース、チェスター・A・アーサー、フランクリン・D・ルーズベルト、ジェラルド・R・フォード、およびジョージ・ブッシュ―がアメリカ聖公会員であった。トーマス・ジェファーソン[118]を計算に入れるなら、この数字は一二人に増える。最高裁判所の一〇六人の判事の内三三人（一六人の裁判長の内の七人を含む）は聖公会員であった。一〇一期議会（一九八八―一九八九）では、上院議員の約二〇パーセント、下院議員の一二パーセントがアメリカ聖公会員であった。所属を明らかにした上院議員と下院議員の数では、アメリカ聖公会は第三位（ローマ・カトリックとメソジストに次ぐ）である。

デュ・ポンやヴァンダービルト、ホイットニー、ルーズベルト、アスター、メロン、ハリマン、モルガンなどの一族は、伝統的に聖公会である。一九七六年の『フォーチュン』誌は、フォーチュン上位五〇〇社の内二〇パーセントは聖公会員の社長を擁している。アメリカ聖公会は会員数では現在アメリカ合衆国の教会の中では一二位程度にランクされているが、四〇〇年前に植民地で初めてイングランド教会として出現したこの教派は、実質的にアメリカの教会となっている。アメリカ聖公会は一度も社会的・経済的に下層の人々の忠誠を勝ち取ったことはないが、その力と影響力の点ではアメリカでどの教派にもひけをとらないと言えるであろう。

補遺　ヘンリー八世の結婚解消請願

「忌々しい悪漢。…人類にとっての恥、イングランドの歴史上の血痕、汚点。」[119] チャールズ・ディッケンズはイングランドの国王ヘンリー八世についてこのように描写した。著作家がマルチン・ルターを、宗教改革を推し進めたこと、また教皇権と神聖ローマ帝国の結託した敵対に直面して自らの主張を取り消さなかったことで賞賛するのはしばしばである。それと同じくらいしばしば、ルターの同時代人であるヘンリー八世を、欲深く自分に甘い国王であり、名誉ある正しい教皇が彼の結婚を解消しなかったからという理由で新しい教会を始めたと彼らは描写している。ヘンリー八世と教皇に対するこの解釈が悪いわけではないが、歴史的にはそれは支持され得ないものである。

このような解釈をする人々は、ヘンリー八世の結婚解消要求を、本質的な歴史的背景を離れて解釈してきた。彼らは、ヘンリー八世が生きていた時代は、国王が娘を政治的利益のために結婚させ、君公が王位に就くために殺人を行い、王室の婚姻関係が不義に満ち、君主という君主が政治的・性的理由で配偶者を捨て、より都合の良い相手と取り替えるそのような時代であったことを忘れている。プロテスタントからもローマ・カトリックからも糾弾されたヘンリー八世の時代の教会は、裕福であり世俗的であった。固い毛織りの肌着を着ていた聖職は、ベルベットと毛皮を着るようになり、王権は信仰に関しては当てにならず、結婚の解消の交渉には政治と贈収賄、二枚舌が付きものであった。中世とヘンリー八世の時代の結婚の習慣と結婚解消についての教えを理解することによって、二〇世紀に暮らす者は初めて適切な視野でこの問題を追求することができるのである。

ヘンリーの時代の結婚解消についての教えを考えるには、まずキリスト教の伝統を振り返らなければならない。新約聖書は結婚と離婚について何と言っているのか。新約聖書にはこの問題に関するイエスの本来の教えを厳格なものとして記録している（マルコ一〇：二‐一二、マタイ五：三一‐三二、一九：三‐九、ルカ一六：一八、Ⅰコリント七：一〇）けれども、制度化されたキリスト教は非常に早い時期に、そのメンバーが結婚を終了し再婚する方法を見出していた。使徒時代にすでに存在していたと主張している二つの教会―東方正教会とローマ・カトリック教会―が同じことを継続しているのは重要である。

東方正教会は伝統的に離婚を認めてきた。信徒は三回まで結婚することができる。ローマ、すなわち西方カトリック教会は数世紀にわたって結婚は解消することができるとしてきたが、次第にキリスト教徒の結婚は解消できないとする教えを採用するようになった。ヘンリー八世は西方カトリック教会の伝統の中に生まれたが、その時には結婚解消の不可能性が教会法の一部になってから何世紀も経っていた。それでも彼は、結婚解消を断言的に拒否する教会に生まれたわけではなかったのである。二〇世紀と同様に一六世紀のローマ・カトリック教会は、結婚を終わらせる方法を規定していた。

二〇世紀の権威あるローマ・カトリック教理の事典は、こう言明している。「洗礼を受けた両人の間で認められ完成させられたならば、結婚の絆はいかなる人間的力によっても解消されない。しかし…」[120] そしてそれに続けて、教皇と司教が結婚を無効とできる三つの根拠を列挙している。そして、結婚を解消するという結果は同じであるものの、無効化と離婚とは異なっている。離婚とは真の結婚が破綻したことの宣言であり、無効化は真の結婚が存在しなかったことの宣言である。

ヘンリー八世は無効化を求めた。つまり、キリストの代理人としての教皇からの宣言、あるいは教皇によってそのような決定を行う権限を与えられた教皇よりは下の高位聖職もしくは法廷からの宣言を求めた。彼の最初の結婚は一度も有効でなかったという宣言である。そのような結婚解消はヘンリーの時代には比較的一般的であった。西方のキリスト教高位聖職が数世紀の間に次第に離婚による結婚解消を求めるのに消極的になっていったとしても、なお彼らは結婚の中には決して成立しなかったものがあるということを宣言するのにやぶさかではなかった。

ヘンリーの結婚無効化の追求を理解するためには、二〇世紀の読者はさらに当時の結婚の風習を理解しなければならない。中世においては、財産と財産が結婚し、王国と王国とが結婚したのである。親はその子どもが幼いときに婚姻の手はずを整える。そしてそのような結婚についての交渉は通常、夫婦になる者の個人的感情にはほとんど関心を払うことなく行われた。

ヘンリー八世の青年時代のスペインとイングランドの王室における婚姻は、このパターンを典型的に表している。フェルナンド王とイサベル女王は、彼ら自身の結婚によってアラゴンとカスティーリャというスペインの両王国を結びつけた後、彼らの二人の娘をポルトガルおよびイングランドの王室に嫁がせた。彼らはまた、一人の息子ともう一人の娘を、神聖ローマ皇帝の家族に嫁がせたのである。

イングランドでは、ヘンリー八世の父親のヘンリー七世（テューダー朝の最初の王。最後の君主はヘンリー八世の娘のエリザベス一世）は、競合する王家の王女と結婚することによってイングランドの王位を固めた。さらに、二人の息子と二人の娘をヨーロッパの王家と結婚させることで、イングランドの外交政策を支えた。すなわち、メアリーをフランス王家に、マーガレットを当時は別の王家であったスコットランド王に嫁がせ（この結婚に伴って、すぐに破られることになる「恒久平和」条約が結ばれた）、そして、アーサーとヘンリーを相次いで、フェルナンドとイサベルの王家と結婚させたのである。

そのような結合が同盟を固めることになったため、王族たちは政治的必要性によって魅力のない外国の結婚相手を寝室に迎えるということを理解していた。女王や王女たちは一般的に結婚後に自分の恋情を求める自由はなかった（著名な王国の王位継承者である女性は時には結婚において幾ばくかの選択をすることはあったが）のに対して、男性の君主はしばしば情事にふけることがあった。王妃や王太子妃、臣下、そして聖職は、男性君主が愛人を持つこともあるということを理解していた。

しかし、ヘンリー八世の時代には、愛人を持つというのは押しつけられた結婚をより凌ぎやすくする一つの方法に過ぎなかった。縁談が長続きするものではなく、後年に配偶者を処分する可能性もあるということを知りつつ、王侯貴族が政略結婚をすることもまた、普通のことであった。そこで用いられた手段は、教会裁判所からの結婚無効宣言―真の結婚は行われなかったという裁定―であった。

教会裁判所で彼もしくは彼女の結婚無効訴訟を進めるには、一方の結婚当事者（常にというわけではないが一般的には夫）は婚姻法を専門とする一人以上の教会弁護士を雇うことになる。結婚無効嘆願の背後には極めて人間的な理由が潜んでいるとはいうものの、弁護士は結婚を成立当初から無効なものにする瑕疵もしくは障碍に基づいた論拠を教会裁判所に提出する。血族関係（近過ぎる血縁関係）や、近親関係（前配偶者の血族との近過ぎる関係）、宗教上の関係（洗礼の際の教父と教子女）[四〇]、精神病、強要、性的不能、あるいは既に有効な結婚関係が別に存在した場合などの根拠が結婚の時点で存在していたことが示されるならば、教会裁判所は真の結婚が存在しなかったと宣言することができた。婚姻関係が完全なものでなかったり、夫婦のどちらかが修道生活に入ったりした場合にも、教会裁判所は結婚を無効化することができた。

ヘンリー八世時代のイングランドには、教皇によって結婚の無効を宣言し、提訴者が勝った場合には再婚の自由を与える権限を付与されたそのような教会裁判所が、教区あるいは主教のレベルで二六箇所に存在していた。教区レベルでの裁判所で訴訟に負けた結婚無効嘆願者は、高価な代価を払って専門家を雇って、聖なるローマの控訴院、つまり婚姻訴訟を取り扱う教皇の裁判所に控訴することができた。財産と影響力を持つ提訴者にとって、結婚無効化はかなり簡単なことであった。手配された結婚無効化は、手配された結婚と同様に当時の王室の予期された計画の一部だったのである。実際、無効化をより簡単にするために、貴族の中には結婚の時点では障碍を隠蔽する者もいたが、それは後の無効提訴の根拠として必要があれば利用するためであった。教区教会裁判所と控訴院が無効宣言を下すことは、一部の歴史家が主張するほど日常化していた訳ではなかったが、それが容易になされたことは、中世末期の教会のスキャンダルの一つの理由であった。

中世末期になると、結婚無効請願における取引を活発化させた二つの事態があったようである。第一に挙げられるのは、教皇の教書や神学的注釈、教会裁判所の判例が増え続けることによって、取り消すことができないとされている聖婚のサクラメントがひどく傷つけられたために、教会法の専門家はほとんどどんな結婚でも無効と宣言できる根拠を見出すことができた。例えばスコットランドでは、婚姻に関する教会法は極めて複雑化したため、セント・アンドリュース（聖アンデレ）大聖堂の大主教は、社会的地位の高い男女の中で有効な結婚をできる者は数少ないと、教皇に苦情を申し立てている。

第二に、中世の教皇たちは彼ら自身、フランスからイタリアに広がる教皇領を支配する君主でもあった。王族と同じように、中世の教皇は紫色の着衣を付けていた。彼らは軍隊を維持し、鎧兜に身を固めて軍を率いて戦争に出陣し、条約を結び、自らの庶子を政治的利益のために他の王家と結婚させ、巨大な宮廷を維持していた。例えば、教皇レオ十世（マルチン・ルターを破門した教皇）は、お抱えの大主教、詩人、画家、道化師、そして象の飼育係をも含む六八三人からなる宮廷を持っていた。

教皇たちは、宗教的・政治的目的を達成するために、他の支配者たちの好意を必要としていた。従って彼らは、王室や貴族からの結婚無効嘆願を却下するのには二の足を踏むのが普通だった。実際、結婚無効裁定は —それに先立つ王室の婚姻と同様— 政治的手腕の一部であった。一例を挙げると、一四九九年に教皇アレキサンデル六世（在位一四九二—一五〇三）は、フランスのルイ十二世国王の二三年にわたる結婚を無効化し、彼がブルターニュの女性継承者と結婚し、ブルターニュをフランスに合併することができるようにした。その返礼に、教皇は教皇領に対する軍事的支援を受け、彼の庶子チェーザレ・ボルジアに王侯としての結婚をさせることができた。

確かに、結婚無効化におけるこの種の取引は、抗議を受けないわけではなかった。一三五一年にアイルランドの教会会議は、「偽りの理由」と「腐敗した偽証された証言」によって無効化手続きは道化芝居に変わってしまったと抗議した。[121] 一四六〇年に、カンタベリーの聖職会議は結婚無効化を「教会全体のスキャンダル」[122]と呼んだ。フランスの世論はルイ十二世の最初の結婚の無効化に衝撃を受けた。イタリアでは、教皇アレキサンデル六世が、彼の娘の四年間にわたる結婚の無効化を、それは決して完結しなかったという理由（彼女の前夫からの憤激のこもった異議申し立てがあった）で無効化したときに、世論はその教皇の決定に嘲笑で応えた。

このように、二〇世紀の結婚観を持った読者は、ヘンリー八世の結婚無効嘆願を注意深く評価しなければならない。ヘンリーが「忌々しい悪漢」というのは、議論の余地がない。しかし、放埒な王の情欲からキリスト教の結婚のサクラメントを守った正しい教皇という描写ほど真実から遠い歴史的アプローチはない。ヘンリー八世は主として彼の政治的利害を守る（彼を継いで王位に就く継承者を確保することによって）ことを追求して、政治的目的を達成する標準的な手段になっていたもの、つまり結婚無効裁定を選択したのである。結婚無効化の歴史は、教皇が再婚の自由を与えるだろうとヘンリーが予期する十分な理由となっていた。そして、比較的日常茶飯事になっていたことが非常に複雑になってきたときに、彼が怒り、論争しようとしたのも理由のあることであった。

ヘンリー八世の結婚無効嘆願の物語は、兄のアーサーの結婚から始まる。一五〇一年にヘンリー七世は彼の長男であり世継ぎであったアーサーの婚姻を外交的に取りまとめ、スペインの強力な国王フェルナンドと女王イサベルの娘、アラゴンのキャサリンと結婚させた。病弱なアーサーは当時一四歳で、明らかに死に瀕していた。キャサリンは一五歳であった。後にヘンリーは正反対の解釈を彼の論拠としたが、アーサーは（彼の証言は違ったが）キャサリンと夫婦の交わりを行うことができなかったという説得力のある証拠がある。

結婚からわずか五カ月後にアーサーが逝去したとき、ヘンリー七世とフェルナンド、イサベルは、新たな王位継承者であるヘンリーにキャサリンを嫁がせることで、イングランドとスペインの同盟を維持しようと決定した。しかし、提案された同盟は障碍に突き当たった。西方教会の婚姻法はレビ記二〇：二一に記されている「兄弟の妻をめとる者は、汚らわしいことをし、兄弟を辱めたのであり、男も女も子に恵まれることはない。」という禁止規定にしたがっていたのである。ちょうど洗礼者ヨハネがこの掟を用いてヘロデが彼の兄の妻と結婚するのを禁じた（マタイ福音書一四：三‐四）ように、教会法はヘンリーが兄の未亡人と結婚するのを禁じていたのである。

したがってヘンリーとキャサリンが結婚するためには、教皇の特赦（教会法からの除外）が必要であった。それ以前の教皇がそのような特赦を与えていたかどうかは、未だに学者たちの議論の的である。しかし、当時の多くの神学者と高位聖職者は、当時の教皇ユリウス二世（一五〇三―一五一三）には聖書の禁止規定を棚上げする権威はないと述べていた。カンタベリー大司教のウィリアム・ウォーアムやユリウス自身でさえ、ヘンリーとキャサリンが有効に結婚できるかどうか疑わしく思っていたのである。しかし、イングランドとスペインの圧力を受けて、ユリウスは一五〇三年に特赦状を出し、翌年それをイングランドに送付した。一八歳のヘンリーは一五〇九年に王位を継承すると、二三歳のキャサリンと結婚したのである。

外面から見る限り、イングランド国王とスペイン王女の結婚は幸福であるように見えた。確かにヘンリーは愛人と庶子（ヘンリーは彼にリッチモンド侯爵という名称を与えた）を持っていたが、それは当時の王室の慣習であった。しかしながら、遅くて一五二七年、早ければ一五一四年までには、ヘンリーはキャサリンとの結婚の無効化を求めることを考慮し始めていた。

なぜヘンリーは結婚無効裁定を求めたのか。その答えは学者たちには明白である。主要な問題は、女性への情熱ではなく、王位継承の問題であった。考慮すべき三つの問題が、ヘンリーに結婚無効請願をさせることになった。

第一に、ヘンリーはテューダー朝を継続する男子継承者を緊急に、ほとんど必死に求めていたように思える。継承者を得るということは中世および近世初期のヨーロッパにあっては君主の最も重要な義務の一つであり、ヘンリーはこの義務を真剣に受け止めていた。彼の父と兄は亡くなっていた。彼だけが生存しているテューダー朝の男子であった。彼はキャサリンとの間に六人の子どもを設けたが、生き残ったのは王女メアリー（一五一六年生まれ。後に一五五三年から一五五八年まで女王としてイングランドを統治）だけであった。キャサリンの三〇歳の時の流産の後、彼女の主治医は彼女がもはや子どもを産むことはできなくなったと信じるという悲しい事態になった。

イングランドにおける女性君主の前例（一二世紀のアクイテインのエレノア）が不成功に終わったため、男子継承者の不在は、生まれて間もないテューダー朝を危うくすると思われた。一四八六年にヘンリーの父ヘンリー七世は薔薇戦争―ランカスター家とヨーク家の間の王位継承内戦で、一五世紀のイングランドの平和を乱した―を、ヨーク家の王女と結婚することで終結させた。しかし、彼の治世にはさまざまなヨーク派の反乱が勃発していた。もしもヘンリー八世が王位をメアリー王女に継承させることになれば、イングランド貴族のさまざまな派閥が新しいスペイン系の女王を倒すか、彼女を操ろうとするか、彼女の配偶者選びに影響を与えようとするかして内戦が勃発するかも知れないと、ヘンリー八世とその側近たちは信じたのである。

さらに、もしもメアリーが王位を継承し、（彼女の側近と共に）王国の外部から夫を選ぶことによって派閥抗争を回避しようと決めたならば、その外国からの配偶者はイングランドの外交政策を自分自身の故国の利益に奉仕させようとするかもしれない。（まさにそれこそが、一五五〇年代にメアリーが王位に就き、母の祖国スペインのフェリペ二世と結婚したときに起こった事態であった。その結果イングランドはスペインの大敵フランスとの戦争に巻き込まれた。外国配偶者とのメアリーの経験が、彼女の異母妹エリザベス一世が生涯独身を選んだことに影響を与えたのには疑いがない。）したがって、男子の王位継承者はイングランドの平和と安全にとって不可欠であるように思われた。一六世紀初頭の数十年間に誰もがエリザベス一世やヴィクトリア、エリザベス二世のような長期の安定した治世を思い浮かべることはできなかった。それはまだ未来に秘められたままだったのである。

早くも一五一四年には、キャサリンが男児を出産することができなかったので、ヘンリー八世は結婚無効請願を考慮しているという噂が大陸の王族の中で流れた。この噂は余り根拠がないように思えた。というのもこの時点では、キャサリンは妊娠しており、ヘンリーは喜んで願わくは男子の誕生を待ち受けていたからである。しかし、歴史が示すようにヘンリーの同時代人は、テューダー朝の存続に対するヘンリーの強い願いを知っていた。歴史はまた、ヘンリーの男子継承者への願望は、イングランド宮廷にアン・ブーリンが出現するよりも何年も前からのことであったことを示している。

一五一四年にキャサリンは男児を出産したが、この幼児は二カ月弱の命であった。一五一六年に健康な王女メアリーが生まれたことで、キャサリンが彼の必要としている男子を産むかも知れないというヘンリーの願望は新たにされた。しかし、一五一七年に彼女は流産した。一五一八年—それはキャサリンの最後の妊娠であった—に、彼女は死産した。一五二〇年代になって、キャサリンの年齢と悪化する健康状態によって、それ以上の子をもうける彼女の能力に深刻な疑念が抱かれるようになったとき、ヘンリーと側近たちは真剣に結婚無効請願を計画し始めたのである。

ヘンリーが男子継承者の欠如に悩んでいたとすれば、レビ記の記述が彼の著しくうつろいやすい良心をも苦しめていたことは明かである。というのも、レビ記の記述は神がヘンリーとキャサリンの結婚を呪っているということを示唆していたからである。彼は自問した。以前のいかなるイングランド王も経験しなかったような死産と流産は、彼の結婚に対する神の不興の徴ではないのか。結局のところ、レビ記二〇：二一は「兄弟の妻をめとる者は、汚らわしいことをし、…男も女も子に恵まれることはない。」と書いてある。そして男子継承者についていえば、ヘンリーは子どもがないのであった。

彼は後に好色で大食だという評価を受けることになるが、ヘンリーは当時の諸王の中で最も学識があった。結婚無効化に関する教会法を自ら詳しく調べ、彼はレビ記に啓示された神の律法から夫婦を免れさせる権威を、キリストが教皇に与えてはいないという結論を得た。世間はイングランド王を結婚していると見ていたが、ヘンリーは自らの調査研究によって、神は彼を独身と見なしていると信じるに至った。そして神は、キャサリンと共に罪のうちに生きていた故に神はその赤子すべての死によってヘンリーを罰するのが相応しいとされたのだから、彼は神との関係を正さなければならないと決心したのである。これは一見誠実に見えるが、実は全く利己的な神学的見解であって、綿密な自己評価もなかった。しかしそれは明らかに、結婚無効を求める彼の決定に影響を与えた。

最後に、一五二〇年代末までに、ヘンリーは侍女のアン・ブーリンと恋に落ちていた。アンはある時期、ほかの好意を受ける前提条件として結婚を強く主張していた。アンは魅力的で、人脈も多く、何年かはフランス宮廷で育てられ、二〇歳（一五二七年時点で）と若く、出産に適した期間を将来に長く期待でき、テューダー朝の国王の王位継承者についての不安に確実に終止符を打つように思われた。

アンに対する情欲よりも、正統な継承者に対するヘンリーの願望の方が先立っていたのは明かである。貴族界の構成員は、一般に愛人を作り、そのことについて聖職の暗黙の承認を得ていた。その場合、ヘンリーには性的満足を得るために、結婚を無効にして再婚する必要はなかったのである。もしも彼が、正統な男子継承者の誕生を確実にしたいと望んでいたならば、結婚の無効化と再婚が不可欠であった。

アンがヘンリーに男子を与えることができなかった—彼女は一人の娘、すなわち後の女王エリザベス一世と、多くの流産をした—ために、ヘンリーは三人目の妻を迎えることを考え始めたということは、王がアンの性的魅力よりも、出産能力を重視していたということを更に証明している。通俗的な歴史書の説明とは異なって、ヘンリーのローマとの決裂の原因はアンだけではなかったし、彼女が主要な原因であったわけでもなかった。しかしながら、一五二七年にアンとの関係が始まったということがヘンリーの結婚無効訴訟の時期を早めたことは明かである。もしもアンが乗り気でなく、付き合うこともできず、多産でなかったとしたら、ヘンリーの訴訟は恐らく別の若い女性が見つかるまで先延ばしされたことだろう。

こうしたこと全てを考慮して、ヘンリーとその側近は結婚無効を求めるようになった。そして彼らは、無効裁定をうまく得られると信じるに足る理由が数多くあった。主な理由は以下の四つである。

第一に、ヘンリーの側には、すでに纏めたように、数々の神学的論拠があった。レビ記の教えに従って、ヘンリーは彼の結婚が当初から無効であったと主張することができた。この論拠だけでも、彼は無効宣言を得ることができたのである。

第二に、一五二一年にヘンリーは、キリストが制定したのは二つのサクラメントであると主張したマルチン・ルターの教説に反対して七つのサクラメントを擁護する書を著して、ローマ教皇庁に好意を持たれていた。その結果、教皇レオ十世はヘンリーに「信仰の擁護者」という称号を授与した。ヘンリーはまた、度々起こった神聖ローマ皇帝との抗争において、それ以前の二人の教皇と当時の教皇クレメンス七世（在位一五二三―一五三四）を援助していた。教皇に対するそのような献身が報われないということは普通なかった。結婚無効裁定は、特にそれを支持する論拠に説得力がある場合には、ささやかな返礼に過ぎなかった。

第三に、いかなる君主でも教皇が怒らせた場合には憤激して自国を、急速に拡大しつつあったプロテスタント陣営に引き入れるかも知れないと教皇たちは戦々恐々としていたが、そのような時期にヘンリーはキリスト教世界で強大な王の一人であった。

最後に、もしも神学的論拠や教皇の好意、王の力が十分でなかったとしても、ヘンリーの側には結婚無効に有利な強力な判例があった。結婚無効裁判を扱う教会弁護士にとって、また裁定を下す教会裁判所にとって、先例が決定的であった。もしも同様な裁判で教皇や婚姻裁判所が有利な裁定を下していたとしたら、その判例が訴訟における決定的要素になりうるのである。イングランドの裁判所がヘンリーの「重大問題」と呼んだ事柄についての理解がこれらの判例によって異なる判断を見せるようであれば、判例は論議を必要とすることになる。

ヘンリーとその教会弁護士が引証できた先例は、数世紀も前のイングランドとスペインの君主たちが勝訴した結婚無効裁判に遡るものであった。ヘンリーと側近がよく知っていた一つの先例は、有名なイングランド女王、アクイテインのエレノアに関するものであった。一一五二年に教皇エウゲニウス三世は、フランスのルイ七世とエレノアの結婚は、一四年間も結婚生活を続け二人の娘を設けていたのに、無効であるとの裁定を下した。三ヶ月後、エレノアはイングランドのヘンリー二世と結婚した。またよく知られていた先例に、レオン国王アルフォンソ九世に教皇インノケンティウス三世（在位一一九八―一二一六）が与えた二回の連続した無効裁定があった。

しかし実は、ヘンリーは先例を探すのに同時代人を超えて遡る必要はなかった。ヘンリーの存命中に行われた結婚無効裁定には、教皇が自分自身の庶子である娘の結婚を解消し、彼女をナポリの王族に嫁がせたという例が含まれていた。また、ヘンリーがそれまで生きてきた四〇年足らずの間に、彼自身の家族が少なくとも四回の結婚無効裁定の恩恵を被っていた。

例えば、ヘンリーの姉マーガレットは、彼女の最初の結婚によってスコットランド王妃（一般にスコットランドのマーガレットとして知られるようになった）になったが、連続して無効化を必要とする結婚をすることになった。彼女が結婚適齢期に達して（一五〇三）間もなく、ヘンリー七世は当時別の王国であったスコットランドとイングランドの関係を改善するために、マーガレットをスコットランドの国王ジェームズ四世に嫁がせたが、不成功であった。一五一三年にフロドゥンの戦闘でイングランド軍によってジェームズが殺されると、未亡人となったマーガレットはアンガス伯アーチボルト・ダグラスと結婚した。

しかしながら、一三年続いたこの第二の結婚の後、マーガレットは若い廷臣メスヴェン卿ヘンリー・ステュアートの愛人となった。彼はすでに結婚していたのである。この二人は結婚を決意したが、それは双方が結婚無効宣言を得ることが前提であった。

スコットランドのマーガレットはこうして、アンガス伯と彼女の結婚を、二つの障碍を根拠に無効化してもらうように教皇に請願した。彼女とその教会弁護士が最初に主張したのは、アンガス伯がマーガレットとの結婚の時点ですでに別の女性と婚前に約束をしていたということ、したがって、実際には自由に結婚できる訳ではなかったということであった。彼らの第二の論拠は、マーガレットの最初の夫ジェームズ四世はフロドゥンの戦闘を生き残り、さらに三年間生存していたということであった。マーガレットの再婚の時点でジェームズ四世は確実に生存していたのだから、彼女のアンガス伯との結婚は当初から無効であったと、マーガレットと教会弁護士は主張した。フロドゥンの戦闘で（彼の軍の三分の一と共に）ジェームズ四世が死亡したということは充分確証されているので、この主張は荒唐無稽だった。ヘンリー八世はマーガレットの結婚無効の論拠が余りにも薄弱なので、彼女を叱ったほどだった。それにも関わらず、有力なフランスの教皇庁大使は、マーガレットの訴訟を彼女のために引き受けることに同意した。

一五二七年三月、イングランドでの教会裁判所がヘンリーの訴訟の検討を始めるちょうど二カ月前、ローマの控訴院はマーガレットに特赦を与えた。彼女はそれからメスヴェンと結婚し、彼もまた同様に結婚無効の特赦を受けていた。しかしこの結婚も、メスヴェンが彼女の二番目の夫アンガスと八親等離れてはいるが従兄弟の関係にあるという証拠をマーガレットが提出したときに無効とされた。このようにヘンリーの姉は二度の結婚を無効 ―両方ともその根拠は危ういものであった― にすることに成功し、彼女の夫の一人もまた結婚を無効にしていたのである。

その上、ヘンリーの妹のメアリーの二人の夫はいずれも結婚無効裁定を受けていた。一五一四年に当時一八歳であったメアリーは、五二歳のフランス王ルイ十二世と結婚したが、一四九九年にルイに与えられた結婚無効裁定についてはすでに述べたとおりである。メアリーと結婚した後、衰弱したルイは三カ月も生き延びなかった。メアリーは未亡人となり、自由に結婚できた。中世の王室の結婚史を見ると、彼女が結婚の相手として選んだ人物 ―サフォーク公でありヘンリーの図抜けた寵臣であったチャールズ・ブランドン― がもつれた糸をほぐすのに教皇の手を必要とするほど複雑な結婚関係にあったことは驚くには当たらない。

サフォーク公とその弁護士が教皇に提出した結婚無効の論拠は、ヘンリーが自分の訴えの根拠としたものと極めて似通っている。ヘンリーと同様、サフォーク公は近い親族 ―彼の場合、マーガレット・モルティマーという名の血族―と結婚することについて教皇ユリウス二世から特赦を受けていた。ヘンリーと同様、妻との血族関係の故に自分の結婚が呪われていると考えたとき、彼はマーガレット・モルティマーから離れた。ロンドンの大執事から、血縁関係という障碍によって彼の最初の結婚は当初から無効であったとする一種の無効宣言を受けて、彼は再婚した。彼の二番目の妻が死んだとき、サフォーク公はヘンリーの妹メアリーと一五一五年に結婚したのである。

しかし、サフォークの最初の結婚に関する大執事の命令は有効性が疑わしく、サフォークの最初の妻は存命中であった。メアリーによって生まれるかも知れない子ども（彼らはイングランドの王位継承者になる可能性があった）の正統性に何の問題もないようにするために、サフォーク公は教皇クレメンス七世に頼んで、彼の最初の結婚が真の結婚ではなかったと宣言してもらったのである。

ここではヘンリーの場合との類似性は著しい。ヘンリーと同様に、サフォークと弁護士たちは、彼と最初の妻との関係は神の律法が許容する範囲を超えていたと主張した。ヘンリーと同様に―そして事実上同時に―彼らは教皇クレメンスに頼んで、サフォークがマーガレット・モルティマーと結婚することを許した教皇ユリウス二世の特赦が決して出されるべきではなかったと宣言してもらったのである。

サフォークの請願が成功したということは、ヘンリー八世に起こることの前兆であるように思われた。一五二八年に、まさにヘンリーの同様の訴訟がローマで検討中であったとき、クレメンス七世は勅書を出し、サフォークの最初の結婚を無効化し、メアリー・テューダーと彼の結婚の有効性を問題にした者を非難した。

当初、ヘンリーと側近たちは、サフォークと彼の教会弁護士が採用したのと同じ戦略をとろうと計画していた。彼らの計画によれば、ヘンリーの主要な側近であった大法官トマス・ウルジー枢機卿が証言を聴取し、ヘンリーとキャサリンの結婚は無効であったと宣言することになっていた。それから教皇クレメンス七世が結婚無効を確認し、彼の第二の結婚の有効性を問題にするいかなるキリスト教信徒も非難するはずであった。そうすれば、ヘンリーとアンの間に生まれる男子はイングランド王位の継承権を議論の余地なく持つことになる。そしてテューダー朝も救われるはずであった。

ヘンリーの側に有利な上記の先例と論拠を考えると、ヘンリーの訴訟を知っていた事実上全ての者が、結婚無効裁定を得られるものと期待していた。ヘンリーが結婚無効化を考慮しているという風聞が一五一四年に初めて浮上したとき、ベネチアのある観測筋は「イングランド王は…自分の結婚を無効にしようとしており、教皇から彼が期待しているとおりのものを得られるだろう」[123]と書いている。ヘンリーが一五二七年に最終的に彼の訴訟を進めることを決心したとき、ウルジーはフランスのルイ十二世とヘンリーの妹メアリーのはるかに根拠薄弱な先例を特に指摘した。彼らが無効の裁定を得られたのなら、ヘンリーも得られるだろうというのであった。

しかし、状況はそれほど単純ではなかった。ヘンリーがキャサリンと結婚して以来の期間に、教皇は三度交代した。この夫婦の結婚を認めたユリウス二世は一五一三年に死去した。次のレオ十世は一五二一年まで教皇の座にあったが、名誉欲の強いメディチ家の一員であり、マルチン・ルターの影響力を過小評価していた。その後継者のハドリアヌス六世は改革志向のあるオランダ生まれの教皇であったが、教皇の座にあったのはわずか一年余で、一五二三年に死去した。その年から、強大で悪名高いメディチ家の一員であるクレメンス七世が教皇座を占めるようになった。ヘンリーの請願が一五二七年にローマに到着したとき、教皇クレメンスがイングランド王に彼が望む結婚無効裁定を与えるには多くの手続きをすることが必要であった。しかしながら、少なくとも四つの理由でその手続きに踏み出さなかったのである。

第一に、教皇クレメンスは優柔不断で先延ばしをすることで有名であった。人格においてはそれ以前の教皇の多くより優れてはいたが、クレメンスは煮え切らず決断力がなかったので、しばしば狡猾で臆病に見えた。原因が何であれ、クレメンスには決定を引き延ばす傾向があったために、同時代人たちはクレメンスに「する・しない教皇」というあだ名を付けてあざ笑った。事態の展開によって迫られるまで決定をしなかったのである。こうした性格のために彼はヘンリーの請求に対して行動を起こすのを七年も引き延ばしたのである。

第二に、ヘンリーがキャサリンと結婚してから、教皇だけでなく時代も変化した。ヘンリーの請求は、アーサーとキャサリンにレビ記の律法からの免除を認めた前任の教皇ユリウス二世が誤っていたということを教皇クレメンスが明言することを求めていた。ヘンリーと側近たちにとっては、ユリウス二世の特赦を覆すようにクレメンスを説得することはいとも容易に思われた。というのも、クレメンスはサフォークに結婚無効の裁定を与える過程でユリウス二世の特赦を同様に覆したことがあったからである。

彼らが見逃していたのは、サフォークの結婚解消は人目に付かないところで行われたということであった。そこにはイングランドの利害関係以外には、いかなる国益も関わっていなかった。さらに、サフォークの結婚無効請願は、すでに彼がヘンリーの妹メアリーと結婚した後のことであった（それは、後に明らかになったことだが、まさにクレメンスがヘンリーに期待した行動だった）。したがって、サフォークが求めたのは、事後の結婚無効であって、優柔不断の教皇にとっては承諾しやすい要求だったのである。

しかしそれとは対照的に、イングランド王の結婚無効請求は、教皇と教皇庁に消化不良を起こさせたに違いなかった。ヘンリー八世の妻は、マーガレット・モルティマーではなかったからである。ヘンリーの妻はスペインの国王と女王の娘であり、同時に強大な神聖ローマ皇帝の叔母であった。ヘンリーの請願の政治的影響の故に、ヨーロッパの全ての支配者が、ローマの教皇庁に派遣されている大使を通じてヘンリーの請願の進捗を逐一知ることになるだろうということを、教皇もその側近たちも知っていた。さらに、教皇がヨーロッパの大国—スペイン、神聖ローマ帝国、イングランド、そしてスペインと皇帝の宿敵フランス—の相反する圧力のもとに置かれることを承知していた。彼らはそれぞれの利益を支える仕方で裁決が出されるように圧力をかけようとしていた。

宗教改革もまた、新しく複雑な次元を付け加えることになった。教皇ユリウスはヘンリーとキャサリンが神の律法の下で結婚することができるという裁決を下していた。今やヘンリーは、彼らが実際には自由に結婚できなかったという裁決を出すようにクレメンスに請願していたのである。信仰の問題について教皇は過ちうるのであろうか。キリストの最高の代理人である教皇が、神の律法の代わりに人間の意見に従うというのか。マルチン・ルターとその他のプロテスタント改革者は日々、教皇は過ちを犯したし、人間の意見を優先したのだと主張し、プロテスタンティズムは広がっていた。もしもクレメンスが前任者の特赦を撤回することになれば、教皇が全ヨーロッパの面前で異端者の主張を確認するように見えるだろうと教皇と側近たちは恐れたのである。その結果、プロテスタンティズムの陣営に自国を導く首長が増えることになるだろう。しかし同時に、ヘンリーの結婚無効請求を否認することは、ヘンリーとその王国をローマ・カトリックから遠ざけることになりかねないということも、教皇と側近たちは認識していた。だからこそ、教皇クレメンスは結論を先延ばしにしていたのである。

第三の問題は、この手続きの間ずっと威厳を保ち、断固としていたキャサリンが、引き下がることはないだろうということだった。彼女は自分自身を外国における友人のないスペイン人と呼び、ヘンリーの敵手である神聖ローマ皇帝カール五世（同時にスペイン王のカルロス一世でもあった）に訴え、イングランドの体制派による策謀から彼女を保護してくれるように懇願した。

それに応え、カールは聴聞会の場所をイングランド（そこでは教会裁判所がヘンリーに有利な偏見を持つことは避けられなかった）からローマに移す手配をとった。ローマなら裁判の進行に関与するのに有利だったからである。彼は叔母の主張を守るために熟達した教会弁護士をローマに送り、絶えずクレメンスに圧力を加え続けた。

教皇座が諸大国と同等の力を持つに過ぎなかったこの時代には、イングランドがこの圧力を克服するのは困難であった。神聖ローマ皇帝はヨーロッパの事柄についてはイングランドよりもはるかに大きな影響力を有しており、軍も強大であった。さらに、イングランドの倍の人口を持つスペインはヘンリーのイングランドよりも強国であった。

ヘンリーはフランス王フランソワ一世の逆の圧力を当てにすることはできた。彼は敵対する憎むべきスペイン出身の王女がイングランド王位を継承し、国際的な力の均衡を覆すことを望まなかったからである。しかし、フランスは一五二五年にカール五世の軍によって蹂躙され、屈辱的な条約に同意せざるをえなかったのである。フランスは明らかに軍事力において皇帝とスペインに劣っていた。

最後に、ヘンリーの請願の当時、教皇クレメンスはカール五世の軍の支配下にあった。一五二七年五月、クレメンスが反カールの軍事同盟に加わったことへの報復として、カールの軍（皮肉なことにその多数はドイツからのルター主義者であった）は、教皇の都市ローマの二〇〇

○年の歴史上最悪の襲撃を行い、火を放ち、略奪し、破壊した。荒廃した町を見下ろす城の中に占領軍によって七か月間閉じ込められ、クレメンスはその間に神聖ローマ皇帝の世俗的権力について熟考した。ローマ襲撃の知らせを受けるとすぐに、ウルジーはヘンリーに「もしも教皇が殺害されるか捕虜になった場合、それは国王の問題を少なからず妨げるだろう[124]」と預言者的に書き送っている。

一五二七年のローマ襲撃は、まさにそのような影響をヘンリーの結婚無効請求に与えた。フェルナンドとイサベルの孫であり、キャサリンの甥であったカールは、教皇やイングランド王がスペインの王女を取り除くことがないように懸命に努めた。彼はまた、結婚が無効になるとヘンリーとキャサリンのひとり子、彼の姪のメアリー・テューダーがイングランドの王位継承権を失うことになると強く心配したのである。そうなれば、スペインはイングランドの事柄に影響力を与える機会を失うことになりかねない。

確かに、聖なる都市の襲撃は、ヨーロッパにおけるカールの評判に傷を付けた。しかし、それはまた教皇に対して、皇帝を粗末に扱うことはできないことを知らせるのに役立った。もしもクレメンスがアラゴンのキャサリンの結婚を無効にするならば、第二のさらに破壊的な報復を受けることになると恐れる十分な理由が生まれた。したがって教皇は、スコットランドのマーガレットとサフォーク公の結婚を無効にしたときよりもはるかに複雑な状況に直面したのである。彼がアンガスとマーガレット・モルティマーに不利な裁定を下したときには、神聖ローマ皇帝の親戚に不利な裁定をしたわけではなかった。マーガレットとサフォークに結婚無効裁定を与えたときも、彼の裁定の故に皇帝の軍が再びローマを襲撃するのではないかという恐れからそうしたわけではなかった。しかし、ヘンリー八世の事案はまさにその逆だった。そこで、ヘンリーの使者の一人が教皇にキャサリンとヘンリーの結婚を無効にするように迫ったとき、教皇は「皇帝が決してそれに同意しないだろう」と返答したのである。

聴聞が行われ、頻繁な通信があり、一方ではイングランドからの、他方では皇帝からの圧力があり、ヘンリーの請求は長引いた。解決不能なジレンマに挟まれ、イングランドの怒りにも皇帝の怒りにも抵抗するだけの力がないと感じていたクレメンスは、彼の唯一の武器を用いた。わざとぐずぐずしたのである。一五二七年から一五三三年までの六年間に、ヘンリーの請求に関する聴聞が最初はイングランドで、次にローマで、そして再びイングランドで、最後に再びローマで開かれた。

この間にクレメンスやその代理人は、さまざまな戦略を試みた。彼らは教皇がキャサリンに有利な裁定を出し、姦淫の科でヘンリーを破門せよというカール五世の再三の要求を押しとどめた。彼らは、キャサリンに一時的ではあった修道院に入るように説得しようとした。ヨーロッパの他の王族の妻が、夫の結婚無効請求に際してそうしていたからである。しかし不成功に終わった。もしもキャサリンが修道女になっていたら（仮に後で世俗生活に復帰するとしても）、ヘンリーは教会法の下で自由に再婚したことであろう。解決に向けてさらに新たな無益な努力がなされ、教皇の側近たちは、ヘンリーが結婚無効請願を取り下げてその後ある段階でキャサリンのところに戻ることに同意するならば、その間に教皇はヘンリーとアンの間に生まれるいかなる子どももすべて嫡出子と認めるという提案を出した。

この最後の提案は策略であったかもしれないが、クレメンスはもっと真剣な提案もしている。もしもヘンリーに結婚無効請願を取り下げる気があるなら、教皇は進んで血縁関係の障碍を免除してヘンリーの娘のメアリー・テューダーが異母弟の非嫡出子リッチモンド公爵と結婚することを承認するつもりであった。そのような結婚によってテューダー家の血統は継続し、同時にヘンリーとキャサリンの結婚による絆の尊厳は保たれることになるだろう。それが近親相姦になるという恐れは、教会的にも道徳的にも問題を生じないように見えた。というのは、ヘンリーの存命中に教皇たちはすでにポルトガル王が妻の妹と、またナポリ王が伯母と結婚する許可を出していたからである。

歴史学者たちの一致した意見は、クレメンスはヘンリーが何とかして結婚無効に関する決定を下す責任から自分を解き放ってほしいということをひたすら望んだということである。もしもヘンリーが彼の請願をイングランドの教会裁判所に提出し、そこから無効裁定を得て、アン・ブーリンと結婚と結婚したならば、クレメンスは既成事実に直面することになり、それを嘆くことはできても、公に弾劾することはできなくなるだろう。実際、クレメンスもフランス王フランソワ一世も、そのような計画をヘンリーの使者たちに示唆していた。

ではなぜ、ヘンリーは先に進んで、アンと結婚しなかったのだろうか。その答えは、彼の結婚無効請願の当初からの行動と一致している。彼の主要な関心はテューダー朝が継続してイングランド王位に着くことであった。従ってヘンリーはアンから生まれるであろう男子の継承者の嫡出性に疑いをもたらしかねないいかなる計画にも同意することを拒んだのである。

ヘンリーには一つの論拠があった。彼がそれを用いたならば、クレメンスは無効宣言を出さざるを得なくなると学者たちの一部が信じる論拠である。それはウルジー枢機卿の論議の中で初めのうち示唆されていたものだが、教会法では「公的誠実 public honesty」あるいは「疑似近親関係 quasi-affinity」として知られる結婚の有効性に対する障碍に関わるものであった。二〇世紀の読者なら恐らく「公的礼儀正しさ public seemliness」あるいは「公的上品さ public decency」に関わるとした方が理解しやすいだろう。

当時の教会法によれば、婚約かあるいは結婚の儀式を通じて婚姻の契約を交わした夫婦には、それ以外の婚姻に対する制限が生じた。その障碍は教会による特赦のみが取り除くことができるが、それは一方の当事者が後に他方の近い血縁関係を持つ者と契約するいかなる結婚をも無効にするのである。教会法のこの側面は、ヘンリーの兄の未亡人との結婚に絶対的に当てはまるものであった。

しかしながら、ウルジーがヘンリーとその側近たちに指摘したように、ユリウス二世はヘンリーとキャサリンが結婚することを許可した一五〇三年の特赦状の中で「公的誠実」については何も言っていなかった。したがってウルジーの見解では、教皇がヘンリーとキャサリンに特赦を与えたのはただ一つの障碍、つまりレビ記の律法についてだけであったということになる。第二の障碍、つまり「公的誠実」の障碍は依然として残っていた。ウルジーは、ユリウスの勅書が第二の障碍を取り除いていないのだから、ヘンリーとキャサリンの結婚は有効でなかったと主張した。

一五二九年にウルジー枢機卿は熱で倒れ、反逆罪で逮捕され、監禁中に自然の原因で死亡した。ヘンリーと側近たちはウルジーの論拠の筋道を検証し、それが不満足であることが分かり、結婚無効請願においてはそれを強調しなかった。もしも彼らが「公的誠実」という論拠を真剣に取り上げていたとしたら、歴史は変わっていたであろう。というのも、一九六八年にあるイングランドの学者は、ウルジーの論拠こそがクレメンスから無効の裁定を勝ち取ることができ、また勝ち取ったであろう教会法の中心点であったことを突き止めたからである。ヘンリーは有効な論拠を持っていたが、そうではなく効果のない論拠を用いることを選んだのではないかという疑いが新たに持ち上がっているが、それには多くのコメントが記されている。[125]

クレメンスとその代理人たちが時間を浪費している間に、ヘンリーはますます苛立ってきた。果たして教皇は行動するのだろうか。ケンブリッジの大物、トマス・クランマーは、カールのローマ支配によって教皇の裁定を下す自由意志は奪われてしまったと論じた。それに基づいてヘンリーは使者を派遣し、彼とキャサリンの結婚の有効性についてヨーロッパ中の神学者たちの意見を手に入れさせた。買収と脅迫によって、多くの大学の教授陣からヘンリーに有利な結論が得られた。それはローマにおけるヘンリーの訴訟に提出されることはなかったが、それによってクランマーは国王の信任ある顧問となった。

遂に、理不尽な引き延ばしにいらいらし、次第に自分自身が国家と教会に対する権威を有していると感じるようになったヘンリーは、一五二九年に一連の法令を発布し、それらは古代からの「エクレシア・アングリカーナ」の独立という結果をもたらしたのである。ルター派になった同時代のドイツおよびスカンジナビアの支配者の多数と同様に、彼はローマの司教は諸外国の司教と同様に、彼の国においては教会の管轄権を有していないという結論に達した。一五三三年一月に、ヘンリーはすでに妊娠していたアン・ブーリンと結婚した。クレメンス七世の承認を得て同年にヘンリーによってカンタベリー大主教に任命されたクランマーは、ヘンリーとキャサリンの結婚は無効であったと宣言した。一五三四年にローマとの断絶は完成した。

ローマ・カトリック教会は、ヘンリーの結婚無効裁定は、キリストの代理人として地上で語る教皇、教皇庁、あるいは地方の教会裁判所によって与えられる無効裁定の権威と威厳を欠く不法な離婚であると見なした。ヘンリーとアンの結婚の六カ月後、教皇庁控訴院はヘンリーの請願（あるいはむしろ、カール五世がローマで聴聞を手配したキャサリンの訴え）を審議した。控訴院での三回の審議の後、教皇クレメンスは―もはや優柔不断ではなかった―判決を下した。彼はヘンリーとアン・ブーリンの結婚を無効とし、この結合から生まれるいかなる子も非嫡出であると宣言し、キャサリンはなおもヘンリーの妻であると確認したのである。クレメンスはヘンリー八世を一五三三年に破門し、彼の臣下をヘンリーへの服従義務から解いたけれども、教皇は改悛のために与える期間を長く設定した。ヘンリー八世破門の勅書が公表されたのはやっと一五三八年になってからであった。それはヘンリーがアンと結婚するためにキャサリンを捨ててから五年後のことであった。その後九年間のヘンリーの死までの不愉快な波乱の生涯のうちで、四回の結婚がよく知られている。

一九世紀に、アメリカ聖公会の小学校と中・高等学校で用いるために聖公会の筆者が書いたキリスト教会の歴史は、ヘンリー八世を「腐りきった下劣な君主…恥知らずな放蕩者…原則のない悪い王[126]」と描いた。この評価に異議を唱える歴史読者は少ないだろう。

しかし、二〇世紀の読者はまた、ディッケンズが「イングランドの歴史上の血痕、汚点」と呼んだこの男を、自分の時代ではなく彼の時代のコンテクストにおいて見なければならない。彼の悪評にもかかわらず、ヘンリー八世はイングランドの歴史の要となる人物であり、主要な原動力であった。皮肉なことに、彼の国がその治世に力と威信を高めたために、ヘンリーは歴史家によってイングランドの「偉大な」国王の一人と見なされている。これもまた皮肉なことだが、彼は一日に三回から五回もミサに出席し、聖金曜日には十字架に這って近づき、聖別された聖体を崇敬し、広範囲に神学書を読み、数多くの異端者を火刑に処したために、ヘンリーは彼の時代の公式に信仰を表明しているキリスト教君主の一人であった。そして、もっとも皮肉なのは、教皇が彼に付けた「信仰の擁護者」という称号をその後の歴代君主に議会が採用したことである。それは、一六八九年のウィリアムとメアリーから今日のエリザベス二世にいたる聖公会の「信仰の擁護者」が途切れずに続いていることを意味している。

実際に彼の時代のコンテクストにおいては、ヘンリーの道徳性は、中世の国家と教会の多くの指導者の道徳性とほぼ同等であったように思われる。幼い時は早熟で、成人しては抜け目なく、平均的な君主よりははるかに学識があり、ウィットに富み、芸術とスポーツに才能があり、長年にわたってヨーロッパの君主の中では最も美男子で、それでいて同時に専制的で、危なっかしく、自己欺瞞的であり、途方もなく利己的で、ヘンリー八世は極めて力強く歴史のページから飛び出したため、彼の同時代人とその同様に不埒な行跡もほとんどが忘れ去られたほどだった。

ヘンリー八世がその後の時代の道徳的基準から見て落第であったとしても、それは彼の時代の教皇の大半も同様であった。無節操な教皇シクストゥス四世（在位一四七一―一四八四）はヘンリー八世誕生の七年前に死んだ。彼の甥たちが教皇を殺人共謀の故に批判したとき彼らが間違っていたかどうかは分からないが、確かなことはシクストゥスが縁故贔屓《ひいき》、聖職売買、恐喝の罪があるということである。シクストゥスの後継者、世渡りに長けたインノケンティウス八世は、ヘンリーの誕生の時に教皇であったが、前任者が残した巨額の負債を返済するために最高値を付けた者に教会の役職を売った。教皇アレキサンデル六世（在位一四九二―一五〇三）は、ヘンリーが思春期に入る頃に死んだが、主として賄賂によって教皇に選ばれ、名うての女たらしとして、バチカンで彼の二人の子どもの完全な結婚式を司式し、一人の結婚を無効にした。

縁故贔屓《ひいき》、聖職売買、浪費、世俗的知恵、それを上回る悪徳は、ヘンリーがキャサリンおよびアンと結婚していた時期に教皇の座にあったその他の教皇をも特徴付けていた。「イル・テリブル（酷いやつ）」と呼ばれていた教皇ユリウス二世は、サフォークとマーガレット・モルティマー、そしてヘンリーとキャサリンの結婚を可能にした特赦を与えた教皇であるが、賄賂によってインノケンティウス八世の選出を実現した。ユリウスはいくつかの重要な改革に着手し、好戦的な性格でマキアベリの賞賛を博したが、彼の行動の多くはより温和なキリスト教徒の軽蔑の眼差しを浴びた。快楽を好むレオ十世（在位一五一三―一五二一）は、十代後半に枢機卿になり、教会の役職を売りに出し、贖宥状を発行したにもかかわらず、教皇座をほとんど破産に追い込んだ。ヘンリー八世とその宮廷がよく知っていたように、教皇クレメンス七世（在位一五二三―一五三四）は多くの良い資質を持っていたが、それ以上に優柔不断と陰謀で名高かった。

ヘンリーが結婚無効を求めていた年月の間、教皇ハドリアヌス六世だけがスキャンダルにも陰謀もない教皇職を行使したように見えるが、教会改革を進めることができずに挫折したことが、その死を早めたように思える。教皇座の改革はその後に起こるが、ヘンリーの存命中には起こらなかった。宗教改革期には道徳は緩み、マルチン・ルターもドイツの改革における信徒の指導者の一人に、最初の妻が存命中に第二の妻を迎えるように助言できるほどだった。イングランドの宮廷がヘンリー八世の「一大事」と呼んだ事柄は、このような背景を離れては理解できず、そのコンテクストに置けばヘンリーは特別不道徳であるとは見えないかも知れない。

しかしながら、本章の関心は、ヘンリー八世の人格を贔屓目《ひいきめ》に復権することにあるのではなく、歴史的な正確さにある。一六世紀に他のキリスト教徒が結婚無効を請求し、提出されたイングランド王の根拠よりは限りなく薄弱な根拠で無効裁定を受けていたことは論争の余地がない。しかしヘンリーの窮地は他にはないものだった。他の無効裁定請求者の中には、彼の後にも先にも、そんなに入り組んだ蜘蛛の巣に捕えられた者はほとんどいなかったのである。

ヘンリー八世は、無効裁定を得るのに必要な論拠以上のものを必要とした。彼には協力的な妻が必要だった。決断力のある教皇が必要だった。神聖ローマ皇帝の支配力から自由な教皇が必要だった。彼の妻と親族関係にない神聖ローマ皇帝が必要だった。同時にスペイン王ではなかった神聖ローマ皇帝が必要だった。前任の教皇の特赦からの特赦が必要だった。最後に、彼はプロテスタント宗教改革以前の世紀に生まれていたことが必要だった。ヘンリーの結婚無効請願が情欲から出たものであると描き、クレメンスが無効裁定を与えなかったのはより高い正義から出たものであると見なすのは、歴史を歪めることなのである。

原注

1 「アングリカン」という用語は、ラテン語の原義では単に「イングランドの」を意味するに過ぎないが、一九世紀以降一般的に用いられるようになった。それは、イングランドのキリスト教の主要な形態は、別の用語で表現できるほどキリスト教の他形態と異なっているという信念から生じたものである。一九世紀以前は、イングランド教会のメンバーは「カトリック」「プロテスタント」「プロテスタント的カトリック」「改革されたカトリック」「改革されたプロテスタント」「改革派」あるいは「オーソドックス」というような用語を用いて自分たちのキリスト教を表現しようとした。本書では、「アングリカン」あるいは「アングリカニズム」という用語を、時代錯誤的である場合にもあえて用いている。それは一〇〇年以上前にその用語が考案されたのと同じ理由からである。

2 D.C.Somervell, *A Short History of Our Religion* (New York, 1922), 235.

3 Margaret A. Doody, "How Shall We Sing the Lord's Song upon an Alien Soil?: The New Episcopalian Liturgy," *The State of the Language*, ed. Leonard Michaels and Christopher Ricks (Berkeley, 1980), 108-124.

4 John Booty, *John Jewel as Apologist of the Church of England* (London, 1963), 29. ローマ・カトリックの論争家トマス・ハーディングによるジューエルの主張に対する批判をも知るこ

とがわかる。

5 G.R.Balleine, *The Layman's History of the Church of England* (London, 1913), 145.

6 Joan R. Gundersen, "The Anglican Ministry in Virginia, 1723-1776" (Ph.D. dissertation, University of Notre Dame, 1972), 88; and John F. Woolverton, *Colonial Anglicanism in North America 1607-1776* (Detroit, 1984), 270-271 n.77.

7 William Meade, *Old Churches, Ministers and Families of Virginia,* 2 vols, (Baltimore,1966), 1:50-51.

8 "Journal of a Convention of the Protestand Episcopal Church in Virginia…May 7th, 1799," in Fraincis L. Hawks, *Contributions to the Eccesiastical History of the United States of America,* 2 vols. (New York, 1836), 1:79

9 Robert Jenney to SPG, 26 October 1749, in William S. Perry, ed., *Historical Collections Relating to the American Colonial Church,* 5 vols. (Hartford, Conn, 1870-1878), 2:260.

10 Lawrence F. London and Sarah M. Lemmon, *The Episcopal Church in North Carolina, 1701-1959* (Raleigh, 1987), 14.

11 Charles Woodmason, *The Carolina Backcountry on the Eve of Revolution* (Chapter Hill, 1953), 8.

12 Quoted in Henry F. May, *The Enlightenment in America* (New York, 1976), 67.

13 May, 3-101 and passim.

14 May, 66.

15 Jon Butler, *Awash in a Sea of Faith* (Cambridge, Mass, 1990), 219.

16 Butler, 170.

17 Morgan Dix, *A History of the Parish of Trinity Church in the City of New York,* 4 vols. (New York, 1898-1906), 1:139.

18 S. Charles Bolton, *Southern Anglicanism: The Church of England in South Carolina* (Westport, Conn. 1982), 122

19 *The Journal and Letters of Philip Vickers Fithian,* ed. Hunter D. Farish (Williamsburg, Va. 1965), 61.

20 ウールヴァートンは植民地時代の聖職について全面的で有益な調査研究を行っている。その本はアメリカ植民地におけるアングリカニズムについての、今日に至るまで最も完全な研究である。

21 Vestry of Caratuck Parish to the secretary of the SPG, 25 August 1710, SPG Letters Series A, 5, no. 174, quoted in Wooleverton, *Colonial Anglicanism,* 23-24. この聖職の名はジェームズ・アダムズである。

22 Quoted in Woolverton, 89.

23 May, 77.

24 この印刷物は植民地ニューイングランドに関する多くの学術的研究に掲載・紹介されている。また Carl Bridenbauh の *Mitre and Scepture*（New York, 1962）の口絵にもなっている。

25 Paul F. Boller, Jr., *George Washington and Religion*（Dallas, 1963）, 24-44 and passim.

26 William White, *The Case of the Episcopal Churches in the United States*, ed. Richard G. Salomon（Philadelphia 1954）, 29.

27 "Epistle to the Right Reverend Father in God Dr. Samuel Seabury Bishop of Conneticut 1785," quoted in Bruce E. Steiner, *Samuel Seabury, 1729-1796*（Athens, 1971）, 253-354.

28 James A. Dator, "The Government of the Protestant Episcopal Church in the United States of America: Confederal, Federal or Unitary?（Ph.D. dissertation, American University, 1959）, 245.

29 アメリカ聖公会は、三聖職位すべてについて、次第に初期のキリスト教用語の「叙任」に復帰しつつあるが、本書では（引用文献と同様に）主教の按手については「聖別」という用語を用いている。

30 See Nathan O. Hatch's important *The Democratization of American Christianity*（New Haven, 1989）.

31 See Frederick V. Mills, Sr., *Bishops by Ballot* (New York, 1978), 304-307 and passim, and Woolverton, 234-235.

32 Woolverton, 238.

33 George Washington Doane, *Bishop Doane's Words at the Burial of Mrs. Bradford* (Burlington, N.J., 1854), 7.

34 Julia C. Emery, *A Century of Endeavor* (New York, 1921), 143.

35 *Journal of the Diocese of Kansas*, 1865 (Topeka, 1865), Appendix C, 31.

36 George Kennan, "The Social and Political Condition of Russia," The Outlook 76 (Jan.30, 1904), 262. Cf. Robert P. and Wynona H. Wilkins, *God Giveth the Increase*: The History of the Episcopal Church in North Dakota (Fargo, 1959), 108 n.33.

37 C.B. Goodykoontz, *Home Missions on the American Frontier* (Caldwell, Idaho, 1939), 357

38 Paul Lawson, "Losing the West Twice." *The Evangelical Outlook* 28 (Spring 1991), 4.

39 Phillips Brooks to Heman Dyer, 19 November 1887, in Alexander V.G. Allen, *Life and Letters of Phillip Brooks*, 3 vols. (New York, 1901), 3:252

40 Roger Finke and Rodney Stark, "Turning Pews into People: Estimating Church Membership in Nineteenth-Century America," *Journal for the Scientific Study of Religion* 25 (1985), 181-192に一九世紀の教会の統計についての優れた研究が見出される。

41 William H. Wilmer, *The Episcopal Manual* (Philadelphia, 1815), 49.

42 Wilmer, 21.

43 William B. Sprague, *Annals of the American Pulpit,* 9 vols. (New York, 1969), 5:516

44 Randall Balmer, *Mine Eyes Have Seen the Glory* (New York, 1989), 171-187 にはダコタ族の間でのアメリカ聖公会の活動について批判的な見解を示している。

45 Julia C. Emery, *A Century of Endeavor, 1821-1921* (New York, 1921), 128

46 James Arthur Muller, *Apostle of China* (New York, 1937), 164

47 Mary Sudman Donovan, *A Different Call: Women' s Ministries in the Episcopal Church 1850-1920* (Wilton, Conn., 1986), 137-139

48 Henry C. Potter, *Sisterhoods and Deaconess* (New York, 1973), 87.

49 Potter, 8.

50 Thomas Jenkins, *The Man of Alaska* (New York, 1943), 244.

51 Francis Le Jau to the SPG, October 20, 1709, in Frank J. Klingberg, ed., *The Carolina Chronicle of Dr. Francis Le Jau, 1706-1717* (Berkeley, 1956), 60. この誓いの言葉は、見直しを促すバトラーの有益な著作 *Awash in a Sea of Faith* にも引用されている。

52 Moses I. Finley, *Ancient Slavery and Modern Ideology* (New York, 1980)

53 Butler, 162.

54 *Journal of the* …, *General Convention* … *1877* (Boston, 1878), 491

55 *Journal of the General Convention of the Protestant Episcopal Church* … *1910* (New York, 1911), 55.

56 通常、アメリカ聖公会の教区は、教区主教が退職間際になったり、（一九一〇年の教会法が規定しているように）「主教職の責務を完全に果たす」ことが身体的にできなくなったりしたときには、後継主教を選出した。後継主教はしばしば教区主教と一年以上共に働きいて教区のことを学び、主教が死亡もしくは退職した場合には自動的に主教職を引き継いだ。

57 William Montgomery Brown, *The Church for Americans*, 5th ed. (New York, 1896), 305.

58 そのように改装された教会は、植民地時代の礼拝の様子について誤った印象を与えかねない。例えば、ヴァージニア州ウィリアムズバーグの植民地時代の教会であるブルートン教会内部は、一八世紀と二十世紀初頭の内装と典礼・礼拝についてのアプローチの組み合わせを示しているからである。

59 James F. White, *Protestant Worship: Traditions in Transition* (Louisville, 1989), 99.

60 George Franklin Smythe, *A History of the Diocese of Ohia until the Year 1918* (Cleveland, 1931), 261.

61 White, *Protestant Worship*, 108.

62 F.C. Ewer, *Catholicity in its Relationship to Protestantism and Romanism* (New York,

1878), 288.

63 White, *Protesntant Worship*, 108.

64 Arthur Pierce Middleton, *New Wine in Old Skins* (Wilton, Conn., 1988).17

65 George C. Giles, Jr., *History of the Church of the Ascention, Chicago, Illinois* (Aberdeen. D. Dak., 1984), 11.

66 Henry B. Whipple, *Lights and Shadows of a Long Episcopate* (New York, 1902), 354-355.

67 John Henry Hopkins, *The Law of Ritualism* (New York, 1867), 94.

68 George E. DeMille, *The Catholic Movement in the American Episcopal Church*, rev. ed. (Philadelphia, 1950), 130.

69 William F. Brand, *Life of William Rollinson Whittingham*, 2 vols. (New York, 1883), 2:333.

70 Doody, 109-122.

71 William Lawrence, *Fifty Years* (Boston, 1923), 10-12.

72 Lawrence, 35.

73 G.L. Prestige, *The Life of Charles Gore* (Toronto, 1935), 499. に引用されている。

74 Wilkins, 122. この主教はノースダコタのジョン・ポインツ・タイラーである。彼は主教になる以前は、フィラデルフィアのアドヴェント（降臨）教会の牧師であり、二つの教区の大執事であった。

75 Lawrence, 14.

76 William Sanday, *The Life of Christ in Recent Research* (New York, 1907), 281.

77 Donald S. Armentrout, *The Quest for the Informed Priest* (Sewanee, Tenn., 1979), 181.

78 William Porcher DuBose, *The Gospel according to St. Paul* (New York, 1907),9.

79 *The Churchman,* 118 (31 Aug. 1918), 234.

80 William A. Muhlenberg, *An Exposition of the Memorial* (New York, 1854), 42.

81 William Paret, *Reminiscences* (Philadelphia, 1911), 107.

82 *The Christian Union,* 28 November 1891, Henry F. May の *Protestant Churches and Industrial America* (New York, 1967), 185. に引用されている。

83 Jacob H. Dorn, "Episcopal Priest and Socialist Activist; Irwin St. John Tucker," *Anglican and Episcopal History* 61 (June 1992), 167-196.

84 Dorothy Day, *The Long Lonliness* (San Francisco, 1981), 149

85 Richard T. Ely, *Ground Under Our Feet* (New York, 1938), 74.

86 *Discourses on the Occasion of the Decease of Adaline Haskins* (New York, 1848), 16-17.

87 Donovan, 40.

88 Charles C. Grafon, *A Journey Godward* (New York, 1914), 106

89 Rachel Hosmer, *My Life Remembered* (Cambridge, Mass, 1991), 19-20.

90 *Journal of the General Convention of the Protestant Episcopal Church…1889* (New York, 1890), 45.

91 *Journal of the Convention of the Protestant Episcopal Church… 1922* (New York, 1923), 675.

92 *Journal of the Convention of the Protestant Episcopal Church… 1940* (New York, 1941), 422.

93 ジョーンズはその後数十年間聖公会の臨時の職務に就いただけで、社会主義の指導者ノーマン・トマスの後任として、和解協会の全国書記として働き、大学チャプレンも兼任した。一九四一年に逝去したときには、ヨーロッパ難民に関するアメリカ聖公会委員会の委員長であった。

94 Sydney E. Ahlstrom, *A Religious History of the American People* (Nw Haven, 1972), 884. に引用されている。

95 Letter of W. Hamilton Aulenbach to *The Churchman's Human Quest*, 200 (October 1986), 3.

96 *Journal of the Annual Convention of the Missionary District of Asheville*… 1921 (n.p., n.d.) 26. Cf. London and Lemmon, 492.

97 Joseph Fort Newton, *River of Years: An Autobipgraphy* (Philadelphia, 1946), 234-235. 言葉遣いは現代風に改められている。

98 J.H.McIlvaine, *Social Salvation* (Washington, D.C., 1915). 25.

99 *The Living Church Annual 1937* (New York, 1936), 8-9.

100 Wilkins, 158.

101 *Journal of the Convention of the Protestant Episcopal Church… 1928* (New York, 1929), 148-149.

102 George B. Ford, *A Degree of Difference* (New York, 1969), 164.

103 *Journal of the Convention of the Protestant Episcopal Church… 1937* (New York, 1938), 577.

104 Henary Knox Sherrill, *Among Friends* (Boston, 1962), 217.

105 *Journal of the Convention of the Protestant Episcopal Church… 1949* (New York, 1950), 102, 121.

106 William Porcher Dubose, *Unity in the Faith*, ed. W. Norman Pittenger (Greenwich, Conn., 1957), 21.

107 John Macquarrie, *Principles of Christian Theology*, 2d ed. (New York, 1977), 125.

108 A. N. Wilson, C.S.Lewis: *A Biography* (New York, 1990), 173.

109 *Journal of the General Convention…1967*, Appendix 28:4

110 Ibid., 2.

111 *The Christian Challenge* 23（October 1984）, 12.

112 Hosmer, 125.

113 *Journal of the General Convention … 1979*（New York, 1980）, C-86-89. 決議の結果は主教会においては九九対三四であった。代議員会においては、聖職代議員が七〇対二九、信徒代議員が七七対一八であった。一一の教区が聖職の間で意見が分裂し（従って投票できなかった）、一三の教区が信徒代議員の間で意見が分裂した。

114 White, *Protestant Worship*, 114; cf.95.

115 Dean Kelley, *Why Conservative Churches are Growing*（New York, 1972）.

116 Emmet Gribbin, Jr., "What is Alabama Doing Right?" *The Living Church* 201（21 October 1990）, 9-10.

117 Robert Hale, O.S.B., in *The Living Church* 192（15 June 1986）, 3.

118 ジェファーソンは内心では保守的なユニタリアンであったが、少年時代からの聖公会の信仰を公式に捨てたこともなく、アメリカ聖公会の礼拝にしばしば出席していた。

119 Charles Dickens, *A Child's History of England*（New York, 1851）, 193,210.

120 William E. Addis and Thomas Arnold, *A Catholic Dictionary*, Rev. with additions by T.B. Scannell, 11th ed.（London, 1928）, 276.

121 C. Sydney Carter, *The English Church and the Reformation*（London, 1925）, 42.

122 Carter, 42

123 *Calendar of State Papers and Manuscripts Relating to English Affairs Existing in the Archives and Collections of Venice*, ed. Rawdon L. Brown, 7vols.（London,1871）. 2:479.

124 *Letters and Papers, Foreign and Domestic, of Reign of Henry VIII*, ed. J. S. Brewer, 四 vols.（London, 1862-1875）, 4:3147.

125 *Henry VIII*（Berkeley,1968）, 183-197, の中で J. J. Sarisbrick は確信を持ってこの論拠を支持している。E. R. Elton の *Studies in Tudor and Stuart Politics and Government*, 4. Vols.（Cambridge, 1974-1990）, 2:104 もそれを支持している。Jasper Ridley, *Henry VIII*（London,1984）, 162-164 は辛辣にこの論拠を退けている。全面的な論議は、Henry Angsar Kelly, *The Matrimonial Trials of Henry VIII*（Stanford, 1976）, 31ff. and passim に見られる。それは、以前には知られていないか用いられていない文献であり、教会法の複雑な手続きに焦点を当てている。

126 W. A. Leonard, *A Brief History of the Christian Church*（New York,1891）, 171,181.

訳注

一　一般に『祈祷書』と訳される。

二　ニカイア（ニケヤ、三二五）、コンスタンチノポリス（三八一）、エフェソス（四三一）およびカルケドン（四五一）のそれぞれの公会議（総会議）のことを指している。

三　英米の聖公会祈祷書の訳文として一九三八年版日本聖公会祈禱書および一九五九年版日本聖公会祈祷書から引用する場合には、一部の歴史的仮名遣いを現代仮名遣いに改めている。

四　established church は、独立以前の植民地、とくにヴァージニアでイングランド教会の一部という性質が明らかな場合は「国教会」としたが、他教派と競合している場合などは、「体制的教会」とした。

五　アメリカにおける最初の一三の植民地は、次の三つの植民地群に大別される。
ニューイングランド植民地群…ニューハンプシャー、マサチューセッツ、ロードアイランド、コネチカット
中部植民地群…ニューヨーク、ニュージャージー、ペンシルベニア、デラウェア
南部植民地群…メリーランド、ヴァージニア、ノースカロライナ、サウスカロライナ、ジョージア

六　一五八七年から一五九〇年にかけて数度にわたって植民地建設が試みられたが、いずれも放棄されるか開拓者が死亡するかした。最後の一〇〇名余の開拓者集団は、おりからの英西戦争のためにイングランドからの補給がないまま三年が経過した後に全員姿を消していることが確認された。開拓者たちの行方は分かっておらず、以後ロアノークは「失われた植民地」と呼ばれることになった。

七　一五九八年四月一三日にフランス王アンリ四世がナントで発布した勅令。ユグノーなどのプロテスタント信徒に対してカトリック信徒とほぼ同じ権利を与え、初期近代のヨーロッパでは初めて個人の信仰の自由を認めた。この勅令によってユグノー戦争は急速に収まりを見せ、フランスの国家統一の出発になった。

八　ユグノーは、フランスにおける改革派教会（カルヴァン主義）またはカルヴァン派を指す。

九　ほぼ、日本における教会委員会に相当するが、地元の有力者が多く、信徒による教会運営を担っていた。その最高責任者がウォーデンと呼ばれる。「ヴァージニア植民地の国教会の興亡」の項を参照。

一〇　米国大西洋海岸平野の軟層とピードモント高原の硬層との境界線

一一　大陸会議（Continental Congress）は、英本国の高圧的な植民地経営に対して北アメリカ一三州の自治意識が高まり、一七七四年から開催された各植民地代表による会議である。第一次大陸会議と第二次大陸会議があり、アメリカ合衆国の独立承認後は連合会議

（一七八一～一七八九）に発展するが、この連合会議を含めて大陸会議と総称することがある。

一二　黒人奴隷制反対を掲げて一八五四年に結成。連邦派と呼ばれるフェデラリスト、ホイッグ党の流れを汲み、かつては北東部、中西部を支持基盤とする政党であり、一八六〇年にはリンカーンが初の同党出身の大統領になった。当初は知識層が支持する進歩政党であったが、二〇世紀前半に革新主義が離脱、公民権運動以降、民主党の地盤であった南部へ進出して、キリスト教を取り込んで保守的な傾向を強めていき、民主党と政治的立場が入れ替わることとなった。現在の共和党は保守主義の基盤であるが、歴史上の役割は異なっている。

一三　政治学における政体の分類として、単一制（unitary）、連邦制（federation）および連合（confederation）がある。後二者の区別は、連合（confederation）においては、地方政府が軍事力の保持、貨幣の鋳造、条約の締結などの権限を含む自立性を有しているのに対して、連邦制（federalist system）においては中央政府と地方政府の権力の分担がなされ、他国との条約締結の権限は中央政府に属する一方、交通規則などは地方政府が制定し、中央政府にはその権限がない。

一四　ポーランド国民カトリック教会（ＰＮＣＣ）は、ローマ・カトリック信徒であったポーランド系アメリカ人によって合衆国で設立された教会。ローマ・カトリック教会とは、いくつかの神学的相違のために、フル・コミュニオンの関係にはない。

一五　主教座聖堂（大聖堂）主任司祭。

一六　一八六八年に結成されたアメリカ合衆国の慈善団体。貧困層の援助や子どもたちの援助を行っている。

一七　原文では the Civil War（内戦）である。一八六一年から一八六五年にかけて、アメリカ合衆国の北部諸州とアメリカ連合国を称した南部諸州との間で行われた内戦を指す。独立後アメリカで行われた内戦はこの戦争だけなので、アメリカでは定冠詞をつけて用いられる。奴隷制存続を主張するアメリカ南部の一一州が合衆国を脱退、アメリカ連合国を結成し、合衆国にとどまった北部二三州との間で戦争となった。

一八　レイ・リーダー（Lay Reader）は、通常、礼拝の中で聖書を朗読する役目を担当したが、やがて礼拝奉仕以外にも教会のミニストリーにおいて幅広い役割を担うようになってきた。現在の日本聖公会の「信徒奉事者」に当たるが、それよりもずっと多くの奉仕の機会を与えられている。

一九　スー族の言語

二〇　北アメリカ大陸の中西部、ロッキー山脈の東側と中央平原の間を南北に広がる台地状の大平原。ロッキー山脈から流れ出る河川によって形成された多くの堆積平野の総称である。

二一　科学の発展に呼応して、神学と科学的知見とを調和させ、聖書研究に新しい批評学的方法論を適用しようとしてリベラルな神学者たちが発表した論文集。『ラックス・ムンディ』におけるリベラル・カトリシズムの先駆けとなった。

二二　原文では kick against the pricks で、使徒言行録二六・一四で復活のキリストがパウロに語る言葉（欽定訳）。「無駄な抵抗をする」という意味。

二三　末日聖徒イエス・キリスト教会はいわゆるモルモン教のことである。

二四　ナイト・オブ・レイバー（Knights of Labor）は一八八〇年代にアメリカ最大の労働者組織であった。

二五　アメリカ社会党（英：Socialist Party of America）は、二〇世紀に存在したアメリカの社会主義政党。一九〇一年に結党され、一九七〇年代に分裂するまで存続した。

二六　一九一一年三月二五日にニューヨーク市マンハッタンで発生した火災。町の歴史の中で死者数が最多の産業災害、かつ、アメリカ史で死者数が最多の事故の一つであったと言われている。火災により縫製工一四六人（女性一二三人、男性二三人）が、火災や煙の吸引、または転落、飛び降りにより死亡した。犠牲者の大半は一六歳から二三歳までの近年のユダヤ人・イタリア人の移民女性であった。

二七　一九〇八年にベン・ライトマンによって設立されたシカゴの労働者のための学校。路上生活者などが、人文学や個人的な衛生、路上生活者規制法などについて学んだ。

二八　Girls' Friendly Society は、一八七五年にイングランドで聖公会によって設立され、働く少女たちの諸問題の解決を支援する活動を行った。
二九　裕福な家庭の子弟が入学する全寮制の高等学校。
三〇　アメリカ合衆国北東部に所在する、名門私立大学八校、ブラウン大学、コロンビア大学、コーネル大学、ダートマス大学、ハーバード大学、ペンシルベニア大学、プリンストン大学、イェール大学からなる連盟。
三一　一九二三年頃から用いられ、白は純潔、赤は殉教者の血、ライトブルーは処女マリアの服に用いられていた色であり、小さな九つの十字は一七八九年の創立総会に集った九つの教区を表し、アンデレクロスの形に配置されている。真ん中の赤い大きな十字は、聖ジョージの十字架である。因みに聖アンデレはスコットランドの、聖ジョージはイングランドの守護聖人とされている。
三二　いわゆる「国家禁酒法」のこと。
三三　一八七九年にボストンでクリスチャン・サイエンス教会を設立した人物。
三四　アルコール依存症の人々の自助グループ。ＡＡと略称される。
三五　lay+man なので「男性信徒」とも解釈できる。
三六　わが国で一般に「イギリス」と呼ばれる国の正式名称は「グレートブリテン及び北アイルランド連合王国」で、イングランド、スコットランド、ウェールズ及び北アイルランドを含んでいる。

三七　「インナー・チャイルド」とは、「内なる子供」と訳されるが、具体的には子供時代の頃の記憶や心情、感傷の事を指す。

三八　東方帰一教会 uniate とは、独自の典礼・慣習を守るがローマ教皇の首位権を認める教会。東方教会の一部に存在する。東方典礼カトリック教会ともいう。

三九　一九四四年にスペインで始まったカトリックの刷新運動。三日間の週末を用いて、信徒のリーダーを訓練する

四〇　キリスト教に入信する際（中世ではほとんどが幼児洗礼）に、その名付け親、立会人となる者を教父母（もしくは代父母）といい、信仰上の子どもに当たる者を教女（代子）などと呼ぶ。

訳者あとがき

「聖公会」とは、イングランド教会（わが国では英国国教会と呼ぶ方が一般的である）にルーツを持つ教会の総称であり、世界大の教会としてはアングリカン・コミュニオン（世界聖公会）と呼ばれる。一九世紀にアジアに宣教されたとき、ニケヤ信経（ニカイア信条）にある「聖なる公同の教会」(Holy Catholic Church）から「聖公会」という訳語が考えられ、韓国、台湾、香港、日本などの漢字圏では発音こそ違えすべて同じ表記が用いられている。ジャーナリズムなどでしばしば「アメリカ監督教会」などと訳されているアメリカの教会も、アングリカン・コミュニオンの一員であり、「アメリカ聖公会」と呼ぶのがその性格をよく表している。

日本に最初に聖公会の信仰をもたらしたのは、琉球伝道に携わったベッテルハイム（一八四六年に琉球到着）を除けば、一八五九年に長崎に上陸したアメリカ聖公会の宣教師C・M・ウィリアムズ（後の主教）とJ・リギンズであることは比較的よく知られている。一八八七年に日本聖公会が組織成立を見たのも、ウィリアムズ主教とイングランド教会（イギリス聖公会）のビカステス主教の努力と協力によるものである。

それにも関わらず、アメリカ聖公会がいかなる教会であるのか、また、いかなる歴史をもつ教会であるのかは、正確には知られていないというのが実情である。訳者が現役最後にご奉仕させていただいた川口基督教会（日本聖公会大阪教区主教座聖堂）は、ウィリアムズ師が一八七〇年に川口居留地の居宅において礼拝を始めたのを教会創立の出来事と定めているが、ウィリアムズ師の来日以降の業績についてはかなり知られているものの、その母教会であるアメリカ聖公会についての認識は、「礼拝はハイ・チャーチ、政治的にはリベラル」といった程度の、きわめて漠然としたものであることは否めない。それというのも、これまでアメリカ聖公会の歴史についての適切な書籍が日本語で手に入らなかったためである。

また、近年マスコミにも時折報道される同性愛や同性婚の問題を巡るアングリカン・コミュニオン内部での意見の不一致の一方の直接の当事者はアメリカ聖公会である。アメリカ聖公会は二〇一五年の総会で教会法を改正し、同性婚を認める決定を行った。それに先立って同性愛の志向を持つ人の聖職叙任を認めている。それに対して、ナイジェリア、ウガンダ、ケニヤなどのアフリカの聖公会（南アフリカ聖公会を除く）は強く反発し、アングリカン・コミュニオンは分裂の危機に瀕していると言えよう。この問題を正確に理解するには、アフリカの教会の歴史と文化的背景を理解する努力が必要なのはもちろん、アメリカ（およびカナダ）の聖公会の歴史と文化的背景を正しく理解することが必要ではあるまいか。先住民、アフリカ系アメリカ人、移民、女性との宣教的関わりの中でアメリカ聖公会が歩んできた道を理解する中で初めて、この教会のＬＧＢＴの人々に対する姿勢も見えてくるのではないか。

世界の聖公会は、世界のキリスト教世界の縮図であるといわれている。宗教改革を進めるに当たって、信条による統一を求めず、むしろ「普公性」と「公共性」を追求したため、内部にカトリック的傾向を持つ人々と福音主義的傾向を持つ人々、中間的な人々など、多様な流れを含んでいるからである。この多様性と包括性が顕著に表れているのがアメリカ聖公会である。ハイ・チャーチとロー・チャーチ、保守主義とリベラリズム、さらにカルヴィニズムとアルミニアニズムなど、神学的にも多様な傾向が存在している。アメリカ聖公会を研究することによって、現代キリスト教が抱えている問題性が浮き彫りにされると共に、将来の姿も垣間見えるように思える。

本書は、ウィリアム・アンド・メアリー大学の宗教学名誉教授であるＤ・Ｌ・ホームズ博士の *A Brief History of the Episcopal Church*（1993, Trinity Press International）の翻訳である。ネイザン・Ａ・スコット教授の序言にもあるように、ホームズ博士は「どんな重要な側面も見逃さずに比較的簡潔な年代記にまとめ上げ」ている。コンパクトでありながら、多岐に及ぶアメリカ聖公会の側面を、党派的偏見なしに、明快に叙述した書籍として、日本の聖公会信徒はもちろんのこと、他教派のキリスト者、また教会史の研究者にとっては貴重な情報を提供してくれると信じている。

なお、本書の第一章と第二章のそれぞれ一部分は、日本聖公会のウィリアムス神学館（在京都）の授業で、スコットランド出身のユーワン・ヒューム神学生と共に読んだので、それに若干の手を入れて訳稿として用いたことをお断りしておく。また、第二章及び第三章は、ウィリアムス神学館の紀要『ヴィア・メディア』第一一号（二〇一六年一〇月）および第一二号（二〇一七年一一月）に掲載済みであることも併せてお断りしておきたい。

出版に当たって、著者のホームズ博士から貴重な「日本語版刊行に寄せて」、および日本聖公会首座主教植松誠師から「推薦のことば」をいただき感謝に堪えない。また本書の出版を実現してくださった「かんよう出版」の松山献代表、および松山健作氏のご尽力に心からの謝意を表したい。栄光在主。

二〇一八年五月

ペテロ　岩城　聰

2011)、『聖公会物語―英国国教会から世界へ（マーク・チャップマン）』(監訳、かんよう出版 2013)、『なぜ教会へ行くの（ティモシー・ラドクリフ）』(監訳、聖公会出版、2013）など。論文として「ティリッヒにおける宗教社会主義の神学的意義―ティリッヒ・ヒルシュ論争をめぐって」(『基督教学研究』第 22 号、2002)、「ウェスレーとモーリス一両者の実践と救済論をめぐって」(『ヴィア・メディア』第 4 号、2004)、「日本宣教の先駆者 C.M. ウィリアムズのバックグラウンド」(『基督教学研究』第 35 号、2016）など。

〈著者紹介〉
デイヴィッド・L・ホームズ（David L. Holmes）
1932年生まれ。ウィリアム・アンド・メアリー大学の宗教学名誉教授。ミシガン州立大学およびコロンビア大学卒。プリンストン大学で宗教学修士および宗教学博士の学位を取得。デューク大学神学部で神学を学び、ライカミング大学およびフード大学から名誉博士号を授与。『アメリカ聖公会小史（*A Brief History of the Episcopal Church*）』の他に、*The Faiths of the Founding Fathers* (2006) および *The Faiths of the Postwar Presidents: From Truman to Obama* (2012) などを執筆。ラファイエット、ミシガン、ワシントン＆ジェファーソン、ローズ、デポール、グローブシティ、ケント州立の各大学で講義。その他さまざまな大学・教会・図書館などに招かれて講演。退職後、教え子たちが彼の業績と46年にわたるウィリアム・アンド・メアリー大学での教育歴を記念するためにデイヴィッド・L・ホームズ宗教改革研究およびアメリカ宗教史財団を設立した。

〈訳者紹介〉
岩城　聰（いわき・あきら）
1946年生まれ。京都大学文学部哲学科卒業（宗教学専攻）。京都大学大学院文学研究科博士後期課程単位取得退学（キリスト教学専修）。ウィリアムス神学館特別聴講課程修了。日本聖公会大阪教区司祭。プール学院チャプレン、堺聖テモテ教会牧師、聖ルシヤ教会牧師、川口基督教会牧師を歴任。神学教理委員、正義と平和委員など、日本聖公会管区諸委員を歴任。聖書協会聖書新翻訳事業検討委員。現在、ウィリアムス神学館教授。
訳書として『ティリッヒ・平和の神学1938～1965（パウル・ティリッヒ）』（共訳・新教出版社、2003）、『聖書の名句（マイケル・マクローン）』（創元社、2000）、『一九九八ランベス会議報告・決議・牧会書簡』（共訳・聖公会管区事務所、2001）、『教会の働きと宣教（ポール・エイヴィス）』（監訳、聖公会出版、

アメリカ聖公会小史

2018年7月1日発行

著　者　デイヴィッド・L・ホームズ
訳　者　岩城　聰
発行者　松山　献
発行所　合同会社　かんよう出版
〒550-0002 大阪市西区江戸堀2-1-1 江戸堀センタービル9階
電話 06-6556-7651 FAX 06-7632-3039 http://kanyoushuppan.com
装　幀　堀木一男
印刷・製本　（有）オフィス泰

ISBN 978-4-906902-56-9　C0016　Printed in Japan